资产评估研究

2022 年第 1 辑（总第 6 辑）

马海涛　主　编
李小荣　副主编

中国财经出版传媒集团

图书在版编目（CIP）数据

资产评估研究．2022年．第1辑：总第6辑/马海涛主编．--北京：经济科学出版社，2023.6

ISBN 978－7－5218－4808－3

Ⅰ．①资…　Ⅱ．①马…　Ⅲ．①资产评估－研究　Ⅳ．①F20

中国国家版本馆CIP数据核字（2023）第098312号

责任编辑：王红英
责任校对：隗立娜
责任印制：邱　天

资产评估研究
2022年第1辑（总第6辑）
马海涛　主　编
李小荣　副主编
经济科学出版社出版、发行　新华书店经销
社址：北京市海淀区阜成路甲28号　邮编：100142
总编部电话：010－88191217　发行部电话：010－88191522
网址：www.esp.com.cn
电子邮箱：esp@esp.com.cn
天猫网店：经济科学出版社旗舰店
网址：http://jjkxcbs.tmall.com
北京季蜂印刷有限公司印装
787×1092　16开　13.5印张　300000字
2023年6月第1版　2023年6月第1次印刷
ISBN 978－7－5218－4808－3　定价：68.00元

《资产评估研究》编委会

目　录

新式茶饮行业企业价值评估

——以奈雪的茶为例*

王小菁　林东杰**

内容提要：本文选取于2021年6月在港交所上市的奈雪的茶为研究对象，结合企业价值评估基本理论，将门店动态发展战略和项目估值相结合，研究网红经济下新式茶饮企业门店扩张过程中的价值驱动因素，构建了模拟动态情境的二叉树估值模型，应用于奈雪企业价值评估。本文研究发现：第一，对于期权特征明显的项目投资决策及企业投资意见的估值手段，动态二叉树相较传统收益法可以覆盖更多假设情境；第二，成长型网红企业的价值评估可以根据基本经营单位的扩张路径进行未来价值预测。

一、引　言

受益于移动互联网不断普及和新兴消费拉动，网红经济迎来了蓬勃发展机会，深刻地改变了餐饮业等传统行业的生存模式，催生出众多新兴消费市场，新式茶饮行业是传统餐饮与网红经济交叉领域的一个典型代表。在过去几年时间里，新式茶饮领域从无到有，在经历了初代茶饮街店、商城外卖后走向了提供社交空间的第三代新式茶饮模式，客群定位是“Z世代”和白领的年轻消费者，主打新鲜感与潮文化产品的社交属性，通过满足消费者日益重视的健康、个性、时尚、定制化的消费需求一定程度上实现对部分传统饮料的替代，从而打开了市场的增量空间，涌现了如奈雪的茶、喜茶等企业，其中优质品牌获得了各路资本的投资，受到资本市场的广泛关注，准确评估这类企业的价值越来越重要。本文尝试研究网红经济下新式茶饮企业门店扩张过程中的价值创造及合理定价问题，结合企业价值评估基本理论，梳理网红企业价值创造和增值过程，探讨未来成长性的估值路径。

奈雪的茶是网红茶饮头部品牌之一。自创立以来，奈雪的茶不停扩张门

* 基金项目：国家自然科学基金青年项目（72002234）、教育部人文社会科学研究青年项目（19YJC790072）的阶段性成果。

** 王小菁，山东省威海市发展和改革委员会，研究方向：企业价值评估；林东杰，中央财经大学财政税务学院，讲师、硕士生导师，研究方向：资产评估、公司治理。

店，IPO 后将募集资金 70%继续投入未来扩店计划中。奈雪的茶正在走网红企业孵化道路，通过大量融资扩店提高市场渗透率，以前期短期成本压力换取长期造血能力，在门店上投入更多成本，而持续扩店的成长路径是否能获得收益，快速扩张带来的规模收益是否能转移成本端的压力以及奈雪新推出的 PRO 门店计划的“瘦身式扩张”效果都值得讨论。本文将以奈雪的茶为案例研究对象，探究动态扩店过程对网红餐饮行业经营机制的影响，结合美式期权二叉树模型模拟企业未来战略扩张路径，进行企业价值评估。

二、文献综述

（一）网红经济相关研究

网红经济的商业模式是借助社交网络输出内容和产品，不断聚集人气，增强与受众群体的黏度和认同感，进而衍生出实际利益，主要通过电商、广告代理等进行变现。网红商业雏形多频道网络（Multi - Channel Network，MCN）2009 年最早出现在美国，托于 YouTube 而诞生，其商业模式为将网红视为一类产品，通过聚集内容、经费、流量来进行变现。刘玎璇（2010）提出了广告定制、用户付费、社交电商和平台服务四种网红经济变现方式，并总结了网红经济中最为典型的以原创内容为核心竞争力的专业生产内容（professional generated content，PGC）的商业变现路径。在我国，网红经济的概念随电子商务而兴起，2015 年 8 月，淘宝在其举办的“网红经济”研讨会上较早地系统梳理了网红经济。随着网红经济的蓬勃发展，越来越多的学者关注网红经济。贾南（2015）认为网红经济是社交媒体环境中粉丝转化为购买力的一种经济形态，关键意见领袖（key opinion leader，KOL）通过连接商品与消费者而具有价值。吴可量（2016）认为网红经济主要通过“内容—社群—电商”的途径变现，主要涵盖了互联网平台、新媒体、电商、零售、房地产等行业。丁毓（2016）指出电商模式随网络红人而出现，依托这一模式实现了由最初的社交分享到电商经济的转变。梁立明（2016）认为网红经济这一社会现象从网络文化中来，通过互联网传播和社交平台推广逐渐向商业化转型，形成庞大的粉丝和定向营销市场，并围绕知识产权（intellectual property，IP）衍生出各种消费市场，最终形成完整产业链条的一种新经济模式。宋明蕊（2017）认为网红经济虽然借助移动互联网在内容传播上具有高效、低成本的优势，但同时也因为互联网的传播面临复制性问题，粉丝忠诚度和活跃度难以保持。

（二）实物期权相关研究

布莱克（Black）和休尔斯（Scholes）在 1973 年共同提出了 Scholes 期权

定价模型，并将其应用于金融期权定价。麦尔斯（Myers，1977）最早提出实物期权的概念，并将金融期权中的选择权性质引入具有经营柔性并存在较大发展潜力的投资项目等实物资产中。考克斯等（Cox et al.，1979）提出二项式方法，提供了离散时间状态下的期权定价思路。契格齐斯（Trigeorgis，1995）指出实物期权模型可以量化企业经营管理中的不确定性并测算灵活性价值。杨潜林和陈小悦（1998）将该理论予以系统化总结，他们认为企业灵活应对经营投资中不确定性的策略具有金融期权的特征。凯洛格和查恩斯（Kellogg and Charnes，2000）在研究生化科技公司的股价估值中利用实物期权下的二叉树模型和成长期权，将企业看作是多个项目的组合并应用实物期权方法进行估值。亚马兹基（Yamazki，2001）利用实物期权模型计算未来不确定性对建设性用地价格的影响，结合东京地价指数进行土地价值评估。徐尚友和张一帆（2002）将初创企业的价值视为一种增长期权，运用实物期权模型评估初创企业价值。赫拉斯和雅赫拉（Herath and Jahera，2002）指出将实物期权模型应用于并购的购买决策中可以体现决策灵活性的影响，例如，利好时扩张或不利时收缩、推迟或提前并购项目，从而赋予了并购更多的价值，赫拉斯和雅赫拉（Herath and Jahera，2003）又通过美国银行业的一例收购说明了对并购中管理灵活性定价的重要性。杨学森等（2005）认为企业在并购中选用传统方法评估标的公司价值时一般不会考虑潜在的期权价值，将二叉树期权模型运用到企业并购定价中，既可以保证并购带来的收益又可以避免并购后失利的风险。刘芸（2005）从风险投资的角度出发，认为高新技术企业的期初投资是一种看涨期权，其价值量等于公司的期初价值。卢卡斯等（Lukas et al.，2012）提出并购交易特征与期权类似，在实物期权模型基础上提出了博弈论期权定价方法，进一步思考了初始支付或者后续支付的时间点的确定及或有获利问题。刘玉平和王奇超（2012）介绍了实物期权法在资产评估中的应用，虽然实物期权评估对象范围较广，但是在企业价值评估中的应用前提较为严格，实物期权的价值体现在企业对未来经营风险的准确判断与灵活应对上。侯阳阳（2020）将二叉树模型应用于公路 PPP 项目中，经过研究发现需要长周期建设的公路 PPP 项目具有期权特性，通过具体的公路 PPP 项目案例验证了在项目决策中应用二叉树模型估值的可行性。叶小杰和李翔（2020）选择科创板下的一家医药企业的新药研发管线为研究对象，将新药研发拆分为不同阶段，经过分析不同的阶段使用不同的评估方法，将现金流折现法与二叉树模型分别应用于同一评估项目内的不同阶段，使得估值结果更为合理。

三、案例背景介绍

奈雪的茶成立于 2014 年，2021 年 6 月 30 日于港交所挂牌上市，股票代码为 HK02150，成为“新式茶饮第一股”。其主打产品为单品零售价格较高的高端现制茶饮和烘焙软欧包两大类，季节性茶饮包括鲜果茶、鲜奶茶及纯茶等，目前奈雪推出全新店型 PRO 门店①，开启轻量化扩张战略。

本文选择奈雪的茶作为研究对象，主要原因如下：

第一，新式茶饮行业是传统餐饮与网红经济交叉领域的典型代表，许多互联网企业具有更典型的网红经济模式，即广义上的网红企业，但这些企业的业务构成较为复杂，在评估过程中所涉及的项目和影响因素较多，不适用于模拟经营单位扩张决策进行评估。因此选择网红餐饮行业进行研究是较为合适的，奈雪的茶是其中有行业影响力和代表性的网红茶饮品牌，具有前期风险投资较大拉动后续整个盈利模式的特点，将成长性网红餐饮企业放到价值评估视角下进行分析，可以增加对该新兴业态的判断思路。

第二，奈雪的茶以门店为经营单元进行规模扩张，分标准店型、PRO 一类店和 PRO 二类店三大类，在招股说明书中其管理层对未来门店网络有明确计划，具备较全的经营店效数据，在同行业企业中较为适合进行定量分析。通过对门店扩张情况进行情境假设，可以讨论在不同节点决策过程中经营现金流的变动，模拟企业未来战略扩张路径，为企业管理者提供不同节点上的决策参考。

综上所述，本文选择奈雪的茶作为研究对象，应用美式二叉树期权模型对公司未来扩张网络价值进行评估，最终得到包含该期权价值的公司整体价值。同时结合公司管理者战略计划进行上行、下行的情境模拟并对期权模型的风险中性概率进行调整，使评估结果考虑企业未来发展变化情况，更具有交易参考价值。

四、美式二叉树法下的企业价值评估：基于模拟假设情境

实物期权定价法在企业价值评估中的应用是对收益法的一种补充，选定的投资目标产生的现金流量所创造的利润来自现有资产的使用加上对未来投资机会的选择（Stewart Myers，1977）。金融期权这一金融衍生品的出现是对市场上交易金融资产的选择权价值的实现，实物期权则是对同样具有不确定性投资结果的非金融资产项目投资的选择权价值的体现。实物期权的投资分析也不集中于单一的现金流预测，而是分析项目的不确定性问题。奈雪的茶累计营业至今处于亏损状态，上市计划中对 2021 ~ 2023 年三年的未来扩店情况作出了管理者规划，公司未来发展将通过门店扩张覆盖成本压力，实现降本增效。本文将奈雪的茶视为包含了一个门店网络扩张小项目的整体发展项

① 奈雪 PRO 门店是继奈雪的茶、奈雪酒店、奈雪梦工厂之后的第 4 类店型，被定位为日常高级咖啡，目标是为白领上班族提供高性价比的咖啡产品。

目，这个扩店项目是本文研究的核心；小项目具有期权性质，依附于公司基础资产而存在，因为公司现阶段仍处于整体亏损状态，这部分基础资产取公司账面总资产；由于模拟情境设置企业进行战略调整的时间间隔为一年，也就是在每一年年末进行总结和下一年计划的制定，所以本文选择实物期权中的二叉树模型模拟公司未来节状发展（见图 1），分析小项目内部各子项目之间的前后相关性。实物期权作为价值评估和战略性决策的重要思想方法，是战略决策和金融分析相结合的框架模型，也能一定程度上弥补传统方法对网红类企业的不适用性。通过不同资产的发展特性分别采取相适合的计算方法并将其加总，最后得到整个大项目的评估价值。

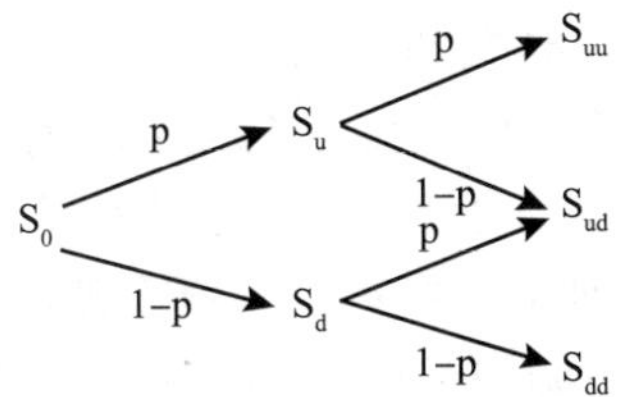

图 1　二叉树模型标的资产价格两期变动示意图

（一）扩店规模及结构预测

根据奈雪的茶招股说明书中的开店计划，2021 ~ 2023 年有明确的拓店规划期，2021 年、2022 年分别开设约 300 家、350 家线下门店，其中约 70% 为 PRO 店型。奈雪 2018 ~ 2021 年店铺总数分别为 155 家、327 家、491 家、817 家，即 2019 ~ 2021 年分别涨幅为 172 家、164 家、326 家。如果 2022 ~ 2023 年按照公司既有拓店计划执行，则在 2023 年末总店面数将增至 1517 家。2021 年拓店情况超过原始假设 40 家即 13% 左右，加上疫情等不利因素影响，对于茶饮业务，保守估计在原定基础上有 5% 的浮动可能，可以得到拓店数目预测如表 1 所示。

表 1　　2022 ~ 2023 年拓店数目预测　　单位：家

时间	2021 年（基期）	2022 年	2023 年
店面总数	817	1185	1552
	—	776	1125
	—	—	737

2021 年标准店减少 40 家左右，同时 PRO 店型增加 380 家，经营成本和下沉市场消费等因素给奈雪的茶同店收入带来很大的压力，在奈雪招股书中

管理层对店型结构设计为PRO店占70%，鉴于每种店型的店效和单店日销售额不同，故本文对增加的店型进行拆分。截至2021年末PRO店型占总店型的45.4%，随着未来不断扩店及标准店关闭、转型为PRO店等，假设在理想情况下门店网络能够按照企业预期结构进行转型，PRO店型将在奈雪的茶整体店型中占比逐年稳步提高，最终在奈雪三年扩店计划结束后能达到70%；同时假设在标准店烘焙区不易转型、店面选址不理想以及冷链供应网络不达等因素导致PRO门店数不及预期、转型情况不佳下的PRO店比例比2021年末下浮5%，即为40%；其余情况比例取中间值。从而区分出标准店和PRO店型。

PRO店型还分为一类店和二类店，第一类是指位于级别较高的连锁购物中心的PRO店，第二类则是指进驻写字楼和住宅区等非核心商圈的PRO店。二类店的净利润率、经营利润率和平均单店日销售额相比一类店表现较弱，分别为15.3%、22.7%和1.19万元。根据历史店效表现，2021年第四季度奈雪的茶PRO一类门店净增店数164家，二类仅为13家；截至2021年12月31日，一类、二类店数分别为272家、99家。预计未来扩店计划中，奈雪的茶扩店计划将持续向一类店倾斜，假设一类和二类门店在奈雪的茶三年扩店计划结束后达到4：1，且PRO门店内部，即一类、二类门店之间的同期比例固定，由此得到PRO一类和二类门店数目变化（见表2）。

表2　2022～2023年分店型拓店数目预测　单位：家

项目	2021年12月31日（基期）		2022年12月31日		2023年12月31日	
Ⅰ类：Ⅱ类	3：1		7：3		4：1	
门店数	PRO Ⅰ类店	272	PRO Ⅰ类店	473	PRO Ⅰ类店	760
	PRO Ⅱ类店	99	PRO Ⅱ类店	203	PRO Ⅱ类店	326
	标准店	449	标准店	509	标准店	466
			PRO Ⅰ类店	217	PRO Ⅰ类店	449
			PRO Ⅱ类店	93	PRO Ⅱ类店	192
			标准店	466	标准店	484
					PRO Ⅰ类店	206
					PRO Ⅱ类店	88
					标准店	442

（二）模拟情景下的自由现金流量二叉树构建

标准店、PRO一类店和PRO二类店在剔除门店端材料、人工、租金、水电、物流配送及固定资产折旧摊销之后分别可以求得其门店层次的经营利润率为11.56%、28.96%和22.74%。奈雪的茶中游结构模式为央厨网络，中央厨房主要提供烘焙及预制烘焙食品，同时向 PRO 店及标准店提供烘焙产品的馅料、其他原料及零食，中央厨房制备的产品通过自上而下的供应链直营网络分发到全国各地的茶饮店最多需要 14 天，所以将物流仓储费用、广告营销费用、融资成本、集团亏损净额及其他开支打包算入集团成本层面。物流仓储费用的营收占比近三年为 1.11%、1.59% 和 1.85%，1.9% 的物流仓储费中有 1% 是随门店边际变动，预计未来固定在 2% 左右；广告营销费用的营收占比近两年能稳定在 2.7%，考虑到奈雪的茶品牌力较强，网红属性品牌的营销推广的边际效果会不断加强，可能从 2.7% 下降到 1.5% ~2.0% 之间，PRO 店型推广需要进一步培育市场，同时高端现制茶饮行业竞争较为复杂，预计此扩店项目能降低到 2%；融资成本来源于租赁负债及银行贷款，近三年奈雪融资成本的营收比重为 4.25%、3.85% 和 4.28%，随着奈雪未来茶饮门店网络扩张计划实行，贷款等负债成本随门店数及营收同比增长，并且这一比例与 2020 年持平。所得税率参考港股上市同类企业确定其有效税率约为 15.0%，得到净利润二叉树构建如表 3 所示。

表 3　　2022 ~ 2023 年净利润二叉树构建　　单位：万元

项目	2021 年 12 月 31 日（基期）		2022 年 12 月 31 日		2023 年 12 月 31 日	
营业收入（门店）	PRO Ⅰ类店	209480.80	PRO Ⅰ类店	363984.83	PRO Ⅰ类店	585683.67
	PRO Ⅱ类店	43000.65	PRO Ⅱ类店	87977.38	PRO Ⅱ类店	141563.35
	标准店	358908.15	标准店	407136.93	标准店	372177.36
			PRO Ⅰ类店	167370.54	PRO Ⅰ类店	345785.59
			PRO Ⅱ类店	40454.49	PRO Ⅱ类店	83578.51
			标准店	372249.30	标准店	386780.09
					PRO Ⅰ类店	159002.01
					PRO Ⅱ类店	38431.77
					标准店	353636.84
营业利润（门店）	PRO Ⅰ类店	60665.64	PRO Ⅰ类店	105410.01	PRO Ⅰ类店	169613.99
	PRO Ⅱ类店	9778.35	PRO Ⅱ类店	20006.06	PRO Ⅱ类店	32191.51
	标准店	41489.78	标准店	47065.03	标准店	43023.70
			PRO Ⅰ类店	48470.51	PRO Ⅰ类店	100139.51
			PRO Ⅱ类店	9199.35	PRO Ⅱ类店	19005.75
			标准店	43032.02	标准店	44711.78
					PRO Ⅰ类店	46046.98
					PRO Ⅱ类店	8739.38
					标准店	40880.42

续表

项目	2021 年 12 月 31 日（基期）		2022 年 12 月 31 日		2023 年 12 月 31 日	
物流仓储费用（总部）	PRO Ⅰ类店	4189.62	PRO Ⅰ类店	7279.70	PRO Ⅰ类店	11713.67
	PRO Ⅱ类店	860.01	PRO Ⅱ类店	1759.55	PRO Ⅱ类店	2831.27
	标准店	7178.16	标准店	8142.74	标准店	7443.55
			PRO Ⅰ类店	3347.41	PRO Ⅰ类店	6915.71
			PRO Ⅱ类店	809.09	PRO Ⅱ类店	1671.57
			标准店	7444.99	标准店	7735.60
					PRO Ⅰ类店	3180.04
					PRO Ⅱ类店	768.64
					标准店	7072.74
广告营销费用（总部）	PRO Ⅰ类店	5237.02	PRO Ⅰ类店	9099.62	PRO Ⅰ类店	14642.09
	PRO Ⅱ类店	1075.02	PRO Ⅱ类店	2199.43	PRO Ⅱ类店	3539.08
	标准店	8972.70	标准店	10178.42	标准店	9304.43
			PRO Ⅰ类店	4184.26	PRO Ⅰ类店	8644.64
			PRO Ⅱ类店	1011.36	PRO Ⅱ类店	2089.46
			标准店	9306.23	标准店	9669.50
					PRO Ⅰ类店	3975.05
					PRO Ⅱ类店	960.79
					标准店	8840.92
融资成本（总部）	PRO Ⅰ类店	8965.78	PRO Ⅰ类店	15578.55	PRO Ⅰ类店	25067.26
	PRO Ⅱ类店	1840.43	PRO Ⅱ类店	3765.43	PRO Ⅱ类店	6058.91
	标准店	15361.27	标准店	17425.46	标准店	15929.19
			PRO Ⅰ类店	7163.46	PRO Ⅰ类店	14799.62
			PRO Ⅱ类店	1731.45	PRO Ⅱ类店	3577.16
			标准店	15932.27	标准店	16554.19
					PRO Ⅰ类店	6805.29
					PRO Ⅱ类店	1644.88
					标准店	15135.66
所得税费用	PRO Ⅰ类店	6340.98	PRO Ⅰ类店	11017.82	PRO Ⅰ类店	17728.64
	PRO Ⅱ类店	900.43	PRO Ⅱ类店	1842.25	PRO Ⅱ类店	2964.34
	标准店	1496.65	标准店	1697.76	标准店	1551.98
			PRO Ⅰ类店	5066.31	PRO Ⅰ类店	10466.93
			PRO Ⅱ类店	847.12	PRO Ⅱ类店	1750.13
			标准店	1552.28	标准店	1612.87

续表

项目	2021 年 12 月 31 日（基期）		2022 年 12 月 31 日		2023 年 12 月 31 日	
所得税费用					PRO Ⅰ类店	4812.99
					PRO Ⅱ类店	804.76
					标准店	1474.67
净利润	PRO Ⅰ类店	35932.24	PRO Ⅰ类店	62434.32	PRO Ⅰ类店	100462.32
	PRO Ⅱ类店	5102.46	PRO Ⅱ类店	10439.40	PRO Ⅱ类店	16797.91
	标准店	8481.00	标准店	9620.65	标准店	8794.55
			PRO Ⅰ类店	28709.07	PRO Ⅰ类店	59312.60
			PRO Ⅱ类店	4800.33	PRO Ⅱ类店	9917.43
			标准店	8796.25	标准店	9139.61
					PRO Ⅰ类店	27273.62
					PRO Ⅱ类店	4560.31
					标准店	8356.44

企业自由现金流量等于公司经营活动的现金流入与支出的差额，包括经营成本开支、资本性支出开支、营运资本的增量、利息所形成的净现金增量。计算公式为：FCFF = 净利润 + 利息支出 ×（1 − 所得税率）+ 折旧和摊销 − 运营资本追加额 − 资本性支出。店铺租金为租赁负债，将奈雪的茶折摊分为两部分计算，分别为使用权资产折旧和其他资产折旧摊销，使用权资产折旧来源于租金部分，折摊保持现有比重。营运资金在基期的营收占比为17%，随着门店数目扩张而变化，假设总门店数与基期一样保持在700～900家且比例不变，此后规模效益增强，上升至1000～1200家，占比上浮到20%，1200～1500家为22%。另外由于资产减值损失、营业外收入及支出不属于正常的经营活动不能带来稳定的现金流，所以不予考虑。由此扩店过程中每一节点能产生的自由现金流量二叉树构建如表4所示。

表4　　2022～2023年自由现金流量二叉树构建　　单位：万元

项目	2021 年 12 月 31 日（基期）		2022 年 12 月 31 日		2023 年 12 月 31 日	
净利润	PRO Ⅰ类店	35932.24	PRO Ⅰ类店	62434.32	PRO Ⅰ类店	100462.32
	PRO Ⅱ类店	5102.46	PRO Ⅱ类店	10439.40	PRO Ⅱ类店	16797.91
	标准店	8481.00	标准店	9620.65	标准店	8794.55
			PRO Ⅰ类店	28709.07	PRO Ⅰ类店	59312.60
			PRO Ⅱ类店	4800.33	PRO Ⅱ类店	9917.43
			标准店	8796.25	标准店	9139.61

续表

项目	2021 年 12 月 31 日（基期）		2022 年 12 月 31 日		2023 年 12 月 31 日	
净利润					PRO Ⅰ类店	27273. 62
					PRO Ⅱ类店	4560. 31
					标准店	8356. 44
利息支出	PRO Ⅰ类店	8965. 78	PRO Ⅰ类店	15578. 55	PRO Ⅰ类店	25067. 26
	PRO Ⅱ类店	1840. 43	PRO Ⅱ类店	3765. 43	PRO Ⅱ类店	6058. 91
	标准店	15361. 27	标准店	17425. 46	标准店	15929. 19
			PRO Ⅰ类店	7163. 46	PRO Ⅰ类店	14799. 62
			PRO Ⅱ类店	1731. 45	PRO Ⅱ类店	3577. 16
			标准店	15932. 27	标准店	16554. 19
					PRO Ⅰ类店	6805. 29
					PRO Ⅱ类店	1644. 88
					标准店	15135. 66
利息支出 ×（1 −15%）	PRO Ⅰ类店	7620. 91	PRO Ⅰ类店	13241. 77	PRO Ⅰ类店	21307. 17
	PRO Ⅱ类店	1564. 36	PRO Ⅱ类店	3200. 62	PRO Ⅱ类店	5150. 07
	标准店	13057. 08	标准店	14811. 64	标准店	13539. 81
			PRO Ⅰ类店	6088. 94	PRO Ⅰ类店	12579. 68
			PRO Ⅱ类店	1471. 73	PRO Ⅱ类店	3040. 59
			标准店	13542. 43	标准店	14071. 06
					PRO Ⅰ类店	5784. 49
					PRO Ⅱ类店	1398. 15
					标准店	12865. 31
租金开支	PRO Ⅰ类店	29327. 31	PRO Ⅰ类店	50957. 88	PRO Ⅰ类店	81995. 71
	PRO Ⅱ类店	6020. 09	PRO Ⅱ类店	12316. 83	PRO Ⅱ类店	19818. 87
	标准店	50247. 14	标准店	56999. 17	标准店	52104. 83
			PRO Ⅰ类店	23431. 88	PRO Ⅰ类店	48409. 98
			PRO Ⅱ类店	5663. 63	PRO Ⅱ类店	11700. 99
			标准店	52114. 90	标准店	54149. 21
					PRO Ⅰ类店	22260. 28
					PRO Ⅱ类店	5380. 45
					标准店	49509. 16

续表

项目	2021 年 12 月 31 日（基期）		2022 年 12 月 31 日		2023 年 12 月 31 日	
使用权资产折旧	PROⅠ类店	22810.13	PROⅠ类店	39633.90	PROⅠ类店	63774.44
	PROⅡ类店	4682.29	PROⅡ类店	9579.76	PROⅡ类店	15414.68
	标准店	39081.11	标准店	44332.69	标准店	40525.98
			PROⅠ类店	18224.79	PROⅠ类店	37652.21
			PROⅡ类店	4405.04	PROⅡ类店	9100.77
			标准店	40533.81	标准店	42116.05
					PROⅠ类店	17313.55
					PROⅡ类店	4184.79
					标准店	38507.12
其他资产折旧摊销	PROⅠ类店	7750.79	PROⅠ类店	13467.44	PROⅠ类店	21670.30
	PROⅡ类店	1591.02	PROⅡ类店	3255.16	PROⅡ类店	5237.84
	标准店	13279.60	标准店	15064.07	标准店	13770.56
			PROⅠ类店	6192.71	PROⅠ类店	12794.07
			PROⅡ类店	1496.82	PROⅡ类店	3092.40
			标准店	13773.22	标准店	14310.86
					PROⅠ类店	5883.07
					PROⅡ类店	1421.98
					标准店	13084.56
营运资金增加	PROⅠ类店	35611.74	PROⅠ类店	72796.97	PROⅠ类店	128850.41
	PROⅡ类店	7310.11	PROⅡ类店	17595.48	PROⅡ类店	31143.94
	标准店	61014.39	标准店	81427.39	标准店	81879.02
			PROⅠ类店	28452.99	PROⅠ类店	69157.12
			PROⅡ类店	6877.26	PROⅡ类店	16715.70
			标准店	63282.38	标准店	77356.02
					PROⅠ类店	27030.34
					PROⅡ类店	6533.40
					标准店	60118.26

续表

项目	2021 年 12 月 31 日（基期）		2022 年 12 月 31 日		2023 年 12 月 31 日	
自由现金流量	PRO Ⅰ类店	38502. 34	PRO Ⅰ类店	55980. 46	PRO Ⅰ类店	78363. 82
	PRO Ⅱ类店	5630. 03	PRO Ⅱ类店	8879. 46	PRO Ⅱ类店	11456. 56
	标准店	12884. 40	标准店	2401. 66	标准店	-5248. 11
			PRO Ⅰ类店	30762. 52	PRO Ⅰ类店	53181. 44
			PRO Ⅱ类店	5296. 66	PRO Ⅱ类店	8435. 49
			标准店	13363. 34	标准店	2281. 57
					PRO Ⅰ类店	29224. 39
					PRO Ⅱ类店	5031. 83
					标准店	12695. 17

假设扩店完成后从 2024 年开始奈雪进入运营的平稳期，以后扩店项目的年度自由现金流量将维持在稳定的水平，由此可以计算出 2024 年及以后的自由现金流量折现至 2023 年末的水平，即：

$$PV_{2023} = \frac{FCFF_{2024}(1+g)}{WACC-g}$$

奈雪的茶的扩店计划节点上的当年门店价值应由当年门店产生的自由现金流量与未来永续期的折现值组合，即：

$$V_{2023} = FCFF_{2023} + PV_{2023}$$

通过上述公式可以得到奈雪的茶的门店自由现金流量，扩店得到的自由现金流量在门店数下降、PRO 店型占比没有提升的情况下与基期相比下降，扩店计划三年结束后如果没有扩店成功，未来的亏损数字将逐步加大，进一步印证了奈雪扩店计划对于奈雪未来经营战略的关键作用（见表 5）。

表 5　　扩店期和永续期自由现金流量预测　　单位：万元

项目	2021 年 12 月 31 日（基期）	2022 年 12 月 31 日	2023 年 12 月 31 日	永续期	V2023
FCFF	57016. 77	67261. 58	84572. 28	1207769. 38	1292341. 66
		49422. 52	63898. 50	912528. 95	976427. 44
			46951. 39	670508. 77	717460. 17
FCFF - 扩店项目	0. 00	9450. 79	25956. 41	370681. 23	396637. 64
		-8388. 27	8282. 63	175440. 79	183723. 42
			-11664. 48	-166579. 38	-178243. 85

（三）风险中性概率

波动因子和风险中性概率的历史收益法预测可以构建营业收入二叉树，首先需要求得上行乘数 u 和下行乘数 d 的数值，根据前文可知 $u=e^{\sigma\sqrt{n}}$，$d=e^{-\sigma\sqrt{n}}=\frac{1}{u}$，其中 σ 在金融期权中是股票价格变动的标准差，在实物期权项目评估中表示资产未来价值变化的不确定性，即 $\sigma=\sqrt{\frac{1}{T-1}\sum_{i=0}^{T}(u_i-\bar{u})^2}$，其中 $u_i=\ln(V_i/V_{i-1})$，i＝1，2，3，…，T，T 表示企业、投资项目等实物资产存在的年限，V_i 是实物资产每年的价值，n 为一年中价值或者收益变动的次数，在本文中取 n＝1。

σ 是模型中唯一不确定的变量，其值的确定可能会随着使用者的不同而不同：如果有收益、企业价格等历史数据，可以根据其历史数据算出波动率；如果没有，则一般采用模拟方法或管理者假定求出。

测算 σ 前通过 2019 年、2020 年两年以及 2021 年半年的数据推算 2021 年全年收入。2019 年、2020 年三季度营业收入占各自全年收入的比重为 69.94% 和 69.17%，同时 2020 年半年营收占全年的 38.58%，这说明现制茶饮产品销售具有季节性波动的性质（见表 6）。奈雪的茶管理者认定第一季度为淡季，又根据目标客群的出行及消费习惯，茶饮市场一般认定茶饮旺季在二、三季度，第四季度的表现在不同品牌之间的差异较大，冬季水果茶店的生意普遍下滑，但是由于中秋节和十一黄金周两个全国性长假期集中于下半年，配合于 11 月举行的网购盛事以及不少公司会为年会庆祝活动做准备，对于一些茶饮品牌第四季度也是零售及餐饮消费旺季。根据奈雪的茶 2020 年营收表现，第三季度的营业收入表现与前两个季度的收入总和接近持平，第四季度营收略低于第三季度，同时 2019 年和 2020 年两年的三季度全年占比都在 70% 左右，分析可以得出奈雪的茶门店的第一季度淡季拉低前半年营收，后半年第三季度为全年旺季，第四季度营收略有下滑总体与上一季度保持持平。

表 6　2018～2020 年奈雪的茶营业收入历史数据　单位：万元

项目	2018 年 12 月 31 日	2019 年 9 月 30 日	2019 年 12 月 31 日	2020 年 6 月 30 日	2020 年 9 月 30 日	2020 年 12 月 31 日	2021 年 6 月 30 日
营业收入	108683	174973	250155	117951	211453	305718	212593

通过前文分析奈雪的茶营业收入受外部环境因素扰动年内存在较大波动，故本文取 n 为 1，同时预计 2021 年全年收入为 431020 万元（见表 7）。

表 7 **2018～2021 年奈雪的茶营业收入** 单位：万元

项目	2018 年 12 月 31 日	2019 年 12 月 31 日	2020 年 12 月 31 日	2021 年 12 月 31 日
营业收入	108683	250155	305718	431021

计算得出奈雪的茶营业收入增长率的标准差为 $\sigma=0.332$，将其代入 u 和 d 的计算公式得：$u=1.3937$，$d=0.7176$。通过二叉树期权定价模型的风险中性假设，即无风险收益率 = 上涨概率 × 上行收益率 + 下跌概率 × 下行收益率，本文无风险收益率取 2021 年 12 月 31 日的香港十年期国债利率，为 1.383%，代入公式 $p=\frac{R-d}{u-d}=0.4382$，即上涨概率 $p=0.4382$，下跌概率 $1-p=0.5618$。

由估值日向期权到期日构建自由现金流量树，标的资产收益移动 u 或者 d（$u>=1$，$0<d<=1$），在金融期权中价格移动的幅度取决于标的资产价格的波动率 σ 和每一步以年表示的时间长度 t，得到风险中性概率。本文作为实物期权项目预测，将使用根据项目战略规划和模拟情景下的数据来测算风险中性概率。

$$\begin{cases}\text{期初的净现金流：} C-hS+B=0\\ \text{期末的净现金流：}\begin{cases}hS_u-C_u-BR=0\\ hS_d-C_d-BR=0\end{cases}\end{cases}$$

$$h=\frac{C_u-C_d}{S(u-d)},\quad B=\frac{dC_u-uC_d}{R(u-d)},$$

$$C=\frac{(R-d)C_u-(u-R)C_d}{R(u-d)},$$

$$\text{令 } \pi=\frac{R-d}{u-d},\ \text{可得 } C=\frac{\pi C_u+(1-\pi)C_d}{R}$$

通过以上公式可知计算风险中性概率 π 可以利用 u、d。此处的 u、d 不借助历史收益、资产现金流的波动因子计算，而是根据每一期的期权扩张节点分别求得。因为金融期权中股票和期权的价格上行、下行乘数保持一致，即：

$$E(S_T)=pS_u+(1-p)S_d=p\times S_0\times u+(1-p)\times S_0\times d=S_0R$$

通过此公式进一步得到风险中性概率的另一种计算方式：

$$p=\frac{S_0R-S_d}{S_0-S_d}=\frac{R-d}{u-d}$$

此处 $R=e^{rt}$，r 为无风险利率，应用在实物期权中的含义为：市场达到无套利均衡的条件下，用上述公式求得概率 p，标的资产以该概率求期望求得的收益均为无风险收益，此概率 p 即为风险中性概率。应用以上公式求得奈雪的茶扩店计划中不同节点的门店资产二叉树的风险中性概率如表 8 所示。

表 8 **上行概率计算**

项目	2021 年 12 月 31 日（基期）	2022 年 12 月 31 日	2023 年 12 月 31 日
p	—	0.4702	0.4580
	—	—	0.1864
	—	—	—

（四）结合风险中性概率的标的资产价值

在风险中性假设下，当日衍生品的真实价格等于以无风险利率折现的未来收益的期望价值，可以由之后的两个节点计算得出，分别给价格向上运动赋予概率 p，价格向下运动的赋予概率（1 - p），结合上文标的资产的公式计算出后面的节点流量价值后加上本期的流量，最终求得基期标的资产价值。可以求出奈雪的茶扩店计划完成后在每一个二叉树节点上的价值如表 9 所示。

表 9 **未来标的资产价格二叉树构建** 单位：万元

项目	2021 年 12 月 31 日（基期）	2022 年 12 月 31 日	2023 年 12 月 31 日
未来流量价值	1083472.48	1170486.82	1292341.66
		925599.38	976427.44
			717460.17
扩店计划流量价值	99483.99	229274.33	396637.64
		-15613.11	80723.42
			-178243.85
标的资产价值	518757.95	1103225.24	1292341.66
		0.00	976427.44
		0.00	0.00

（五）开店成本预测

奈雪的茶全扩店计划作为一个实物期权项目，认为其行权价格为奈雪在茶饮门店网络扩张过程中需要投入的成本，因为只有当项目的未来持续经营价值大于投入成本时，奈雪的茶才会继续扩张计划，否则将会终止项目。在以往的企业价值实物期权评估模型中，行权价经常被设置为用所有者权益代表的清算价值或者企业负债成本，这种近似替代的误差较大。本文根据奈雪的茶招股说明书中披露的截至 2021 年及 2022 年 12 月 31 日企业管理者认定的单店投资成本，对行权价格进行预测。

由于奈雪的茶在 IPO 上市中计划净筹资的 48.4 亿港元中，约 70% 用于支持扩张公司的茶饮店网络并提高市场渗透率，这笔钱主要用途在门店扩张上，其中标准门店和 PRO 店型的平均开店成本分别为 185 万元和 125 万元，按照此单店成本计算直到 2022 年末开设新茶饮店的计划投资成本分别约为 4.24 亿元、4.86 亿元人民币。由于缺乏区分 PRO 一类、二类店型单店成本的可用数据，故本文使用 PRO 店型总体的平均投资成本计算；另外奈雪没有披露 2020 年 12 月 21 日 PRO 门店及标准门店数及 2021 年全年拓店所需投资成本，只公布截至 2020 年末其门店数量为 489 家，但根据公开数据可知，截至 2020 年，奈雪的茶开设了 28 间 PRO 店，据此可以估计出 2021 年基期的开店成本，计算得到开店投资成本如表 10 所示。

表 10　　行权价格总计及扩店项目二叉树构建　　单位：万元

项目	2021 年 12 月 31 日（基期）		2022 年 12 月 31 日		2023 年 12 月 31 日	
开店成本	PRO 店	45956.25	PRO 店	84395.63	PRO 店	135800.00
	标准店	83129.75	标准店	94226.98	标准店	86136.00
	—	—	PRO 店	38807.50	PRO 店	80175.84
			标准店	86152.65	标准店	89515.63
	—	—	—	—	PRO 店	36867.13
					标准店	81845.02
开店成本（合计）	129086.00		178622.60		221936.00	
	—		124960.15		169691.47	
	—		—		118712.14	

（六）行权判断和未来扩店计划的期权价值

在二项树的每一个最终节点即期权的到期日，奈雪的茶现有扩店计划的期权价格是它的内在价值，也就是执行价值，本文认为扩店项目的行权价格为开店投资的成本，对于看涨期权而言，应遵循 $\max[(S_n - K_n), 0]$ 的原则。根据期权类型的不同，判断每一个节点上期权提前执行的概率，如果期权能够执行且行权价值高于二项树价值，那么节点价值为行权价值。因为实物期权在有效期内行权的时点是根据企业管理者的意愿自行决定的，是一项美式期权，每一节点上期权的理论价格应该是期权行权的收益权和利用贴现方法计算出来的价值中比较大的那个，所以在每个节点上期权价值为 max（二项树价值，行权价值）。本文扩店项目的期权价格及期权最终价值测算如表 11 所示。

表 11　　期权价格和期权价值二叉树构建　　单位：万元

项目	2021 年 12 月 31 日（基期）	2022 年 12 月 31 日	2023 年 12 月 31 日
行权溢价判断	954386.48	991864.22	1070405.66
		800639.23	806735.97
			598748.02
期权价值	802555.69	912677.32	1070405.66
		725910.98	806735.97
			598748.02

将奈雪的茶品牌的整个线下茶饮门店未来扩张作为一个实物期权项目，并且将这一项目置于一个在未来不同节点上出现扩店战略抉择的美式二叉树期权情境下，将奈雪线下茶饮网络的单店投资成本作为品牌是否能持续经营的行权价格，若未来经营现金流量的累计折现值低于这一价格，则奈雪失去经营价值，反之则可以继续经营。假设情境为扩店计划顺利进行并超出预期或者由于经营环境变化关闭若干门店两种情况，并假设奈雪的管理者在每年年末根据开店情况和经营业绩对下一年的开店计划进行调整，选择步长为一年。通过计算初步得到在本文假设的变化区间内，附加选择权的价值为802555.69 万元，结合奈雪的茶最新 2021 年半年报披露的现有总资产为728607 万元，可以得到加总后的奈雪的茶企业价值为 1531162.69 万元。截至 2022 年 4 月 1 日，奈雪的茶市值为 87.3 亿元，可以判断在首日破发及投资情绪等因素影响下市场价格偏低，随着奈雪未来单店利润的释放，市场价格逐渐回归内在价值，截至最新日期市值为 116.28 亿元，有一定上升空间。另外，通过计算可知奈雪的未来扩张很有必要，理论上来说开店数越多且PRO 店型（一类）结构占比越高，越有利于长期经营。如果净门店数量出现负增长，对奈雪的未来发展是不利的。

五、研究结论

本文以奈雪的茶作为评估对象，结合网红经济行业的特征和影响网红餐饮企业价值评估的内外部因素，构建了基于模拟情境假设的二叉树期权模型对其价值进行评估，综上所述，本文的研究结论主要包括以下几点：

第一，美式二叉树实物期权模型对成长性较强、能明确未来发展路径的网红经济类企业更适用、覆盖面更广。根据管理者认定和集团未来发展计划进行门店发展情境模拟，在此基础上判断波动范围，根据标的资产不同方向可能的发展区间进行扩店计划模拟，并进行估值。相较于传统收益法评估，更能同时考虑到风险投资项目的额外机会价值和计划失败或者进行不顺利情况下的风险，并且有助于在每个决策节点进行价值判断，帮助投资者完善交易策略。

第二，情境假设的应用使评估结果更真实可信。传统实物期权方法评估出的潜在发展价值仅仅根据历史价格的波动变化来确定风险，而忽略了决定价格变动的其他人为等因素的波动。本文根据企业内部、规划的门店扩张情况进行情境假设，通过在不同节点决策过程中经营现金流的上行、下行情况，在流量变化区间结合无风险利率 R 确定风险中性概率，得到的期权价值既考虑了企业扩店计划失败的风险，又以市场的收益增长率进行约束，估值结果更符合企业未来发展可能。另外，本文将开店投资成本作为行权价格，如果低于这一价格不会继续扩店，所以本文计算的期权价值是考虑了选择权后的未来扩张网络的价值。

参考文献

［1］艾瑞咨询 .2018 年中国网红经济发展研究报告［EB/OL］. https：//report. iresearch. cn/report/201806/3231. shtml［2018 - 06 - 20］.

［2］陈小悦，杨潜林 . 实物期权的分析与估值［J］. 系统工程理论方法应用，1998，7（3）：6 - 9.

［3］李坤，夏建雄，侯阳阳 . 二叉树模型在公路 PPP 项目投资决策中的应用［J］. 中国资产评估，2020（10）：7.

［4］梁立明 . 网红经济行业研究报告［J］. 首席财务官，2016（13）：62 - 65.

［5］刘玉平，王奇超 . 资产评估中的实物期权方法研究［J］. 行政事业资产与财务，2012（7）：4.

［6］刘芸 . 实物期权在网络企业估值中的应用——B2B 电子商务企业估值的实证分析［J］. 商业研究，2005（18）：4.

［7］史新浩，王瑜 . 实物期权定价法在企业并购估价中的应用［J］. 财会月刊（下），2007（9）：2.

［8］思雨 .2020 新式茶饮消费白皮书［J］. 中国食品，2021（1）：1.

［9］吴恒煜，赵平 . 期权定价公式的二叉树推导与分析［J］. 中国证券期货，2009（2X）：4.

［10］奚路阳，程明 . 试论网红经济及其发展路径——基于传播逻辑与商业逻辑的双重视角［J］. 企业经济，2017，36（12）：102 - 108.

［11］杨学森，范贻昌，景晓东 . 实物期权二叉树模型与企业并购［J］. 沈阳理工大学学报，2005，24（1）：4.

［12］叶小杰，李翊 . 科创板创新药企业估值分析——以微芯生物为例［J］. 财务与会计，2020.

［13］张偲 . 实物期权定价法在企业并购价值评估中的应用研究［J］. 企业改革与管理，2016（6X）：1.

元宇宙企业智力资本探析

——基于改进的Skandia模型和Critic权重法

刘　猛　卢嘉琪　闫华博*

内容提要：基于技术发展背景下企业资本结构中无形资产不断增加，本文以天下秀数字科技集团为例，选取Skandia模型将其加以改进，并引入Critic权重法对模型中指标进行权重计算，经过优化的模型最终得出该集团智力资本约占市值6.93%。从而得出以下结论：首先，企业要提高用户黏性来维护客户资本；其次，元宇宙虚拟创新企业应不断投入研发费用并产出新的产品，突出创新资本优势；最后，人力资本和过程资本贯穿企业各个方面和各个发展阶段，企业必须重视积极培养创新型和管理型人才，从而确保企业长久效益。

一、引　言

2020年暴发的新冠疫情进一步促进了新技术发展，形成了非接触式文化和虚拟文化，元宇宙这个词也更多地出现在大众视野，它是5G通信、云计算、虚拟现实、区块链数字货币、物联网等先进技术的集成。

“数字中国”被列为“十四五”规划的核心之一，无形革新正在塑造新的商业环境，以云计算、大数据、物联网等技术为标志的“数智化时代”已经到来，“数智化”形成了更高的转型发展诉求。智力资源在全球范围内频繁而快速地流动配置，成为企业价值创造最重要的战略资源，我国经济类型也正在从传统制造业转变为科技智能，企业价值创造依靠科技创新、知识技术，智力资本开始成为企业价值创造的驱动因素。在企业并购中，往往涉及对智力资本的价值判断，越来越多的投资者将智力资本纳入投资决策，这些都体现出我国市场越来越关注智力资本。然而目前智力资本的测算具有相当的主观性，无法准确计量其内涵价值，本文旨在通过改进和探索客观评价企业智力资本的模型并为市场评估智力资本提供参考。

---

* 刘猛，中国资产评估协会，干部，研究方向：企业价值评估；卢嘉琪，北京天健兴业资产评估有限公司，项目经理，研究方向：企业并购估值；闫华博，河北工业大学，硕士生，研究方向：公司金融。

二、国内外文献综述

知识资本首先由加尔布雷斯提出，并将知识资本看作动态资本，这一概念于20世纪90年代引入我国，揭示了知识对资本构成的影响，爱德文森和苏利文（Edvinsson and SulliVin，1996）认为知识资本是企业的市场价值和账面价值的差值。而斯威比（K. E Sveiby，1997）认为知识资本即企业有形资产以外的无形资产。斯图尔特（Stewart，1997）指出员工知识才能企业组织运作等都体现为知识资本。

从知识资本构成来看，主要包括爱德文森提出的“人力资本+结构性资本”结构，斯图尔特提出的“H－S－C（Human capital + Structural capital + Customer capital）”知识资本结构，以及斯威比将企业知识资本分为雇员能力、内部结构和外部结构三部分。

戚啸艳等（2004）对三代主要的知识资本评估方法进行了详细概述。第一代为1995年瑞典斯堪迪亚（Skandia）公司的爱德文森在“无形资产负债表”基础上，结合“平衡计分卡”思想创建的“斯堪迪亚导航仪”，用以计量本公司知识资本，该模型主要从财务、过程、顾客、更新与发展、人力资本五方面对智力资本进行关注。第二代为1997年鲁斯（Roos）等公布了智力资本指数（IC－Index）模型，该方法通过计算智力资本指数反映智力资本存量变化。第三代为“全面价值方法”（Pike and Roos，2000），该方法既考虑知识资本的存量与流量，还考虑了影响企业知识资本相关因素。

现有研究主要基于以下两个方面进行研究。一是关于知识资本与企业技术创新和企业绩效的研究。禹海慧（2015）认为知识资本各要素间通过相互作用直接或间接促进企业技术和制度的创新，邦蒂斯（Bontis，1998）、普利（Pulic，2000）、陈丹等（2003）、孙立新等（2015）发现知识资本对企业绩效影响显著。喻登科等（2016）认为性格特质和知识资本对企业组织财务绩效具有显著影响，且两者交互作用也间接提升企业财务绩效。二是从区域知识资本视角研究发现，唐新贵等认为（2012）当区域知识资本协同时会改善区域发展速度。

三、Skandia 智力资本模型

（一）Skandia 智力资本模型介绍

在日新月异的今天，企业竞争中不仅包含有形资产，更重要的是“无形资产”，包括企业知名度、客户关系、人力资源体系和专业技术等，这些可以统称为企业的智力资本。安妮·布鲁金（Annie Brooking）提出企业是有形资产加智力资本的总计。随着智力资本逐渐被人们关注，一些模型也随之建立起来，其中 Skandia 公司的智力资本模型和亲身实践被广泛当作工业经济向知识经济转变的重要里程碑。

Skandia 模型的执行分为四步。第一步确定企业远期目标和核心竞争优势，即为企业智力资本明确职责和目标。这使企业更加明晰其战略发展目标和规划，通过确定目标并在企业内上传下达达到共同为战略目标奋斗的效果，以此提高企业运行效率。第二步确立智力资本作用，企业通过建立智力资本价值链并分析自身各项价值，对其智力资本进行定性和定量分析，进一步识别各项资本价值。第三步衡量企业智力资本，通过上一步智力资本价值链的建立，方便企业用指数定性描述、用指标定量计算其智力资本。该模型多采用指数定性描述、矢量指标对智力资本进行衡量，采取 5 分制评价指标如企业某年客户满意度为 3. 95 分，带有主观性；矢量指标如企业某年人力资本大量正增长，包含正向、大量两个信息，但并未将智力资本货币化。第四步创造价值，通过对企业的各项智力资本进行量化和分析，找出自身的优势和不足，根据各项智力资本的特点对其采取相应对策。比如知识产权的法律保护期限时间较短，其往往能给企业在短期内带来超额收益，因此对待知识产权类资本要给予较强的时限性和目标性；而企业的人力资本体系伴随企业整个生命周期，对企业有较为深远和持久的影响，人力资源能够通过股权激励等手段为企业的创新、运营创造一个完善的环境，因此优秀的人力资本在无形中能为企业带来长期盈利。

（二）Skandia 模型存在的问题和改进方法

Skandia 模型对智力资本的衡量考虑了财务、客户、组织和运作过程、更新和发展、人力五个维度，其中，财务方面反映的是企业历史资本，更新和发展方面反映的是企业未来资本，客户、组织和运作过程、人力三方面反映的是企业的现实智力资本。本文认为需要改进的方面有两个：

第一，针对所研究的行业，合理改进所涉及的维度并选择能够客观评价该行业各项资本的指标，避免指标主观臆测性。

第二，Skandia 模型最终出具的企业智力资本报告是各项指标简单地堆砌，并没有用科学的方法对其进行综合评判，并且维度之间存在价值交叉的情形，因此本文将严格区分智力资本的不同纬度，并分别计算和加总。用以表示企业智力资本的变现速度和方向。

四、改进的 Skandia 模型

（一）明确智力资本衡量维度

Skandia 模型认为智力资本包含人力资本和结构资本，而组织资本和客户资本构成结构资本，创新资本和流程资本构成组织资本。对于诸如斯堪迪亚等金融和保险公司，企业的运作资本远大于其创新资本，而对于大数据、云计算等高新技术产业而言，创新资本的重要性不言而喻，如果简单地将创新资本和流程资本归集于组织资本并综合衡量会漏掉一些重要的衡量指标，因此本文从两个维度将组织资本分为流程资本和创新资本。综上所述，得出智力资本的计算公式：智力资本 = 人力资本 + 流程资本 + 创新资本 + 客户资本。

（二）明确各个维度衡量指标

总体而言，智力资本是四类资本的总和。每一类资本都需要使用绝对值指标 A 与相对值指标 R 对其进行衡量并综合得出资本数值。由于每一类资本都由多项相对值指标进行衡量，但不能是各项指标简单相乘或相加，而需要考虑每项指标的重要程度并确定其权重再相加。Critic 权重法是基于数据波动性的客观赋权法，通过计算指标的波动性和冲突性，两者相乘并进行归一化处理，得到最终权重，由于赋权过程是给予客观数据，因此该模型不带有主观因素，为合理确定结果提供保证，因此本文选择 Critic 权重法对相对指标 R 赋予权重。

（三）计算智力资本

在上一个步骤中，四类资本的绝对值指标 A 和相对值指标 R 均已计算完成，且相对值指标的权重 Wi 已经确定，因此，智力资本 = A ×（R1 × W1 + R2 × W2 + … + Rn × Wn）。

五、智力资本测算——以天下秀数字科技（集团）股份有限公司为例

（一）企业简介

天下秀成立于 2009 年，通过搭建大数据平台连接红人与企业，帮助红人实现私域流量的商业变现，帮助企业更好地提高经营效益。

目前，天下秀已经构建了以 WEIQ 红人营销平台及热浪数据为主的红人营销业务、红人价值评估业务 TOPKLOUT 克劳锐、红人 IP 赋能业务 IMSOCIAL 加速器组成的新媒体商业业务群，打造了由红人虚拟社区虹宇宙（Honnverse）、红人数字藏品头号藏家（TopHolder）组成的新场景生活业务群。

“Honnverse 虹宇宙”是天下秀旗下区块链价值实验室推出的国内首个基于区块链技术的 3D 虚拟社交平台，该技术可为用户打造沉浸式虚拟社交体验，是天下秀在元宇宙领域的代表作。2022 年 1 月，中国移动通信联合会元宇宙产业委员会官网公布首批成员接纳名单，天下秀数字科技（集团）股份

有限公司在列，为天下秀在元宇宙行业进一步发展提供了宝贵机会。

（二）指标选取

天下秀企业通过打造红人平台，连接广告商、红人和观众，向广告商收取服务费；为入驻商家提供定制化营销方案，以平台和庞大用户群为基础进行盈利变现。

1. 人力资本

人力资本是该模型中最难衡量的因素，因为它不同于顾客、产品运作等基于固定资产和固定数据的指标，它需要用一些同口径的指标来描述企业员工与企业发展的匹配程度，其中的重点和难点是保证测量指标和标准的口径、动机保持一致性。

首先确定衡量人力资本的绝对值指标。西方经济学中所说的企业人力资本亦称“非物质资本”，计算人力资本的方法是将劳动者及其生产能力的获得和培养进行资本化。人力资本是体现在企业劳动者身上的综合价值，主要表现为为获取劳动者发生的费用、为培养劳动者知识技能发生的费用和维持劳动者参加生产付出的代价。

第一，为重置员工现有素质和技能所需花费的成本：以企业培训费用总额来衡量这部分人力资本，根据数据的可获得性本文以历史年度公会经费和职工教育经费增加额总和表示，考虑到货币时间价值，需计算历史年度折现终值总额。

第二，为维持员工生产所需花费的代价：以企业生产员工薪酬来表示，是指企业在评估时点所在年度内为正常运营而向生产员工发放的工资、福利、奖金等费用，可通过企业财务报表中“应付职工薪酬”部分及附注部分取得。

其次确定衡量人力资本的相对值指标。相对值指标表示的是企业人力资本发展的方向、水平和效率，用来衡量企业员工的稳定程度、员工发展速度和员工质量水平。

第一，员工稳定程度：以人力资源流动率来表示，是指企业在评估时点所在年度内企业流动人数（包含流入人数和流出人数两部分）占总人数的比例，即人力资源流动率 =1 -（一年内流入人数 + 流出人数）÷年初和年末员工平均人数。企业的人员流动直接影响其稳定程度和员工工作情绪，如果人员流动率过大，表明企业人力资本不稳定，从而可能影响企业正常运营。

第二，员工发展速度：指企业在评估时点年度内人员数量与上一年度员工数量的比较，即员工发展速度 =1 +（年末企业员工人数 - 年初企业员工人数）/年初企业员工人数。企业发展离不开人员，人员扩充速度在一定程度上能代表企业的发展速度，企业发展速度越快、规模越大，所需要的生产和管理人才就越多，员工增长率就越高。

第三，员工质量水平：以员工教育程度来表示这部分人力资本效率，是指企业在评估时点年度内特定及以上学历员工占总员工的比例，即员工教育程度 = 特定及以上学历员工/企业年末员工总数（2016 年及 2016 年前为大专及以上学历，2016 年后为本科及以上学历）。企业的创新发展离不开高学历人才，人才在一定程度上能够促进企业在行业内获得超额收益，帮助企业迅速扩张并促进企业长期稳定发展，高学历人才越多，企业发展的潜力越大。

2. 流程资本

企业的流程资本在价值创造中具有重要的地位和作用，因此企业要全面、准确地把握运作过程。企业运作是否高效、运作方式是否正确影响着企业的运行效率，流程资本作用体现在提高员工的知识和能力，从而为其带来丰厚的财务回报。

首先确定衡量流程资本的绝对值指标。流程资本是通过提高人力资本、企业核心竞争力来实现的，包括精心开发的工作流程和组织效能、高效的投资策略、企业可重复利用的核心技术。

第一，管理费用是企业管理部门为组织管理企业生产经营活动发生的费用，在会计核算中属于期间费用，被认为是企业的费用和损失。从智力资本角度来看，企业日常运营离不开管理费用，形成了企业的管理效能和特有的生产模式，为企业进一步发展打下坚实基础，形成企业的流程资本，因此采用企业披露财务报告以来的管理费用折现值对其进行衡量。

第二，投资收益是指企业对外投资活动中获得的收入或损失，主要包括股利、利息和联营所得利润。投资收益是企业将资本投入市场并从该行为获利的能力，体现企业的投资能力和投资效率。企业在投资的过程中可能失败（即投资收益是负数），无论企业投资成功或失败，其都能从中积累经验并形成特有的投资理念和投资方法，从而形成投资流程资本，因此采用企业披露财务报告以来的投资收益折现值对其进行衡量。

第三，企业可重复利用的核心技术：企业在运营过程需要通过核心技术提高竞争力，从而获得行业超额收益，因此核心技术在企业运营中发挥着重要作用。由于技术指标与第三部分创新资本有所重叠，为防止重复计算，在该部分不考虑技术资本。

其次确定衡量流程资本的相对值指标。企业在生产经营中，既要保证资产保值增值，又要追求更高的盈利能力和盈利效率。

第一，资产保值增值率可以体现企业成长性，资产保值增值率 = 企业年末资产总额/企业年初资产总额。企业在一年的经营过程中，会存在资产的增加和消耗，如果资产具有较高的增值率，则表明企业进一步扩大生产并力求在下一年度追求更大的盈利能力和盈利效率。

第二，盈利能力体现了企业盈利的增长速度，如果企业盈利增速较快，说明企业的发展较快、产品更能得到市场的认可，有利于进一步加强企业的核心竞争力。可以销售收入增长率衡量企业盈利能力，销售收入增长率 = (本年销售收入 - 上年销售收入)/去年销售额收入。

第三，盈利效率代表企业生产经营的效率和盈利质量。企业的盈利效率越高，所需要付出的成本就越低、获得的收益越大，有利于企业获得行业超额收益，进一步拓展市场，以毛利率来衡量企业的盈利效率。

3. 创新资本

创新资本是企业获得超额收益的重要因素，是企业通过创新和投资活动形成的资本。从范围上看，创新资本包括创新理念、创新知识和技能、创新环境和创新品质，然而创新理念和创新环境等难以用货币进行衡量。从本质上看，创新资本是能够为企业带来超额收益的无形资产，其能提高产品和服务质量进而为消费者带来满足，提升企业知名度。从内容上看，创新资本包括技术创新资本、管理创新资本、制度创新资本和市场创新资本，其中管理创新资本已在人力资本中计算，制度创新资本已在流程资本中计算，市场创新资本将在客户资本中计算，因此本文的创新资本计算的是技术创新资本。

首先确定衡量创新资本的绝对值指标。创新资本指的是企业开发、保护商业权利（如商标权和专利权）、开发和更新产品和智慧资产、新项目上市的能力。企业技术创新资本可以用研究和试验发展（R&D）活动经费投入来衡量，根据《企业会计准则第 6 号——无形资产》，我们可以知道企业内部研究开发项目的支出，应当区分研究阶段支出与开发阶段支出，因此本文通过研究能力和开发能力两个指标来衡量企业的创新资本。

第一，研究能力指的是企业运用掌握的资源以市场需求为导向，对亟须解决的问题进行研究。目前我国大部分小企业研发机构不健全且以开发活动为主，很少进行研究活动，研究人才严重不足，由于基础科学发展不平衡、技术创新和产品等之间的联系不紧密，很难有效地将科技成果产品化推向市场，因此企业应当提高自身研究能力。我国财政部门在会计准则中明确规定企业研究阶段的支出应于发生时计入当期损益，因此研究能力用研发费用来表示，即研究能力 = 研发费用，技术创新形成具有偶然性，采用企业披露财务报告以来的研发费用折现终值对其进行衡量。

第二，开发能力指的是在企业研究的基础上，推动项目成功开发的能力。当企业的一项研究预计能形成无形资产并可以使用和出售，预计未来能为企业带来超额收益以证明其有用性，有足够的资源继续支撑完成该项研究且在开发阶段的支出能够可靠计量。由于企业未完全披露开发阶段的成本，而开发成本最终形成无形资产原值，因此采用企业评估时点年度无形资产原值对其进行衡量。

其次确定衡量创新资本的相对值指标。相对值指标表示的是企业创新资本发展的方向、水平和效率，用来衡量企业创新投入、创新能力和创新贡献。

第一，创新投入指的是企业在评估时点年度内开展创新活动的投入占营业收入的比例。创新是企业发展的重要一环，现代企业的竞争十分依赖科技创新，强化创新已成为现代企业发展的必然要求。企业选择合适的创新方式可以减少企业消耗的资金和人力，取得技术突破并抢占市场先机，从而获得超额利润。

第二，创新能力指的是企业在评估时点年度内开发能力在行业中的水平。企业在发展到一定程度后，需要技术创新突破发展壁垒，产品创新直接反映于企业获得的超额收益，因此以企业开发能力与行业平均开发能力的比例进行衡量。

第三，创新贡献是指企业在评估时点年度内新产品、新业务为企业带来的收益比例。对于企业而言，开发新产品具有十分重要的战略意义，它是企业能够获得超额收益重要因素，企业的市场竞争力往往体现在总能够率先满足消费者需求的程度。企业只有不断开发、创新产品，才能维持和扩大市场规模，否则可能会失去现有市场，因此企业必须重视新产品开发投入，以新产品占领和巩固市场，不断提高企业的市场竞争力。因此以新产品（业务）贡献率对其进行衡量，新产品（业务）贡献率 = 新产品（业务）收入/全部产品（业务）收入。

4. 客户资本

客户资本决定了企业利润的大小，虽说企业的利润不是客户直接创造的，但是如果没有客户，企业的利润将无从兑现。

首先确定衡量客户资本的绝对值指标，不同行业的企业根据业务不同，会用不同的指标衡量客户资本，得到的结果也千差万别。但是根据企业盈利的本质和服务客户的全过程来分析，可分为历史客户资本、当前客户资本和未来客户资本。

第一，历史客户资本指的是企业为获得客户投入的资本，称之为获取客户资本。可以为获得客户而付出的成本来表示这部分客户资本，获客成本是指获取客户发生的必要支出，客户的获取是一个长期积累的过程，在财务报告中体现于销售费用，因此采用企业披露财务报告以来财务费用折现值总和对其进行衡量。

第二，当前客户资本指的是客户购买企业产品的能力，称之为客户购买力资本。以企业当年签订的合同金额和业务利润率的乘积表示这部分客户资本，即当前客户购买力资本 = 年合同金额 × 业务利润率。

第三，未来客户资本是企业为了更好地维护和发展用户潜在购买力的资本，这部分资本能在未来兑现并使企业获得利润。以市场对元宇宙行业未来市场规模预测、天下秀市场占有率进行衡量。花旗银行预测到2030年全球元宇宙市场有望增长至8万亿~13万亿美元；麦肯锡公司的最新研究表明，到2030年，全球元宇宙经济可能增长至5万亿美元。根据探迹大数据显示，目前我国涵盖元宇宙业务企业共1532家，2017~2020年，从事元宇宙相关企业成立数一直维持在每年80~110家的增长水平。然而元宇宙行业技术壁垒较高、用户体验先入为主，且天下秀企业具有市场用户基础、经验丰富的开发团队，因此假设其未来能够维持目前的市场占有率。

其次确定衡量客户资本的相对值指标。相对值指标表示的是企业客户资本发展的方向、水平和效率，用来衡量企业客户发展速度、客户的稳定程度。

第一，客户稳定程度以用户留存率来反映，其表示品牌用户与企业合作稳定程度，即在购买（或使用）企业产品一段时间后再次购买（或使用）该产品的用户。用户留存率能够体现企业产品的用户黏性，用户留存率越高的企业，其产品越有吸引力和竞争力，也促使其用户更加稳定。

第二，客户发展速度反映企业市场竞争的核心能力、获取和赢得客户资源的水平，促进企业注重客户渠道建设、推动客户资源增长和拓展企业市场规模。客户积累是一个过程，客户的发展也应当考虑其客户基数，因此以（1+客户增长率）来衡量客户发展速度。

第三，客户质量水平反映的是企业客户的体量，集中反映为企业大客户营收占比，大客户为企业带来巨大利润，如果大客户营业收入占比较多则反映企业产品的认可度较高，收入规模更为稳定。

5. 智力资本

综上所述，天下秀企业的智力资本指标组成如表1所示。

表1　　智力资本指标

项目	绝对值指标	相对值指标
人力资本	重置员工素质和技能成本 A11	员工稳定程度 R11
	维持员工生产付出的代价 A12	员工发展速度 R12
		员工质量水平 R13
流程资本	管理费用折现值 A21	资产保值增值率 R21
	投资收益折现值 A22	盈利能力 R22
		盈利效率 R23
创新资本	研究能力 A31	创新投入 R31
	开发能力 A32	创新能力 R32
		创新贡献 R33

续表

项目	绝对值指标	相对值指标
客户资本	历史客户资本 A41	客户稳定程度 R41
	当前客户资本 A42	客户发展速度 R42
	未来客户资本 A43	客户质量水平 R43

（三）Critic 权重法介绍

Critic 权重法通过计算指标的波动性和冲突性，两者相乘并进行归一化处理，得到最终权重，操作步骤如下：

第一，对各指标进行无量纲化处理。

若采用的指标为正向指标，即数值越大越好，对其进行正向化处理：

$$x'_{ij} = \frac{x_j - x_{min}}{x_{max} - x_{min}} \tag{1}$$

若采用的指标为逆向指标，即数值越小越好，对其进行逆向化处理：

$$x'_{ij} = \frac{x_{max} - x_j}{x_{max} - x_{min}} \tag{2}$$

第二，计算指标变异性 S_j，以标准差表示其变异性。

$$\bar{x}_j = \frac{1}{n}\sum_{i=1}^{n} x_{ij} \tag{3}$$

$$S_j = \sqrt{\frac{\sum_{i=1}^{n}(x_{ij} - \bar{x}_j)^2}{n-1}} \tag{4}$$

第三，计算指标冲突性 R_i，以相关系数表示其冲突性。

$$R_i = \sum_{i=1}^{p}(1 - r_{ij}) \tag{5}$$

第四，计算指标信息量 C_j，即指标变异性与指标冲突性相乘。若某指标越大，代表其信息量越大，就应该给其分配更多的权重。

$$C_j = S_j \times R_j \tag{6}$$

第五，计算指标客观权重 W_j。

$$W_j = \frac{C_j}{\sum_{j=1}^{p} C_j} \tag{7}$$

本文利用 SPSSPRO 数据分析软件，选择综合评价模块的 Critic 权重法对智力资本相对指标的重要程度赋予权重。

（四）智力资本计算

1. 折现率计算

由于在计算智力资本中，一些绝对值指标用到折现终值，因此需要确定特定年度元宇宙行业的折现率。不能简单地将银行贷款利率作为折现率，贷款利率只是资金的报酬，而折现率与使用条件、占用者和使用途径有直接关系，是企业在投资时所要求的必要报酬率，因此要根据行业投资报酬率来确定。本文选用元宇宙行业 2014 ~ 2021 年投资收益率作为折现率（见表 2）来计算折现终值。

表 2　2014 ~ 2021 年元宇宙行业投资收益率　单位：%

项目	2014 年	2015 年	2016 年	2017 年	2018 年	2019 年	2020 年	2021 年
折现率	10.78	11.57	11.08	11.38	5.91	3.49	4.00	5.22

注：本表数据通过计算元宇宙概念行业企业 2014 ~ 2021 年平均利润率获得。

2. 资本分项计算

第一，计算人力资本。人力资本相对指标赋予权重（见表 3）和指标数据及计算结果（见表 4）。

表 3　人力资本权重赋予结果

项目	指标变异性	指标冲突性	信息量	权重（%）
员工稳定程度 W11	0.083	3.109	0.259	43.953
员工质量水平 W12	0.053	1.621	0.085	14.454
员工发展速度 W13	0.109	2.246	0.245	41.593

表 4　人力资本指标数据及计算结果

项目		数值（元）	数值（%）
绝对值指标	重置员工素质和技能成本 A11	5059909.45	
	维持员工生产付出的代价 A12	36745637.38	
相对值指标	员工稳定程度 R11		65.57
	员工发展速度 R12		141.59
	员工质量水平 R13		67.02
（A11 + A12）×（R11 × W11 + R12 × W12 + R13 × W13）= 40717532.87（元）			

第二，计算流程资本。流程资本相对指标赋予权重（见表5）和指标数据及计算结果（见表6）。

表5 流程资本权重赋予结果

项目	指标变异性	指标冲突性	信息量	权重（%）
资产保值增值率 W21	0.21	1.112	0.233	32.508
盈利能力 W22	0.327	1.066	0.349	48.616
盈利效率 W23	0.063	2.163	0.135	18.876

表6 流程资本指标数据及计算结果

项目		数值（元）	数值（%）
绝对值指标	管理费用折现值 A21	342636982.94	
	投资收益折现值 A22	-10889840.65	
相对值指标	资产保值增值率 R21		118.21
	盈利能力 R22		47.42
	盈利效率 R23		22.28
(A21 + A22) × (R21 × W21 + R22 × W22 + R23 × W23) = 217916474.76（元）			

第三，计算创新资本。创新资本相对指标赋予权重（见表7）和指标数据及计算结果（见表8）。

表7 创新资本权重赋予结果

项目	指标变异性	指标冲突性	信息量	权重（%）
创新投入占比 W31	0.013	1.793	0.024	30.169
创新能力 W32	0.014	2.942	0.04	49.717
创新产品贡献 W33	0.01	1.595	0.016	20.114

表8 创新资本指标数据及计算结果

项目		数值（元）	数值（%）
绝对值指标	研究能力 A31	266320599.43	
	开发能力 A32	22446703.56	
相对值指标	创新投入 R31		3.37
	创新能力 R32		5.46
	创新贡献 R33		4.71
(A31 + A32) × (R31 × W31 + R32 × W32 + R33 × W33) = 13505431.69（元）			

第四，计算客户资本。客户资本相对指标赋予权重（见表9）和指标数据及计算结果（见表10）。

表9　　创新资本权重赋予结果

项目	指标变异性	指标冲突性	信息量	权重（%）
客户稳定程度 W41	0.018	1.642	0.029	3.36
客户发展速度 W42	0.063	1.607	0.101	11.574
客户质量水平 W43	0.347	2.148	0.745	85.066

表10　　客户资本指标数据及计算结果

项目		数值（元）	数值（%）
绝对值指标	历史客户资本 A41	555285067.19	
	当前客户资本 A42	384471626.17	
	未来客户资本 A43	2011386987.41	
相对值指标	客户稳定程度 R41		79.60
	客户发展速度 R42		107.62
	客户质量水平 R43		33.00
（A41 + A42 + A43）×（R41 × W41 + R42 × W42 + R43 × W43）= 1274956116.34（元）			

综上所述，可得天下秀数字科技集团在2021年12月31日的智力资本为15.47亿元（见表11），其中，人力资本占2.63%，过程资本占14.09%，创新资本占0.87%，客户资本占82.41%。根据东方财富数据，其在2021年12月31日市值为223.26亿元，因此本文计算的智力资本约占市值6.93%。

表11　　天下秀智力资本计算结果　　单位：亿元

智力资本	15.47
其中：人力资本	0.41
过程资本	2.18
创新资本	0.14
客户资本	12.75

六、研究结论及启示

对于天下秀企业而言，客户资本占比较高，企业下一步要洞悉用户需求、抓住用户痛点，满足用户体验，扩大用户规模，提高用户黏性；天下秀企业的创新资本占比较低，其研发投入和创新能力与行业龙头存在较大差距，因此需要不断投入研发费用并产出新的产品，保证企业可持续发展。

对于元宇宙行业而言，元宇宙下游企业要通过洞悉用户需求、抓住用户痛点，满足用户体验，积极扩大用户规模，提高用户黏性；元宇宙虚拟场景创新企业需不断投入研发费用并产出新的产品抢占市场以获得持续发展。

对于投资者和从业人员而言，在分析企业智力资本时，不仅要考虑行业特点，还要考虑企业的运营特点和盈利模式，选取合适的指标，建立适合目标企业的智力资本模型并采用客观的权重方法合理评估目标企业的智力资本，为投资和业务提供客观依据。本文以天下秀数字科技集团为例，考虑其所在行业的特点和盈利模式，从其运营特点和盈利模式出发选取衡量创新资本和智力资本指标，并保证指标能够反映企业的真实情况，旨在为投资者和从业人员计算目标企业智力资本提供依据。

参考文献

[1] 戚啸艳，胡汉辉. 西方知识资本理论研究的新进展 [J]. 经济学动态，2004 (05)：71 - 74.

[2] 孙立新，于桂兰，余来文. 知识资本对企业绩效的持续影响研究——基于智力增值系数法（VAIC）的面板数据 [J]. 现代管理科学，2015 (10)：100 - 102.

[3] 唐新贵，许志波，闫森. 区域知识资本及其对区域发展的影响研究 [J]. 经济地理，2012，32 (02)：33 - 38.

[4] 禹海慧. 社会网络、知识资本与企业创新能力的关系研究 [J]. 湖南社会科学，2015 (02)：147 - 150.

[5] 喻登科，肖欢，彭静，薄秋实. 知识资本与性格特质对企业绩效的交互作用研究 [J]. 科技进步与对策，2016，33 (22)：146 - 155.

[6] Karl Erik Sveiby The new organizational wealth：managing & measuring knowledge-based assets [J]. Choice Reviews Online，1997，35 (02).

[7] Leif Edvinsson. Developing a model for managing intellectual capital [J]. European Management Journal，1996，14 (4).

[8] Pike，S. & G. Roos，Intellectual capital measurement and holistic value approach (HVA) . Works Institute Journal 42，2000.

[9] Thomas A. Stewart & Tom Stewart. Intellectual capital：the new wealth of organizations，Doubleday，1997.

顺丰控股并购嘉里物流案例中的企业价值评估研究

——基于二叉树期权定价模型

赵晗宇*

内容提要：本文总结了实物期权在并购和价值评估方面的研究，从不同角度对实物期权的适用性进行了分析。通过对比分析不同理论角度下的被收购企业价值评估方法，并结合物流行业的特点，运用归纳法认识到了二叉树模型在评估快递企业价值的适用性。

从顺丰控股并购嘉里物流的案例出发，利用企业价值评估的二叉树期权定价模型，分步对嘉里物流在资产评估基准日的企业价值进行估算，对二叉树期权定价模型评估快递企业价值进行实际运用。最后通过对比分析嘉里物流的企业评估价值与收购价格差异，从而对顺丰控股的并购案例进行评价，为投资人投资决策、企业管理策略制定等提供一定的借鉴意义。

一、引　言

（一）研究背景及意义

1. 背景

物流业在全球化的进程以及互联网的影响下，发展趋势不断发生着转变，受到越来越多的关注。2018 年以来，政府发布了较多关于物流行业的政策规定，这表现了国家高度重视快递行业，企图通过政策来引导并指导规范物流行业的发展。相较于靠快递企业自身经营和资本投入来达到成长的目的，大多数物流企业倾向于采用并购这一方式去快速实现企业发展目标，帮助公司快速实现扩展市场、业务整合、获取资源的目的（杨雯，2021）；特别是在拓展海外业务方面，国内物流企业拓展海外业务困难重重，进行跨国并购可以为企业带来较多益处，为企业带来跨国人才、提升经营管理模式、扩大了

* 赵晗宇，中央财经大学财政税务学院，硕士生，研究方向：企业价值资产评估。

企业规模的同时，提高企业竞争力，还能最短时间布局海外市场，并购回报丰厚。

为拓展海外业务也采取了海外并购的策略，作为全球第四大物流企业的顺丰控股为拓展业务，提升企业竞争力，也于2021年海外收购嘉里物流联网有限公司。因此本文通过对比分析各类资产评估方法在快递企业估值中的适用性，并最终利用二叉树期权定价模型估计嘉里物流企业价值，进而初步判断该次并购的风险，从而对该并购案例进行评价。

2. 目的

由于物流行业的特殊性，当前各大物流企业在遭遇发展瓶颈时主流发展模式之一就是企业并购。随着国内企业的发展扩张，中国企业掀起了海外并购的浪潮。在并购过程中，较高的并购溢价会使并购企业背负高额商誉，为并购双方企业都带来很大发展隐患。(陆旸等，2021)。通过对现阶段中国物流行业的特征的整理分析，并综合考虑国内市场现状，本文将对比分析不同资产评估方法在物流行业的适用性，并论证二叉树期权定价模型在嘉里物流企业价值评估的可操作性以及估值结果的合理性。通过对比分析嘉里物流的企业评估价值与收购价格差异，从而对顺丰控股的并购案例进行评价，简单预测其股价走势和发展。

3. 意义

在海外并购过程中，不合理的估值会对并购对价带来影响，进而影响并购效果（黄本多和干胜道，2009），因此对被并购企业的价值估计将直接关系到该次并购的成功与否。本研究分析了三种传统评估方法以及实物期权，特别是二叉树期权定价模型的适用性，认识到二叉树期权定价模型评估企业价值的时候可以将企业经营的不确定性和管理决策灵活的期权特性计算在内，从而在估值结果之中体现标的企业的整体价值，因此该评估方法在评估实务中具有应用的优越性。

利用二叉树模型对嘉里物流的企业价值进行估算，通过对比分析嘉里物流的企业评估价值与收购价格差异，从而对顺丰控股的并购案例进行评价，简单预测其股价走势和发展，为投资人投资决策、企业管理策略制定等提供一定的借鉴意义。

（二）文献综述

从企业价值评估的角度：费雪（Fisher，1906）通过分析得出企业未来现金流量折现值可以体现企业于资产评估基准日的整体价值；莫迪利亚尼和米勒（Modigliani and Miller，1958）则对价值与资本结构进行联系分析，他们的研究标志了现代企业价值评估体系的建立。在实际应用中，我国孙氓

(1997)、高波(2002)、刘玉平(2004)、熊敏(2008)、蒋骁(2017)等学者对企业价值评估的评估方法选择、参数计算以及企业发展阶段估值特点进行了分析，其研究结论具有重要的实证参考价值。

从实物期权的角度：期权定价模型由布莱克和斯科尔斯(Black and Scholes)于1973年首次提出；二叉树定价模型则由考克斯和罗斯(Cox and Ross)于1979年提出；马修斯(Matthews，2004)则解决了资产在非正态分布下的定价问题。

从并购的角度：企业并购理论研究主要集中在概念界定和影响因素方面、并购企业价值的理解方面、并购企业评估价值影响因素的研究方面和并购重组企业价值评估方法的对比研究方面。科什等(Cosh et al.，1980)则实证分析了1967~1970年的并购事件，分析结果证明并购重组能够极大提升并购方的获利能力；而阿格拉瓦尔和曼德尔克(Agrawal and Mandelker)却在1992年的论文中通过实证分析得到了相反的结论。

对于并购重组企业价值评估方法的研究，有学者通过对比分析，认为现金流折现的方法最为理想，也有学者认为应当采用多种方法相结合的方式。总的来说，对于收益法的评估方法研究较其他的研究更多。

二、顺丰控股并购案例中被并购方的企业价值评估方法选择

(一) 快递企业及其行业概述

国家高度重视物流行业的发展，发布了很多针对快递企业的扶持政策。基于《2021年物流运行情况分析及2022年展望报告》可以得知，我国实体经济持续稳定恢复拉动物流需求快速增长，物流实现“十四五”良好开局。该报告验证了物流行业对于国家经济结构和国民经济发展具有积极的促进作用。

根据中国物流与采购联合会中国社会物流总额的统计资料，数据显示2021年全国社会物流总额达到了335万亿元，相较2020年同比增长了9.2%，体现了较高增长速度的同时也验证了物流在中国经济增长中的重要性。

社会物流总量和GDP相比来看，和疫情前的年度不同，近20年来我国社会物流总量增长不断超过GDP增速，社会物流增长系数也不断提高。在疫情风险继续面临的前提下，制造、出口、消费和实体物流重回良好态势，实体企业成为物流市场回升的重要基础。

社会物流总额的规模不断扩大，其中国内民营快递企业的市场规模也在不断提升，作为拥有较大规模快递企业的顺丰控股崛起势头强劲。

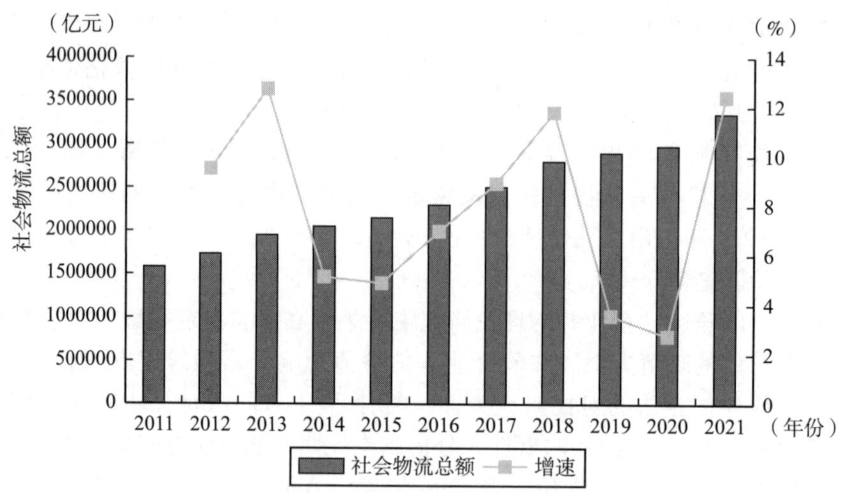

图 1　2011～2021 年社会物流总额

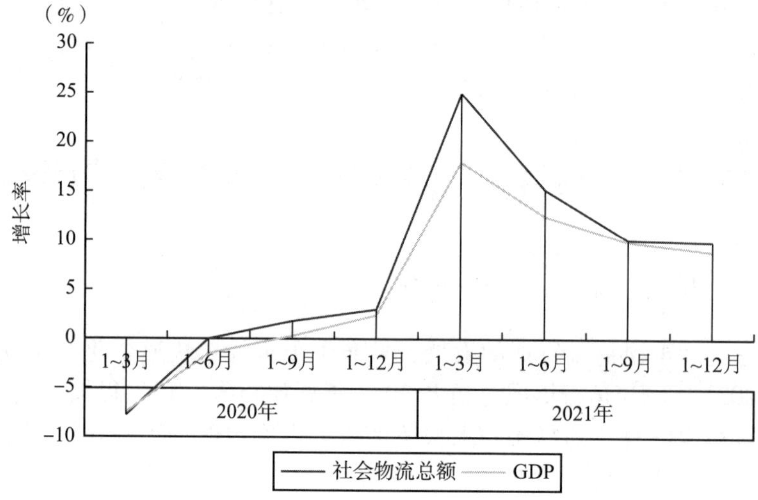

图 2　2020～2021 年各季度社会物流总额及 GDP 增长率

（二）快递企业评估难点

中国物流行业有市场化水平不高、受政策影响大以及受疫情影响等特点，再加上中国评估体系尚未建设完善，评估质量有待提升，导致快递企业评估过程中出现了很多问题与难点。

1. 评估方法难以确定

快递企业业务丰富，多涵盖快递、仓储、国际物流等领域；并且由于业务性质的特点，快递企业的资产分布分散且数量众多，全国各地，甚至是全世界各地都会有快递企业的货舱、业务部门和快递站等。不同国家、不同业务形态的价值评估在评估方法选择、数据选取等方面都存在差异，为了更好地反映企业在特定评估目的上的企业价值，往往需要将快递企业各地的资产进行分别评估，选择合适的评估方法和数据等，最终进行相加汇总，评估复杂且难度较大。

2. 快递企业的动态调整性

快递企业的发展总体趋势就是不断扩张、不断完善（张媛媛，2021）。为了给客户提供更快捷、更方便的快递服务，快递企业需要不断完善运输方式、增加业务点提升服务效率。

受到快递企业动态调整性评估难点的影响，应针对不同阶段、不同发展方向、不同规模大小的企业进行个性化的评估方法确定，以选择出更为合适的企业价值评估方法。

3. 物流企业评估体系不完善

相较于欧美等发达国家，物流业仍是中国的新兴产业。因此对于该行业的资本市场体系来说，与资产评估制度一样都还不够完善（耿雪琴，2018）。

4. 数据缺乏可比上市公司

物流行业属于高度垄断型的行业，目前在国内上市公司较少，且由于主营业务形态、发展方向以及区域覆盖等因素的不同，各公司拥有较小的可比性。这就造成市场法等传统的企业价值评估方法的使用较为困难。同时由于可比参照企业数量稀少，对于快递企业的企业价值评估案例、评估研究的文献和记录也就较为少见，从而使对于特定快递企业的价值评估数据缺乏。

并且快递企业的业内整合仍在不断加剧，竞争力弱的公司可能会退出、被合并或收购，将会造成可比同业数据的进一步减少。

（三）快递企业价值评估方法的选择

1. 传统评估方法的局限

对于快递行业企业价值评估方式的选择受到较多因素的限制，除了需要综合考虑各评估方法适用性，也要将物流行业的特点纳入考虑范围。

成本法评估企业价值的原理是利用从企业定期披露的财务报表信息，将各类资产的成本价值予以计算后相加，从而得到企业整体的价值。市场法以市场上的类似资产的交易价格为参照基准，对参照资产和标的资产之间在的差异予以调整，最后将调整后的参照资产成交价作为估值结果。收益法评估企业价值时，有三个步骤：首先是预测企业未来的收益；之后是选取将企业未来收益折现的合适折现率；最后是利用计算出的折现率将企业未来的收益折现，并将各阶段收益折现值相加，从而估算企业的价值。其中最关键的步骤是对收益额和资本化率两个参数予以确定。

（1）成本法评估快递企业的局限性

利用成本法评估企业价值虽然在计算上面相对简单，但其在具体运用时也存在较多的局限性：首先是成本法参照的数据和资料基础都是企业的历史数据，但并购会使得企业在未来等到较大的发展（面临较多不确定性），这样的情况下历史数据是无法反映处于并购状态的企业价值，因此成本法对于并购标的企业的企业价值评估不具适用性。其次是成本法会将企业的资产进行拆分，最终的评估结果是各个分组评估价值的简单相加（李寅龙和胡志英，2021）。这对于一些企业无法体现在财务报表上的无形资产（如人才溢价、管理模式、制度优势以及市场口碑），难以进行量化和具体的计算，但是事实证明其对于企业的价值影响巨大，很多并购企业也是由于看重被并购标的企业的无形资产价值从而发起并购计划，此时，成本法的价值评估无法体现企业整体的价值情况，对并购对价的参考意义不大。最后是成本法的适用场景问题，在评估机构的实际操作过程中，综合考虑成本法评估企业价值的步骤和特点（成本法往往会造成企业价值的低估），常在评估企业清算价值的时候采用成本法，而对于可持续正常经营的企业并不考虑成本法的使用，因此对基于并购目的的企业价值评估，市场法并不适用。

（2）市场法评估快递企业的局限性

市场法计算过程容易，但是数据获取较为困难（谷晓辉，2018），实操中常受到的限制则包括以下几个方面：①市场法使用需要大量的数据支持，而要能够收集到大量数据便需要一个数据信息化程度高、交易活跃的市场。从我国国情出发，交易市场的资本化程度不高，数据公开意识不强，导致具体使用市场法的过程中往往存在数据难以获取的情况，对最终评估结果的准确性有较大影响。②除了对市场有信息化的要求外，市场法评估的关键还在于能够找出可比对象。对于嘉里物流等快递企业，我国上市的快递企业只有 20 家左右，因此在选取可比对象的时候多少会受到限制。

（3）收益法评估快递企业的局限性

收益法的难点在于对未来企业发展的不确定性。在资产评估基准日，很难基于当时的企业现状预测未来收益，从而导致估值结果的可靠性降低。

2. 实物期权法的适用性

相较于在快递企业评估过程中受限较多的三类传统评估方法，实物期权法中的二叉树期权定价模型体现了高度的适用性。

由于海外并购双方企业可能面临贸易往来政策、汇率、国际营商环境等变动带来的风险，其在日后的经营中会有很多不确定性。在预测企业未来经营业绩时需要考虑多种因素，如除了整体市场环境的趋势、政策影响之外，还要考虑人事变动、经济发展等，而且除了考虑未来业绩上涨情况外，还需要考虑未来企业业绩下降的情况，仅仅考虑未来业绩上涨这一种可能性的收益法无法完全体现企业价值。传统方法对被收购企业进行估值时，未充分考虑到市场的动态发展和管理者的灵活决策：比如说在市场利好的时候管理决策者将采取积极的投资策略，反之，将采取消极甚至是出售的投资策略。当对企业进行跨国海外并购时，二叉树模能够将企业向上和向下运动的不确定性变化都考虑在内，因此将更具企业价值评估的适用性。

对于实物期权定价模型的两个具体评估方法中，二叉树期权定价模型更具有实用性，其相较于 B－S 模型的优点体现在以下两个方面：首先是二叉树企业价值评估模型能够将各期的企业价值均体现在期间节点上，将此节点呈现给企业时能够提供给企业管理者一定的参考价值；其次是二叉树期权定价和 B－S 期权定价模型不同，B－S 期权定价模型基于的是连续假设，而企业对于自身财务信息的披露往往是离散的，因此能够获得企业的离散数据资料并不适用于 B－S 期权定价模型。相较于基于连续假设的 B－S 模型，二叉树期权定价是基于离散的时间假设的，与能够获得的财务数据资料是相符合的，因此在市场环境中更具有适用性（王家成，2021）。于 2017 年起施行的《实物期权评估指导意见》也指出应当根据期权的类型，从 B－S 和二叉树两大模型中择优决定。

因此，二叉树模型在本文对于快递企业跨国并购价值评估中更具有适用性，下面将采用此模型对顺丰控股并购嘉里物流案例中被收购企业的内在价值进行评估。

三、顺丰控股并购嘉里物流联网有限公司基本情况介绍

（一）并购方和被并购方简介

1. 顺丰控股公司简介

王卫于 1993 年成立顺丰控股，并领导企业不断前进，企业规模逐步扩大的同时也不断探索着新的发展模式。顺丰通过业务质量的提升、产品形态的创新稳固国内市场，也积极扩张海外的业务，于 2017 年 A 股上市。

顺丰控股除了拥有快递、冷链等基础业务之外，还不断发展创新，积极借鉴国内外发展经验，开拓贷款、保价等增值业务。其凭借准确的市场定位和多样化的业务形态，不断扩张商业版图，在国内外快递行业中占有一席之地。但其与 TNT、UPS 等老牌物流世界强企还有着较大的差距，这是顺丰仍需意识到的不足。

2. 嘉里物流联网有限公司简介

嘉里物流联网有限公司（简称嘉里物流）是一家以亚洲为基地的国际第三方物流服务供应商。公司的总部位于中国香港，英文名称为 Kerry Logistics Network Limited，其设立于 1991 年，并于 2013 年 12 月 19 日在香港联合交易所上市。

作为一家国际物流公司，嘉里物流主营综合物流和国际货代业务，其业务主要分为货仓业务（HK Warehouse）、物流运营服务（Integrated Logistics，IL）、国际货运代理（International Freight Forwarding）三大板块：货仓业务从事仓储设施租赁，主要由香港货仓公司 Kerry Warehouse（HK）Holdings Limited 拥有 9 家仓库并提供场地租赁服务；物流运营服务以供应链合同物流业务为主，业务集中在亚洲，尤其以大中华区为主，IL 业务也包括东南亚快递业务；国际货运代理主要从事海空运及陆运货运代理服务，业务遍及全球，但仍以大中华区、亚洲和北美为主。海运货代是嘉里货代业务的主要板块。

嘉里物流的区域板块主要包括中国香港、中国大陆、中国台湾、亚洲（不含大中华区）、北美、欧洲及大洋洲。其在年度和半年度的业绩报告中会根据区域划分进行财务总结和汇报。

（二）并购过程

顺丰控股全资子公司 Flourish Harmony 于 2021 年 2 月 10 日发布要约收购公告，计划通过现金方式部分要约收购嘉里物流 9.31 亿股股份，并最终于 2021 年 9 月 28 日完成交割，历时 7 个月，交易的总对价约为 175.55 亿元港币（约合 146 亿元人民币）。对于这部分 9.31 亿的要约股份在嘉里物流已发行股票的占比来看，这部分要约股份约占公告发出当日嘉里已发行股本的 51.8%、其全面分摊股本后的 51.5%。

1. 要约收购方案

此次要约收购交易标的类别是股权投资，具体股份情况如表 1 所示。

表 1　　嘉里物流被要约收购股份情况

股份种类	要约价格（港币/股）	要约收购数量（股）	占已发行股份比例（%）
已发行股份	18.80 港元	931209117	51.8

收购的股份将来源 Kerry Properties 出售其所持有的标的公司股份、标的公司控股股东；另外，在要约报告书中明确指出了要约失败的情况，即若于规定的首次截止日时，除了嘉里物流的控股股东、执行董事外其他股东提呈的股份数少于 336706623 股，则部分要约将失效。对于此次收购的对价，顺

丰控股将以现金方式进行支付，资金来源为外部融资。

值得一提的是，此次顺丰收购的收购方案里，嘉里物流的中国香港货舱业务和中国台湾业务被剥离。其中中国香港货仓业务以 135 亿元港币的代价从嘉里物流中剥离，回到大股东嘉里控股手中，并作为特别股利分红，即 339 亿元港币的收购估值中未包含中国香港货仓业务；中国台湾业务则是出售给 Treasure Seeker Group Limited，45 亿元新台币将中国台湾业务剥离，获得约 12 亿元港币，这部分资金没有特别分红，作为公司收益留存。

因此，在剥离了中国台湾和中国香港货仓后，EBIT 总计减少 11 亿元，剩余约 22 亿元，股权交易对价则为 327 亿元。

2. 并购过程与结果

2021 年 2 月 5 日，顺丰控股与嘉里物流双方均发布停牌公告，并于 2 月 9 日发布要约收购部分股权的报告书；3 月 25 日嘉里物流分别与 Urban Treasure Holdings Limited、Treasure Seeker Group Limited 签订《仓库出售协议》《台湾业务出售协议》，计划以 135 亿元港币出售 9 个香港仓库，以 12 亿元港币出售所有的中国台湾相关业务。中国台湾业务和中国香港仓库出售分别于 2021 年 9 月 27 日、10 月 4 日完成。

截至 8 月 19 日，已直接拥有标的企业股权的有关控股股东和有关执行董事均已签署有关控股股东不能撤回承诺函以及有关执行董事的不能撤销承诺函。顺丰控股于 9 月 16 日宣布对嘉里物流的“要约股份”结束，截至下午 4 点，顺丰已经收到了约 10.39 亿股股份的有效接纳，这部分有效接纳的股份数已经超出了计划收购的 9.31 亿股，相当于嘉里物流已发行股份的 57.5%。

9 月 28 日，完成交割，Flourish Harmony Holdings Company Limited 成功收购嘉里物流，嘉里物流成为顺丰的控股子公司。

（三）并购发展前景分析

顺丰在两年内连续收购了 DHL Supply Chain 和嘉里物流联网，这是一个大胆而颇具野心的布局，也是顺丰市值遭遇瓶颈之后的必经之路。此次收购略显仓促，首先是因为嘉里与顺丰在国内的供应链业务目前为止都是大而不强，两者整合有难度；其次是嘉里的国际货代业务偏海运，与顺丰偏空运的基因不相一致，协同难度大。最重要的一点是顺丰为了抱得“美人”归，在收购方案里，以剥离利润最为丰厚的中国香港货仓业务和中国台湾业务作为撬动谈判的基石，很可能导致收购价格偏高。

并且在要约收购公告中，顺丰表示：交易价格不以评估报告为依据，部分要约价格是上市公司在综合考虑标的公司现状，以及收购完成后标的公司的发展预期后确定的。由此看出此次要约收购价格的确定有较强的主观性，是双方不断沟通博弈的结果。收购价格与标的企业公允价值的偏差将会对顺丰控股后期管理发展和商业计划带来较大的要求和挑战，若并购后的整合不完善，将会造成此次并购的失败，最终影响顺丰业绩，限制顺丰发展，降低顺丰控股的行业竞争能力。

本文认为，顺丰为成功达到收购目的而放弃嘉里物流净利润占比最大的中国香港货舱和中国台湾业务，并且明确表示交易对价的确定不是以企业价值评估结论为基础依据，几乎决定了此次并购交易对价的高估性。并购对价较高的好处首先就在于能够确保并购的成功进行，而其对并购方和被并购方都会带来不良影响。对于顺丰而言，过高的交易对价会加大其财务压力。顺丰在《要约公告》中表示此次收购支出款项的资金来源自筹资金与自有资金，公司将以现金方式支付价款，这样的保证对顺丰的现金流动性有较高要求；与此同时，并购对价过高也会造成股东权益从并购企业向被并购企业的转移，导致顺丰控股的股东权益受损。对于嘉里物流而言，过高的并购对价带来了较高的并购商誉，与此同时也带来了较大的商誉减值风险。机会与风险并存，考验着并购双方在未来发展上的整合能力，对嘉里物流自身的“造血”能力也提出更高的要求，严防并购后业绩大跳水的现象，避免高商誉风险被“引爆”，从而对合并企业业绩带来负面影响。

因此，是否如上所述：为了达到战略目的、拓展商业版图的顺丰存在过高高估嘉里物流价值的风险？后文将利用二叉树期权定价的方法对相关业务剥离后的嘉里物流资产评估价值进行估计，从而从收购金额上对此次并购进行简单评价。

四、二叉树期权定价模型在嘉里物流企业价值评估中的具体应用

（一）二叉树期权定价模型应用基本步骤

利用二叉树模型进行企业价值评估时，共分为四个步骤：

（1）构建营业收入二叉树

收购发生在2021年，因此以2021年为基期，并将预测期分为营业收入不断增长的平稳发展期和营业收入基本稳定的永续期（李心，2019）。根据企业并购业绩承诺普遍规律，平稳发展期为2021~2023年，2024年及以后为永续期。在平稳发展期间，嘉里物流每年的营业收入有上涨和下降两种情况，且每年上涨和下降的概率是一致的，要确定上涨比率和下降比率，并计算出收入上涨的概率和下降的概率，从而预测嘉里物流2021~2024年的营业收入。

（2）构建自由现金流量二叉树

$$\text{净利润} = \text{营业支出} - \text{营业成本} - \text{税金及附加} - \text{期间费用} - \text{资产减值损失} + \text{营业外收入} - \text{营业外支出} - \text{所得税费用} \quad (1)$$

$$FACC = 折旧与摊销 + 净利润 + (1 - T) \times 利息支出 - 资本性支出 - 净营运资本增加额 \quad (2)$$

其中 T 为所得税税率，FACC 是企业自由现金流量，由上述公式来预测企业的自由现金流量情况。

需要指出的是，考虑到此次并购计划将中国香港仓库和中国台湾业务剥离，因此，在基期净利润的计算应该对 2021 年中国香港货仓以及中国台湾业务对应的部分进行扣除，即：

$$基期净利 = 总净利 - 中国台湾业务净利 - 中国香港仓库业务净利 \quad (3)$$

“折旧及摊销”“利息支出”的计算也是如此。

（3）确定未调整的嘉里物流价值

首先确定折现率，之后根据下列公式按步骤计算出各个时间节点上的企业价值：

$$PV_{2023} = \frac{FCFF_{2024}}{WACC} \quad (4)$$

$$EV_{2023} = FCFF_{2023} + PV_{2023} \quad (5)$$

$$EV_{2022} = FCFF_{2022} + \frac{上涨概率 \times 上行EV_{2023} + 下跌概率 \times 下行EV_{2023}}{1 + WACC} \quad (6)$$

FACC：自由现金流量。

PV：自由现金流量折现值。

EV：企业价值。

（4）确定调整后的嘉里物流价值

通过对 2021 年、2022 年、2023 年、2024 年各时间节点上嘉里物流所有者权益的计算，若所有者权益总额大于预测的企业价值，则管理者将考虑“出售”企业，即“放弃期权”。考虑到嘉里物流在这种情况下出现的清算价值，调整嘉里物流的价值评估结果。

（二）营业收入二叉树

1. 构建原理

业绩承诺及其补偿安排一直是上市公司并购重组交易中的重要组成部分，承诺往往为 3 年（耿晓宇，2019）。考虑到此次顺丰的并购计划中并未对业绩承诺期作出明确规定，因此便假设此次并购业绩承诺期为 3 年，因此将嘉里物流未来收入期划分为 2021 ~ 2023 年增长期间和 2024 年以后为稳定期两个阶段。

在 2021 ~ 2024 年的发展期内，营业收入有上升和下降两种可能，假设各期上升和下降的幅度为 u、d。则从第一年出发，假设基期 2021 年的营业收入为 R_0，则根据二叉树期权定价模型，2022 年嘉里物流的营业收入会向上移动为 $R_u = u \times R_0$，或者向下下降为 $R_d = d \times R_0$，到了 2023 年，营业收入就会

“分叉”成为 3 种情况（即三个节点），每个节点的具体预测收入用公式可以表示为：$R_{uu}=u\times R_u$，$R_{ud}=d\times R_u$，$R_{dd}=d\times R_d$；2024 年则会“分叉”到 4 个时间节点，之后各期也以此类推，如图 3 所示。

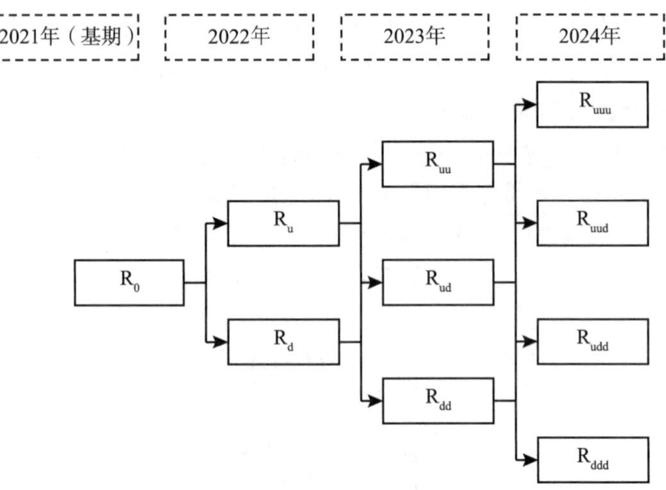

图 3　2021～2024 年公司营业收入二叉树图

2. 确定上行乘数和下行乘数

本文评估嘉里物流的企业价值将以一年为单位时间长度，即一年为一期，并根据公式上行乘数 $u=e^{\sigma\sqrt{t}}$，下行乘数 $d=e^{-\sigma\sqrt{t}}=\frac{1}{u}$，计算出 u、d，公式中自然常数 e 的取值约为 2.7183；式中还需确定嘉里物流的营业收入增长率 σ，σ 的计算可以通过嘉里物流的历史营业收入数据计算得出；确定了 σ 的具体数值之后便可计算出嘉里物流发展期内的上下行常数 u 和 d 了。

由于嘉里物流已于 2013 年在中国香港上市，同年披露的财务报表中包括了 2010～2013 年的营业收入，评估基期为 2021 年，为求数据准确，减少误差，将参考年限定为 12 年。通过年报数据整理，算出嘉里物流营业收入增长率的标准差 σ。

根据表 2 计算出嘉里物流营业收入增长率的标准差 $\sigma=0.1663$，由 $u=e^{\sigma\sqrt{t}}$，$t=1$，$e=2.7183$ 算出 $u=1.1809$，$d=1/u=0.8468$。

表 2　　2010～2021 年嘉里物流营业收入及增长情况

年度	营业收入（千港元）	增长率（%）
2010	10879909	
2011	16034311	47.38

续表

年度	营业收入（千港元）	增长率（%）
2012	19294775	20.33
2013	19968743	3.49
2014	21115249	5.74
2015	21079494	-0.17
2016	24035567	14.02
2017	30787654	28.09
2018	38138528	23.88
2019	41139102	7.87
2020	53360540	29.71
2021	78954724	47.96

资料来源：嘉里物流 2013～2020 年年报及 2021 年业绩报告。

3. 确定上涨概率 p 和下跌概率 1 - p

二叉树期权定价模型基于风险中性假设，在风险中性的假设前提下，投资者的期望收益率应该等于无风险报酬率。

由上文可知 u 大于 1，u = 1 + 上涨百分比；d 小于 1，d = 1 - 下降百分比，因此此时的无风险概率 r 在数值上等于上涨概率与上涨百分比之积和下降概率和下降百分比之积。整理可得到：

$$r = p \times (u - 1) + (1 - p) \times (d - 1) \tag{7}$$

无风险收益率选取中国香港 10 年期政府债券到期收益率的指示价格，此次评估基准日为 2021 年 1 月 1 日，因此从中国香港金融管理局网站上查询 2020 年 12 月 31 日中国香港 10 年期政府债券到期收益率指导价格为 0.75%，因此 r = 0.75%。由公式推算出上涨概率 $p = \frac{1 + r - d}{u - d} = 0.4809$，下跌概率 $1 - p = \frac{u - 1 - r}{u - d} = 0.5191$。

4. 确定嘉里物流营业收入二叉树

根据前面营业收入二叉树构建原理可知：当 2021 年（基期）营业收入为 $R_0 = 10879909$（千港元），2022 年营业收入就会上涨为 $R_u = 93239649.5731$（千港元），或者营业收入下降为 $R_d = 66858342.6735$（千港元），2023 年营业收入波动就会出现三种情况，分别是 $R_{uu} = u \times R_u$，$R_{ud} = d \times R_u$，$R_{dd} = d \times R_d$，以此类推。嘉里物流的营业收入二叉树如表 3 所示：

表 3 **2021～2024 年嘉里物流营业收入预测情况** 单位：千港元

科目	2021 年（基期）	2022 年	2023 年	2024 年
营业收入	78954724.00	93239649.57	110109082.93	130030627.52
	—	66858342.67	78954724.00	93239649.57
	—	—	56615206.27	66858342.67
	—	—	—	47941385.51

（三）自由现金流量二叉树

企业自由现金流量计算公式如下：

$$FCFF = 净利润 + 折旧与摊销 + 利息支出 \times (1 - T) - 净营运资本增加 - 资本性支出 \quad (8)$$

其中，净营运资本增加和资本性支出的计算公式如下：

$$净营运资本增加 = 净营运资本_t - 净营运资本_{t-1} = 流动资产_t - 流动负债_t - 流动资产_{t-1} + 流动负债_{t-1} \quad (9)$$

$$资本性支出 = 购建固定资产、无形资产和其他长期资产支付的现金 - 处置固定资产、无形资产和其他长期资产收回的现金净额 \quad (10)$$

在利用二叉树期权定价模型估计企业价值时，最终需要利用各期的预测自由现金流量进行计算，仿照上述营业收入二叉树构建步骤按照自由现金流量公式组成要素求出各组成要素的二叉树预测数，获取基期预测数值之后，具体各期的预测数值根据前文对于营业收入二叉树确定的方式得出。

部分基期数值可以直接从嘉里物流 2021 年的业绩报告及其附注获取。另外，资本性支出和净营运资本增加额基期数值不可以直接从报表获取，需要根据公式求出。

1. 关于“已终止经营业务”的说明

作为顺丰控股提出收购嘉里物流一部分发行股份的有条件要约交易一部分，嘉里物流与嘉里控股签订销售协议，出售中国香港货仓及中国台湾业务的全部权益。因此，在基期净利润的计算应该对 2021 年中国香港货仓以及中国台湾业务对应的部分进行扣除。根据中国香港财务报告准则 5《持作待售非流动资产及已终止经营业务》，2021 年中国香港货仓及中国台湾业务的业绩连同出售收益入账列作“已终止经营业务”，“已终止经营业务”相关业绩分析表如表 4 所示。

表4 **2021年已终止经营业务相关业绩分析表** 单位：千港元

项目	金额
收入	2816415
直接经营费用	-1714970
其他收益	7575
行政费用	-321846
投资物业公允价值之变动	1969920
融资费用	-39360
应占联营公司业绩	661
除税前溢利	2718395
税项	-140785
出售香港货舱及台湾业务之收益	2187896
来自已终止经营业务之年度溢利	4765506

资料来源：嘉里物流2021年业绩报告。

2021年嘉里物流合并收益表如表5所示。

表5 **2021年嘉里物流合并收益表** 单位：千港元

项目	金额
收入	78954724
直接经营费用	-69950781
毛利	9003943
其他收入及亏损/收益净额	-18805
行政费用	-3626933
未计投资物业公允价值变动前之经营溢利	5358205
投资物业公允价值之变动	298850
经营溢利	5657055
融资费用	-250756
应占联营公司及合营企业业绩	157958
除税前溢利	5564257
税项	-1299167
来自持续经营业务之年度溢利	4265090
已终止经营业务：	
来自已终止经营业务之年度溢利	4765506
年度溢利	9030596

资料来源：嘉里物流2021年业绩报告。

由合并收益表得出嘉里物流2021年度净利润为9030596千港元，其中来自持续经营业务的净利润为4265090千港元，来自已终止经营业务的净利润为4765506千港元。基期的净利润应采用总利润减去已终止经营业务的净利润的余额，及基期净利润应等于来自持续经营业务的净利润，为4265090千港元。

“折旧及摊销”“利息支出”数值决定也同上述“净利润”的选取方法。

2. 预测结果

确定基期净利润后便仿照前文预测营业收入的方法完成净利润二叉树的构建，同时要继续预测利息支出、折旧与摊销和资本性支出等，最终完成自由现金流量二叉树的构建。所得税选取香港2021年利得税，及T = 16.5%。

结合前文对自由现金流量的计算公式，可得出预测结果如表6所示。

表6 嘉里物流现金流量预测 单位：千港元

科目	2021年（基期）	2022年	2023年	2024年
净利润	4265090.00	5036753.68	5948031.03	7024181.72
	—	3611650.25	4265090.00	5036753.68
	—	—	3058321.76	3611650.25
	—	—	—	2589766.81
折旧与摊销	2016514.00	2381352.87	2812200.41	3320999.27
	—	1707570.84	2016514.00	2381352.87
	—	—	1445959.79	1707570.84
	—	—	—	1224429.27
利息支出×（1-16.5%）	-209381.26	-247263.68	-291999.99	-344830.24
	—	-177302.68	-209381.26	-247263.68
	—	—	-150138.75	-177302.68
	—	—	—	-127136.51
资本性支出	911900.00	1076885.99	1271722.17	1501809.18
	—	772190.94	911900.00	1076885.99
	—	—	653886.23	772190.94
	—	—	—	553706.57
净营运资本增加额	2351286.00	2776693.67	3279068.46	3872335.67
	—	1991053.57	2351286.00	2776693.67
	—	—	1686011.11	1991053.57
	—	—	—	1427703.16

续表

科目	2021 年（基期）	2022 年	2023 年	2024 年
现金流量	2809036.74	3317263.21	3917440.83	4626205.90
	—	2378673.90	2809036.74	3317263.21
	—	—	2014245.46	2378673.90
	—	—	—	1705649.85

（四）折现率确定

计算出了企业未来的现金流量之后，需要把对现金流量折现到具体时间节点获得企业的当期价值，折现率选取企业的加权资本成本。WACC 的具体计算公式为：

$$WACC = R_e \times \frac{E}{E+D} + R_d \times \frac{D}{E+D} \times (1-T) \quad (11)$$

权益成本 R_e 求取的计算公式为：

$$R_e = R_f + \beta \times (R_m - R_f) + R_c \quad (12)$$

以上两式中字母的解释如表 7 所示。

表 7　　公式参数解释

字母	含义
β	企业系统性风险系数
R_f	无风险收益率
R_m	市场报酬率
R_c	企业个别风险调整系数
R_e	权益成本
R_d	债务成本
E	股权资本市价
D	企业债权市价
T	企业所得税税率

R_f（无风险报酬率）的选取参照 2021 年香港 10 年期政府债券到期收益率在资产评估基准日的指示价格，则 $R_f = 0.75\%$。通过万得数据库查询嘉里物流公司的系统性风险系数 $\beta = 1.01$。风险溢价（$R_m - R_f$）是指无风险收益率与预期收益率之间的差，具体计算时，常采用市盈率的倒数减去无风险收益率。此处选用恒生指数 2021 年 1 月 1 日市盈率的倒数减去无风险收益率 R_f 来计算风险溢价，即：市场风险溢价（$R_m - R_f$）$= 1/14.67 - 0.75\% \approx 6.07\%$（见表 8）。

债务成本参照评估日香港银行贷款利率 $R_d=5.00\%$。此处选取个别风险调整系数0，及 $R_c=0$。此外，从嘉里物流公布的2021年业绩报告中整理，可以得出嘉里物流在2021年度的债务比重为48.43%，权益比重为51.57%。综上所述，加权平均资本成本（WACC），即折现率的取值结果为5.57%。

表8　　嘉里物流折现率的计算结果

参数	取值（%）
β	1.01
无风险利率（R_f）	0.75
市场风险溢价（R_m-R_f）	6.07
个别风险调整系数（R_c）	0.00
权益资本成本（R_e）	6.88
债务资本成本（R_d）	5.00
税后债务资本成本	4.18
权益比重	51.57
债务比重	48.43
WACC	5.57

（五）嘉里物流估值结果

由前文可知，2024年及以后嘉里物流将会进入平稳发展期。因此嘉里物流的自由现金流量将会保持相同的水平，因此可以将现金流量折现到2024年，折现的现值便是当年预测的企业价值，具体计算公式为：

$$PV_{2024}=\frac{FCFF_{2025}}{WACC} \tag{13}$$

$$EV_{2024}=FCFF_{2024}+PV_{2024} \tag{14}$$

$$EV_{2023}=FCFF_{2023}+\frac{\text{上涨概率}\times\text{上行}EV_{2024}+\text{下跌概率}\times\text{下行}EV_{2024}}{1+WACC} \tag{15}$$

PV为自由现金流量折现值；

EV为企业价值。

根据前文求出的结果上涨概率 $p=\frac{1+r-d}{u-d}=0.4809$，下跌概率 $1-p=\frac{u-1-r}{u-d}=0.5191$，同时根据公式可以计算出嘉里物流在2024年各二叉树节点上的企业价值。以此类推，分别推算出2023年、2022年、2021年各二叉树支点上的企业价值。计算结果如表9所示。

表9 2021~2024年嘉里物流未调整企业价值预测情况 单位：千港元

科目	2021年（基期）	2022年	2023年	2024年
企业价值	54335955.19	63760339.66	74793354.62	87703136.01
	—	45719934.14	53631258.33	62888335.04
	—	—	38456783.83	45094655.26
	—	—	—	32335534.59

（六）调整后的嘉里物流价值

要对嘉里物流的企业价值评估结果进行调整，首先要明确“清算价值”，此清算价值指的是企业在对应时间节点上的所有者权益价值，不是指企业破产清算的字面价值概念。要知道在企业的正常经营过程中，当企业的持续经营价值小于企业的清算价值时，企业管理者会选择终止经营；只有当企业的持续经营价值大于企业的清算价值时，才认为企业的管理者会继续对企业的经营（耿晓宇，2019）。

基于上面对“清算价值”概念的解释，需要将利用二叉树期权定价计算出的企业各时间节点上的价值进行调整，调整的依据便是：嘉里物流在发展期内各年度二叉树节点上所估算的企业价值小于企业的所有者权益时，当期的企业价值调整为清算价值的数值。

参照前文获取嘉里物流营业收入的方式，整理出嘉里物流2021~2024年度的所有者权益，并计算增长率，从而得出嘉里物流所有者权益及增长率平均值14.7%，计算过程如表10所示。

表10 嘉里物流历年所有者权益及增长情况

年度	所有者权益（千港元）	增长率（%）
2010	6541733.00	—
2011	7398104.00	13.09
2012	8358065.00	12.98
2013	13426386.00	60.64
2014	14670789.00	9.27
2015	15431235.00	5.18
2016	15301919.00	-0.84
2017	17825678.00	16.49
2018	20045291.00	12.45
2019	23015368.00	14.82

续表

年度	所有者权益（千港元）	增长率（%）
2020	32479935.00	41.12
2021	24836716.00	-23.53
均值		14.7

资料来源：嘉里物流年报及业绩报告。

之后便是推测计算嘉里物流发展期内各年度时间节点的所有者权益及预测数值，如表 11 所示。所有者权益的预测值也就是当期企业的清算价值，是管理者衡量是否持续经营的“标尺”。

表 11　　嘉里物流清算价值预测情况　　单位：千港元

科目	2021 年（基期）	2022 年	2023 年	2024 年
所有者权益	24836716.00	28487095.79	32673990.66	37476254.98

将表 10 和表 12 中的数据进行对比，比较各时间节点上企业清算价值和二叉树评估数值的大小，发现 2024 年的二叉树第四节点上的企业价值出现了小于清算价值的情况，因此需要对最终的企业价值预测计算表格进行替换。替换之后需按前文步骤进行二叉树企业价值的评估，重新计算后的嘉里物流价值见表 12：

表 12　　嘉里物流最终企业价值预测情况　　单位：千港元

科目	2021 年（基期）	2022 年	2023 年	2024 年
企业价值	54947009.22	63760339.66	74793354.62	87703136.01
	—	46962714.57	53631258.33	62888335.04
	—	—	40984388.76	45094655.26
	—	—	—	37476254.98

因此最终通过二叉树期权定价模型计算出嘉里物流在 2021 年 1 月 1 日的企业价值为 54947009.22 千港元，约合人民币 44907091700 元，及约等于 449.071 亿元人民币。

（七）估值结果分析

顺丰提出的交易对价 327 亿元人民币是嘉里物流的股权价值，而前文通过自由现金流量计算出的是嘉里物流的企业整体价值。为了对比分析，现将顺丰提出的327亿元港币股权交易对价加上对应评估基准日嘉里物流的债务价值，从而转换为嘉里物流的公司价值，则有：

嘉里物流公司价值交易对价＝嘉里物流股权交易对价＋嘉里物流评估基准日债务价值＝股权交易对价＋嘉里物流2021年净负债＝274.465亿元人民币＋190.2674亿元人民币＝464.7324亿元人民币。

经过前文计算，得出嘉里物流的二叉树期权定价模型的企业估值结果为449.071亿元人民币。而顺丰支付的交易对价为约464.732亿元人民币，二者相差有近15.661亿元人民币。其差异可能源于二叉树期权定价模型不仅考虑营业收入逐期递增的情况，还在考虑减少的可能。同时，二叉树模型还将放弃期权予以识别并计算其价值，若在交割股份，二者并购完成之后，嘉里物流业绩不达预期，或者出现嘉里物流的清算价值超过了企业持续经营价值的情况，二叉树模型便能够识别判断出来，并认为顺丰控股管理层就将选择中止业务、及时止损。

五、结论与启示

本文综合利用文献法，将传统资产评估方法与二叉树期权定价模型进行对比分析；对物流行业特点和现状进行总结归纳，从快递企业的特殊性和资产评估的难点不足出发，深入探讨二叉树期权定价模型在评估快递企业的适用性。最后结合顺丰控股海外并购嘉里物流的案例进行研究论证，实际利用二叉树期权定价模型对被并购企业价值进行评估，合理分析选取参数，成功得出二叉树期权定价模型下的嘉里物流估值，验证二叉树期权定价的适用性的同时也能够利用估值结果与收购对价进行对比分析，对顺丰此次海外并购进行评价分析。

（一）结论

1. 物流行业企业价值评估

由于中国物流行业和资产评估的发展均起步较晚，导致现阶段中国快递企业评估过程中出现了业务复杂，评估方法难以确定；快递企业的动态调整性造成估值参数选取是个难点；物流企业的相关价值评估体系不完善；数据缺乏可比上市公司等问题和困难。因此在对快递企业进行价值评估的时候，评估方法的选择十分重要，需综合考虑各类因素进行选择。对比分析传统估值方法和实物期权方法：

成本法不能反映未来利益流入，会对企业价值的整体评估造成影响。

市场法对于评估具有独一无二买卖价值的被并购“商品”具有不适用性，并且对于垄断程度较高的物流行业来说，可比企业较少也限制了市场法的使用。

收益法需要对收益额和资本化率进行较为精确的估算确定，常常导致“差之毫厘，谬以千里”的结果出现，因此当利用收益法对于海外并购标的企业的价值进行评估时，数据指标的选取较为困难。

相较之下，以看涨期权为评估切入点的实物期权企业价值评估定价模型的实用性便得以体现。而相较于只能评估欧式期权的 B－S 实物期权定价模型，能够对美式期权进行定价的二叉树实物期权定价模型在企业估值中更为适用。特别是在对海外并购面临较多不确定的情况下，在预测企业未来业绩的时候，二叉树模型能够将业绩的上涨和下降同时考虑在内，灵活应对内外部环境对于企业价值的影响，从而得出更为准确的估值结论。

2. 二叉树模型参数选用

利用二叉树模型进行企业价值评估时，假设在风险中性条件，将企业的预期未来收益视为“期权价值”，企业经营过程中期权变动有向上或下降两种方向，一共分为构建营业收入二叉树、构建自由现金流量二叉树、确定未调整嘉里物流企业价值、确定调整后嘉里物流企业价值四个步骤，最终得出标的企业的企业价值评估结果。

考虑到嘉里物流是在香港上市的企业，计算过程中无风险收益率选取为资产评估基准日 2021 年 1 月 1 日香港特区政府 10 年期国债的到期收益率指导价格，风险溢价选用恒生指数于资产评估基准日的市场风险溢价；并考虑到“已终止经营业务”的影响，在基期“净利润”“折旧及摊销”“利息支出”的计算中对 2021 年香港货仓以及台湾业务对应的部分进行扣除。

参照定义合理选取参数，能对嘉里物流的企业价值进行正确估算，增强估值对比的有用性。

3. 估值结果分析

嘉里物流企业整体价值经二叉树期权定价模型的评定估算得出的结果为 449.071 亿元人民币，对比顺丰收购提出的交易对价 464.7324 亿元人民币，二者相差约 16 亿元人民币。嘉里物流的企业价值存在高估的风险，过高的并购商誉将会给顺丰带来较大的发展压力。本文认为此次收购价格高于估值结果的原因如下：

（1）顺丰在并购定价时未借鉴资产评估结论

从要约计划书中，顺丰便表示此次部分要约收购价格“不以评估报告为依据，部分要约收购亦未进行资产评估”，可见交易对价与估值结论出现偏差是正常的。

（2）顺丰“过度”重视嘉里物流的战略价值

要约收购的价格是顺丰与嘉里物流讨论博弈之后的结果，高估的定价便可以看出顺丰对于此次并购的重视。其实从并购条约中就可以看出，为了达到成功并购的目的，顺丰提出分割收益率最高的香港货舱和台湾业务来撬动谈判，从而整合嘉里物流剩余业务，达到扩张版图、联合发展的目的。因此，顺丰看重的其实是嘉里物流带来的长期的发展，而非短期的营业收入，这也造成了交易对价的高估。

虽然分析得出此次顺丰并购嘉里交易对价的高估是有迹可循的，但是过重的并购商誉对于企业来说是一个重要的隐患，如若后期的整合达不到理想效果或者是整合的方向出现偏差，都会使被并购企业的业绩出现较大幅的波动，难以达到“一加一大于二”的并购效果。因此在企业博弈得出并购交易对价的过程中，仍然需要考虑对标的企业进行合理的价值评估，尽量得到双赢的并购效果。

（二）启示

本文通过对顺丰海外并购嘉里物流案例的研究获得了以下几点启示：

①本文综合利用文献分析法和归纳法，结合国内学者对并购企业的价值评估的理论和实证研究，发现企业价值评估是并购中不可或缺的一部分。企业价值评估的准确性和及时性往往决定着并购的成功与否，影响并购双方交易正常进行的同时也对双方未来的发展带来直接或间接的影响。在并购前对目标企业价值进行评估，从而为并购方案的制订提供参考基础，让收购要约方的谈判趋势和思路变得清晰。

②估值作为双方指定交易对价的依据，能否合理选择可靠的评估方法关系到交易并购的质量，并且在评估过程中对于参数的选取需要“因地制宜”，尽可能地还原特定评估目的下标的企业在资产评估基准日的企业价值。

③本文通过二叉树期权定价的结果与交易对价的差异，合理推测顺丰并购后将面临较大的并购风险，未来的整合发展需要顺丰合理决策，正确发挥嘉里物流的价值。在国内外形势严峻复杂、企业发展不确定性不断增强、管理者决策的影响因素不断增多的情况下，对于并购双方未来发展的可能性也存在模糊性，但是不管是否对企业价值进行了真实有效的评估，都需要对并购双方未来的磨合、整合进行长远的规划，尽可能克服溢价收购带来的负面影响，提高并购效率。

④国内企业不断发展，在今后的发展中，越来越面临着向国外发展的需求，扩股发展常常需要考虑到并购的发展策略（张晓慧，2016）。对于不同的企业、不同的行业以及不同发展阶段的公司而言，评估方法的确定都会有所不同，需要“因地制宜”选择合适的评估方法或者是采用评估方法的组合来进行企业价值的评估，争取获得较为准确的企业估值，从而指导并购的进行。

最后，通过此次二叉树期权定价模型的运用，笔者对此模型在计算过程中各类参数的选取和计算过程有了较为深刻的了解，认为二叉树期权定价模型有着较为严谨的计算逻辑。此外，本文对未深入理解的部分内容留下了以下展望：其实在并购过程中，对被并购企业的价值评估意义在于对并购双方提供借鉴，但是一般交易对价与估值结果会出现出入，即交易对价往往会高于标的企业的估值结果，这部分高出企业评估价值的金额就是双方磋商博弈的结果。本文仅仅对企业价值进行了测算，对之后双方的磋商定价过程并未继续研究，希望以后能有机会对案例进行深入分析，研究并购双方在定价过程中的博弈规律。

参考文献

［1］陈冠卿．顺丰横向并购敦豪的动因及并购绩效评价研究［D］．北京：北京交通大学，2020.

［2］高波．企业价值评估中的现金流量与企业寿命周期探析［J］．中国资产评估，2002（06）：25－28，7.

［3］耿晓宇．企业并购中的股权投资价值评估［D］．成都：西南财经大学，2019.

［4］耿雪琴．基于协同效应的物流企业并购价值评估方法研究［D］．长沙：湖南大学，2018.

［5］谷晓辉．第三方物流企业价值评估研究［D］．天津：天津财经大学，2018.

［6］黄本多，干胜道．自由现金流量、并购溢价与我国上市公司并购绩效的实证研究［J］．华东经济管理，2009，23（04）：139－143.

［7］嘉里物流2013，2014，2015，2016，2017，2018，2019年度报告［R］. https：//www. kln. com/sc/investors/financial－reports－presentations/，2019.

［8］嘉里物流2021年业绩报告［R］. https：//www. kln. com/sc/investors/financial－reports－presentations/，2021.

［9］蒋骁．企业价值评估中持续盈利能力的判断［J］．中国资产评估，2017（07）：42－44.

［10］李心．二叉树期权定价模型在高科技企业并购估值中的应用［D］．广东：暨南大学，2019.

［11］李寅龙，胡志英．实物期权视角下互联网企业价值评估的认知——基于美团的纵向案例研究［J］．投资研究，2021，40（11）：123－130.

［12］刘玉平．收益法应用中收益额的选择及其预测［J］．中国资产评估，2004（05）：14－18，6.

［13］陆旸，戚啸艳，顾成伟．高溢价并购商誉对盈利能力和企业价值影响研究［J］．财会通讯，2021（24）：61－64.

［14］孟圆，吴江，高帅．2021年物流运行情况分析及2022年展望报告［R］. http：//www. chinawuliu. com. cn/xsyj/202202/09/570357. shtml，2022.

［15］孙岷．收益法评估企业价值的理论与方法研究［D］．北京：清华大学，1997.

［16］王家成．二叉树期权定价模型在芯片企业并购中的估值应用研究［D］．昆明：云南财经大学，2021.

[17] 王旭. 基于实物期权法的农药化工企业价值评估 [D]. 昆明：云南财经大学，2020.

[18] 熊敏. 自由现金流量法在企业价值评估中应用的改进探讨 [J]. 北方经济，2008 (3)：15 - 17，90.

[19] 杨雯. 物流企业连续并购动因及短期市场效应研究 [D]. 贵阳：贵州财经大学，2021.

[20] 张晓慧. 中国上市公司并购重组企业价值评估：现状、影响及改进 [D]. 北京：中央财经大学，2016.

[21] 张媛媛. 顺丰控股收购敦豪在华业务的绩效评价研究 [D]. 哈尔滨：哈尔滨商业大学，2021.

[22] 赵一凡. 医药企业海外并购价值评估研究 [D]. 北京：北京交通大学，2019.

[23] Agrawal, A., Jaffe, J. F. and Mandelker, G. N. The Post - Merger Performance of Acquiring Firms: A Re - Examination of an Anomaly [J]. Journal of Finance, 1992 (4), 1605 - 1621.

[24] Black & Scholes. The Pricing of Options and Corporate Reliability [J]. Journal of Political Economy, 1973, 81 (3): 637 - 659.

[25] Cosh, Hughes, Singh. The Cause and Effects of Mergers: An Empirical Investigation for the UK at the Microeconomic Level the Determinants and Effects of Mergers [M]. Oelschlager: Gunn & Hain. 1980: 156 - 160.

[26] Cox, J. S Ross and M. Rubinstein. Option Pricing: A Simplified Approach [J]. Journal of Financial Economics, 1979 (7): 229 - 26.

[27] Matthews. European Real Options: An Intaitiue Algorithm for the Black - Scholes Formula [J]. Journal of Applied Finance, 2014, 14 (1): 1 - 7.

基于改进的超额收益法对贵州茅台商誉的评估*

王全意　林　琳**

内容提要：新冠肺炎疫情暴发以来，小企业失信破产、大企业的收购合并频频发生，商誉评估是其中重要的环节，但目前学者对商誉评估的研究还不够重视。本文在阅读大量文献的基础上，对商誉评估的方法进行总结，选取超额收益法并思考对其进行改进。即运用皮尔曲线模型定量确定评估年限，运用灰色预测 GM（1，1）模型预测超额收益，并运用资本资产定价模型确定折现率，贵州茅台商誉价值最终确定为 728.65 亿元。最后对结果进行分析表明，该方法可信度和有效性均较高，可用于对企业的商誉进行评估。

一、引　言

（一）研究背景

上市公司近年来企业并购重组、产权交易等经济活动越来越频繁，2019 年多家上市公司亏损的原因就是商誉减值，在近几年的并购热潮中，积累的巨额商誉给投资者和企业本身都带来了很大风险。商誉有如下特点：依附性、累积性、持续性和不确定性、动态性。因此，商誉的评估难度相对于其他资产较大。目前评估商誉主要有两种方法：超额收益法和割差法，但是这两种方法均存在一定的局限性，且对于商誉评估的研究相对较少。在这样的背景下，对商誉评估应引起重视。

（二）研究意义

本文对超额收益法进行改进，对上市白酒企业的龙头贵州茅台的商誉进行评估，改进后的方法对商誉的评估更加准确。不仅可以为商誉的评估探寻一个更为准确的方法，供评估人士参考，还可以为企业自身的商誉价值管理

---

* 重庆市研究生教育教学改革项目（yjg203114）。

** 王全意，教授，重庆理工大学经济金融学院国际经济与贸易系主任，研究方向：国际贸易、收入分配、区域经济、产业经济、金融与创业投资管理；林琳，重庆理工大学硕士研究生，研究方向：无形资产评估、企业价值评估。

提供理论依据，提高其管理水平。

二、文献综述

（一）商誉

1. 商誉的定义

根据英国会计学家利克（P. D. Leake）的研究，商誉最早是一个法律用语，出现在格兰人的遗嘱中（Leake，1914）。如今商誉是指在未来期间为企业带来超额收益的特殊资产。商誉不能单独存在，不是某项资产的附加存在，它的存在与价值依附于企业整体，与企业经营管理的各个环节都相关，并其价值随着企业和外界环境的变化一直处于波动状态。

商誉在会计领域有着普遍的应用，对于商誉的价值在会计领域存在很多观点。亨德里克森（E. S. Hendriksen）对这些观点进行了总结概括，称为“三元理论”，分别为“超额收益观”“好感价值观”“总计价账户观”（Hendriksen，1982）。若将三元论联系起来，存在这样的关系，商誉是客户对企业的好感价值，好高价值越高，客户愿意给出的价格就越高，企业会获得更高的利润，即超额收益（谢德仁，2019；任世驰，2021）。

2. 商誉的来源

商誉的来源分为构成来源和会计来源，构成来源是指哪些因素会使企业产生商誉，即商誉的构成因素；会计来源是指商誉在财务报表中的体现。对于商誉的构成来源很多学者有不同的说法，对他们的观点进行总结，主要有以下几点：优秀的管理队伍、和谐的雇佣关系、良好的企业形象、畅通的政府关系、较高的商业信用、独特的技术等，这些因素使企业区别于同类型的其他企业，使其拥有超额收益，存在商誉。商誉有两种会计表现形式：自创商誉和外购商誉，虽然国内外大多数学者都认为自创商誉是存在的，但国际上和各国的评估准则均没有关于自创商誉方面的准则，仅有对于外购商誉的准则，所以目前实务界仅仅确认外购商誉，这就使得企业合并是商誉唯一的会计来源。但是外购商誉和自创商誉没有实质上的区别，当合并发生时，一个企业的自创商誉会转化为另一个企业的外购商誉（王静，2015）。

（二）商誉评估的方法

1. 超额收益法

超额收益是企业在日常经营活动中获得的收益超出行业平均收益的部分，

这一部分价值便为商誉价值。超额收益法展示了商誉的本质即为公司获得超额利润的能力，容易理解，是评估商誉时最受欢迎的方法，相对于割差法，超额收益法的应用更广，所得的预测值可信度也较高。所以对于企业在经营发展中自己产生的自创商誉，选用超额收益法更为合适。

2. 割差法

割差法是指用企业总体价值减去各项有形资产和可辨认的无形资产的价值。使用割差法存在较明显的弊端，首先该方法不能确定构成商誉的因素；其次在评估企业单项资产时会运用不同的方法，必然会产生较大的误差；最后一些规模不大的企业，由于决策失误等一些因素导致计算的商誉为负数，使得忽略了使企业产生商誉的积极因素。

3. 层次分析法

层次分析法是通过建立层次模型，定量与定性相结合，确定出影响商誉价值的各个因素的权重，再结合专家打分确定商誉的价值。层次分析法结构清晰，适用于多种因素影响的情况，被广泛应用于各个领域，商誉的价值是由多个因素形成的，而且影响商誉价值的因素有时关联紧密，互相影响，因此层次分析法在商誉评估中也被广泛的应用，从因素角度探究商誉价值，可以对企业进行商誉管理提供依据。

4. 实物期权法

期权是一种买方具有在未来选择是否进行交易的权力。实物期权是相对于金融期权提出的，期权的底层证券是实物商品。企业的商誉可以为企业带来不确定的、额外的收益，所以可以用实物期权法确定企业的商誉价值。在评估工作中，当影响因素较多时，使用超额收益法和割差法误差较大，这时可引入实物期权法，减小波动，使结果更加准确（冯婵，2019；程莹雪，2016；李秉坤、郝雅丽，2021）。钟雨桐和杨景海（2018）运用实物期权模型对企业并购中的价值进行评估，并对其问题提出了建议对策。

（三）生命周期理论

企业生命周期包括初创、成长、成熟、衰退几个阶段。在初创期，企业的投入往往大于收益，没有超额利润或超额利润较少，所以商誉也较小。在成长期，由于成功度过了初创期的危机和挑战，这个阶段的企业在规模上有所扩大，销售额和收益率都会有所提高，因而所形成的商誉因而有所增加。在成熟期，公司的主营业务能够实现稳定的收益，超额收益也在不断增加，但是获利的增加会减缓。由于企业此时拥有相对稳定的资金环境、完善的制度和管理机制，所以企业价值大大增加，商誉价值也在不断增加。在衰退期，企业超额收益将会减少甚至无超额收益，导致企业商誉可能减少甚至不存在。

（四）灰色预测模型

灰色预测模型是处理小样本预测的好方法。可以通过少量的、不完整的信息得出较准确预测数据。官陈平等（2021）运用灰色预测模型对肺结核的发病率进行了预测，为制定防控治疗方案提供了理论依据，可以更好地配置公共资源。屈晓娟和张华（2019）将实物期权和灰色模型相结合，对在创业板上市的公司进行企业价值评估，由于子创业板上市的公司普遍处于成长期，成长潜力大同时风险也较高，所以评估起来相对困难，二人将两种模型结合起来并证明了其有效性。李梦婉和沙秀艳（2016）在一般的灰色预测模型的基础上进行了个优化，在求解优化和多项式拟合方面给出了方法。

本文结合灰色预测模型和生命周期理论，并运用资本资产定价模型，确保超额收益法的每一步都具有较大的准确性。

三、实证分析

（一）皮尔曲线模型确定评估年限

皮尔是生物学家和统计学家，企业的皮尔曲线可以对企业的生命周期进行定量的预测，运用生命周期理论是一种对超额收益法的改进，会使评估结果更加准确（斯丽娟，2014）。

企业的生命周期应该是一个连续的过程，不同阶段企业的运营状况、盈利情况和发展态势都有差异。但是无论哪个阶段，净利润这个指标都对企业至关重要，企业的各项活动最终都是为了产生利润。因此，选取企业的净利润作为皮尔曲线模型的研究指标，用企业净利润建立企业发展阶段模型，判断企业所处的发展阶段是可行的。

以2014为基准年，设自变量为 x = 年份 - 2014，因变量为 y 亿元，贵州茅台2014～2020年的净利润如表1所示。

表1　2014～2020年贵州茅台净利润　　单位：亿元

项目	2014年	2015年	2016年	2017年	2018年	2019年	2020年
x	0	1	2	3	4	5	6
y	153.5	155.03	167.18	270.79	352.04	412.06	466.97

构造如下的皮尔曲线模型：

$$y = \frac{L}{1 + ae^{-bx}} \tag{1}$$

其中 x 表示时间；y 表示净利润；$a = e^c$ 为常数；b 为净利润增长率；L 表示企业净利润的最大值。当 $x \to +\infty$ 时，$y = L$，这说明企业会一直停留在成熟期，该情况与企业的发展历程的状态是相互矛盾的，为了更合理地构建企业的生命周期，应该对皮尔曲线模型加以相应的处理。

假设目标公司的成熟期是成长期的 μ 倍，μ 值是由企业的具体发展确定的，一般取 1 或 2，x_1、x_2、x_3 为成长期、成熟期和衰退期的交界点，在成熟期的最高点 $x = x'$。则有 $x_3 - x_2 = 2x' - 2x_2 = \mu(x_2 - x_1)$，构建的皮尔曲线模型为：

$$y = \begin{cases} \dfrac{L}{1 + ae^{-bx}}, & x \leqslant x' \\ \dfrac{L}{1 + ae^{-b(2x'-x)}}, & x > x' \end{cases} \tag{2}$$

根据三点法计算 L 的估计初始值，选取初始点 $y_1 = 153.5$，中间点 $y_2 = 270.79$，终点 $y_3 = 466.97$，代入如下的公式（3）计算得 L = 4053.2。并且选取（0，153.5）代入模型公式计算 a = 25.4，选取（1，155.03）代入模型公式计算 b = 0.01。

$$L = \frac{2y_1y_2y_3 - y_2^2(y_1 + y_3)}{y_1y_3 - y_2^2} \tag{3}$$

求得 L、a、b 的初始值后，运用 SPSS 对皮尔曲线模型实施模型计算。由于皮尔曲线模型为非线性模型。因此，可以通过“非线性模型统计摘要表”计算 R^2，越接近于 1 越好。表 2 为迭代记录。

表 2 迭代记录

迭代编号	残差平方和	参数		
		L	a	b
1.0	218426.548	4053.200	25.400	0.000
1.1	12661.460	4053.200	25.400	0.176
1.2	5908.075	4053.169	31.921	0.238
1.3	4033.181	4055.939	28.349	0.223
……				
17.1	3386.571	877.357	6.185	0.332
18.0	3386.571	877.121	6.183	0.333
12.1	3386.571	877.105	6.183	0.333

表 3 所示为统计结果，其中，$R^2 = 1 - $（残差平方和/修正平方和）= 0.967，拟合效果较好。

表 3　　非线性模型统计计量摘要

源	平方和	自由度	均方
回归	657272. 943	3	219090. 981
残差	3386. 571	4	846. 643
修正前总计	660659. 514	7	
修正后总计	101976. 213	6	

多次迭代，18 次后得到最优解：L = 877. 105，a = 6. 183，b = 0. 333。代入模型，得出 2014 ~ 2020 年净利润的预测值，如表 4 所示。

表 4　　净利润及其预测值　　单位：亿元

年份	净利润	预测净利润
2014	153. 5	153. 5
2015	155. 03	161. 47
2016	167. 18	210. 00
2017	270. 79	267. 67
2018	352. 04	333. 25
2019	412. 06	404. 24
2020	466. 97	477. 09

通过 Excel 构建出贵州茅台 2014 ~ 2020 年净利润与净利润预测值的散点图，如图 1 所示。

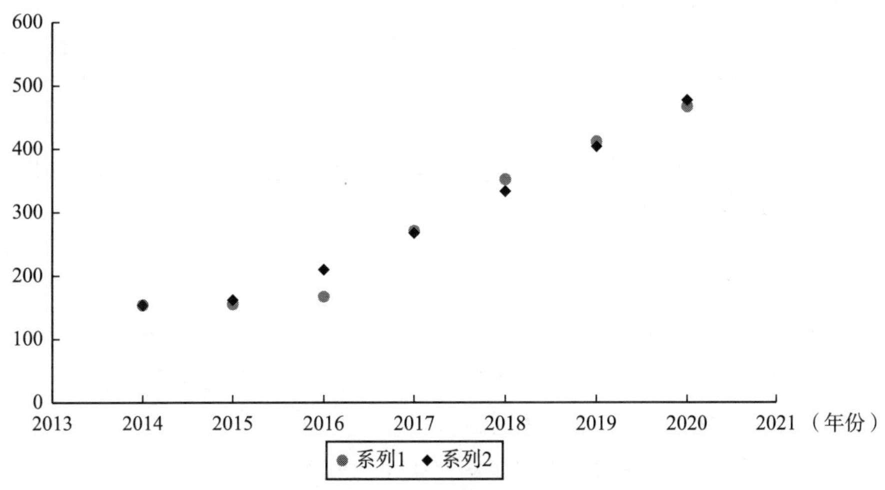

图 1　净利润及其预测值散点图

从图 1 可知，预测值与历史值除 2016 年以外拟合得非常好，因此贵州茅台生命周期模型为：

$$y=\frac{877.105}{1+6.183e^{-0.333x}} \quad (4)$$

对皮尔曲线函数求二阶导，得到拐点，求得企业初创期和成长期，成长期和成熟期的临界点分别为：

$$x_1=\frac{\ln a-\ln(2+\sqrt{3})}{b}=1.5 \quad (5)$$

$$x_2=\frac{\ln a+\ln(2+\sqrt{3})}{b}=9.4 \quad (6)$$

其中，x_1 的值为 1.5，那么此时的年份 = 1.5 + 2014 = 2015.5，按年划分初创期和成长期的时间临界点为 2016 年。X_2 的值为 9.4，那么此时的年份 = 9.4 + 2014 = 2023.4，按年划分成长期和成熟期的时间为 2024 年。根据经验成熟期一般是成长期的两倍，计算得成熟期和衰退期的临界点为：

$$x_3=\mu(x_2-x_1)+x_2=25.2 \quad (7)$$

此时年份 = 25.2 + 2014 = 2039.6，按年划分临界点为 2040 年。

所以本文用超额收益法评估贵州茅台商誉价值的收益年限定为从 2021 年评估基准日现阶段到 2040 年成熟期结束这段时间，共 20 年。在这 20 年的收益年限内，又分为处于成长期的 4 年超额收益获得年限（2021 ~ 2024 年）以及处于成熟期的 16 年超额收益获得年限（2024 ~ 2040 年）。

（二）灰色模型预测贵州茅台的超额收益

确定未来的超额收益是一个很复杂的过程，不仅需要了解公司的发展现状和发展前景，还要考虑到企业内部因素，但事实上这些因素不可能完全掌握。灰色模型具有模型精度高。对于时间序列段，统计数据少的特点，所以基于灰色预测模型的特点，它适用于超额收益的评估。用较少的数据就可以得到比较准确的预测结果，且计算方法简便，相对于用增长率的方法，使结果更加可靠、准确。

通过上节对贵州茅台生命周期的预测，需建立模型对公司未来 2021 ~ 2024 年的超额收益进行预测。

1. GM（1，1）模型的构建

GM（1，1）模型将原时间序列按时间累加形成一次累加生成序列，对累加生成序列建模，最后累减还原得到模型预测值，具体步骤如下：

（1）初始数据生成。原始序列为：

$$x^{(0)}=(x^{(0)}(1),\ x^{(0)}(2),\ \cdots,\ x^{(0)}(n)) \quad (8)$$

逐次累加原数列，求新数列：

$$x^{(1)}=(x^{(1)}(1),\ x^{(1)}(2),\ \cdots,\ x^{(1)}(n)) \tag{9}$$

（2）对数列作级比检验。计算：

$$\sigma^{(0)}=\frac{x^{(0)}(k-1)}{x^{(0)}(k)} \tag{10}$$

若 $\sigma^{(0)}$ 落在区间（$e^{-\frac{2}{n+1}}$，$e^{\frac{2}{n+1}}$）内，则通过检验，可建模。

（3）建立一阶微分方程 GM（1，1）模型。

生成序列，

$$z^{(1)}(k)=\frac{1}{2}(x^{(1)}(k)+x^{(1)}(k-1)) \tag{11}$$

对 $x^{(1)}$ 建模，

$$\frac{dx^{(1)}}{dt}+ax^{(1)}=b \tag{12}$$

$$\hat{a}=(a,\ b)^{(T)}=(B^{(T)}B)^{-1}B^{(T)}Y \tag{13}$$

式中，$B=\begin{vmatrix}-z^{(1)}(2) & 1\\ -z^{(1)}(3) & 1\\ \cdots & \cdots\\ -z^{(1)}(n) & 1\end{vmatrix}$ $Y_n=\begin{vmatrix}x^{(0)}(2)\\ x^{(0)}(3)\\ \cdots\\ x^{(0)}(n)\end{vmatrix}$，用最小二乘法求解 a，b。

（4）求解时间相应式。将 a，b 的估计值代入响应函数，响应式为：

$$\hat{x}^{(1)}(k+1)=\left(x^{(0)}(1)-\frac{\hat{b}}{\hat{a}}\right)e^{-ak}+\frac{\hat{b}}{\hat{a}} \tag{14}$$

式中 $x^{(1)}(0)=x^{(0)}(1)$，得到预测值并进行累减，得到的预测值序列是：

$$\hat{x}^{(0)}-(\hat{x}^{(0)}(2),\ \hat{x}^{(0)}(3),\ \cdots,\ \hat{x}^{(0)}(n)) \tag{15}$$

2. 贵州茅台超额收益预测

本文首先运用 19 家白酒企业的平均 ROE 作为行业 ROE，利用贵州茅台近 10 年的 ROE 减去行业 ROE，乘以营业收入，得到超额收益。然后建立 GM（1.1）模型，根据 2011 ~ 2020 年 10 年的数据，用 Matlab 预测 2021 ~ 2014 年的超额收益。

由表 5 可知，贵州茅台近几年存在超额收益，并且超额收益还有着递增的趋势，符合前文提到的公司现阶段正位于生命历程的成长期，超额收益存在并且会持续增长到成熟期，之后趋于稳定。

表 5　　2011 ~ 2020 年超额收益

年份	超额收益
2011	11. 26
2012	14. 34

续表

年份	超额收益
2013	34.86
2014	37.50
2015	22.31
2016	21.72
2017	55.32
2018	58.52
2019	55.53
2020	52.33

超额收益预测结果见表 6。

表 6　　2021～2024 年超额收益预测值　　单位：亿元

年份	贵州茅台超额收益
2021	68.29
2022	76.95
2023	86.71
2024	97.70

（三）确定折现率

计算超额收益选取的口径为税后净利润，折现率的口径要与其对应，因此本文选用资本资产定价模型确定折现率，公式如下：

$$R = R_f + \beta(R_m - R_f) \quad (16)$$

其中，R_f 为无风险收益率，结合本文预测的超额收益时间跨度较大，为 2021～2040 年，本文取期限为 1～15 年的国债收益（见表 7），取平均值作为无风险收益率，计算 $R_f = 2.97\%$。根据上节所得行业最近 6 年 ROE 均值作为市场风险收益比计算得出 $R_m = 9.36\%$。风险系数 $\beta = 1.25$。因此，折价率的计算结果为 $R = 2.97\% + 1.25 \times (9.36\% - 2.97\%) = 10.96\%$。

表 7　　2020 年 12 月 31 日国债收益率

日期（评估基准日）	偿债年限（年）	国债收益率（%）
2020 年 12 月 31 日	1	2.4739
2020 年 12 月 31 日	2	2.7226

续表

日期（评估基准日）	偿债年限（年）	国债收益率（%）
2020 年 12 月 31 日	3	2. 8174
2020 年 12 月 31 日	5	2. 9512
2020 年 12 月 31 日	7	3. 1699
2020 年 12 月 31 日	10	3. 1429
2020 年 12 月 31 日	15	3. 5357

四、贵州茅台商誉结果计算与分析

（一）贵州茅台商誉计算

根据前几部分的分析计算，对各个参数的总结如下：

其一，收益年限是根据生命周期理论，建立皮尔曲线模型定量确定了收益年限，为 2021 ~2040 年，成长期为 2021 ~2024 年，成熟期为 2024 ~2040 年，不考虑衰退期。其二，超额收益的预测运用灰色预测模型，相对于使用超额收益增长率的方法更加科学准确。预测的三年成长期的超额收益分别为 68. 29 亿元、76. 95 亿元、86. 71 亿元、97. 70 亿元，成熟期的超额收益为 97. 70 亿元。其三，运用资本资产定价模型计算折现率为 10. 96% 。

综上所述，评估值 V 计算如下：

$$V = V_{成长} + V_{成熟} \tag{17}$$

$$\begin{aligned} V &= \frac{68.29}{1+10.96\%} + \frac{76.95}{(1+10.96\%)^2} + \frac{86.71}{(1+10.96\%)^3} \\ &\quad + \frac{97.70}{(1+10.96\%)^4} + \sum_{t=5}^{20} \frac{97.7}{(1+10.96\%)^t} \\ &= 728.65(亿元) \end{aligned} \tag{18}$$

（二）可行性与有效性分析

由模型结果可知，发展系数 a = −0. 1194， −a≤0. 3，说明此模型可用于中长期预测，本文的预测结果是有效的。后验差比为 0. 34，0. 34≤0. 35，说明模型精度等级为好。

（三）对比分析

根据前文的分析，企业存在超额收益且展现上升趋势，可以得知贵州茅台的发展前景良好，因此，如不考虑生命周期而采用传统的超额收益法，则认为企业存在永续的超额收益。首先根据 2011 ~2020 年的超额收益计算每年的超额收益增长率为 27.35%、143%、7.57%、－40.5%、－2.64%、154.7%、5.8%、－5.1%、－5.8%，计算平均值为 31.6% 作为超额收益的增长率，然后以 2020 年的超额收益为基础，计算永续超额收益为 52.33 ×（1 + 31.6%）= 68.87（亿元），折现率仍取 10.96%。则贵州茅台的商誉价值为 68.87/10.96% = 628.34（亿元）。

本文改进的超额法与传统的收益法计算出的商誉价值结果相差 100.31 亿元，有明显的偏差。分析原因可能如下：首先，对生命周期的定量计算是有所偏差的重要原因，精确企业的成长期，在此期间超额收益率是在增长而不是固定不变的；其次，由于茅台的超额收益增长率有正有负，取平均值必然产生较大误差，本文运用灰色预测模型对超额收益进行预测，结果更加准确。

（四）敏感性分析

本文对折现率 R 作敏感性分析，在其他因素不变的情况下，将折现率分别变动 1%、2%、5%、10%，计算新的折现率下的超额收益并得到其变动率如表 8 所示，分别为 0.75%、1.50%、3.69%、7.16%。可知在本模型中，折现率不是敏感性因素，本文选用的计算折现率的方法是可行的。

表 8　折现率与超额收益率变动

折现率（%）	折现率变动率（%）	超额收益（亿元）	超额收益变动率（%）
10.96	—	728.65	—
11.07	1.00	723.15	0.75
11.18	2.00	717.71	1.50
11.51	5.00	701.78	3.69
12.06	10.00	676.45	7.16

五、结论与展望

（一）结论

本文通过对贵州茅台的商誉进行建模预测，得到以下结论。

首先，在商誉评估中，选择合适的价格驱动因素是基础，评估师应对公司的发展现状和发展前景进行深入调查，选取合理的驱动因素。

其次，普通的超额收益法估算商誉时，其收益年限的确定常常依据主观判断设为 5 年、10 年或者永续期。本文运用生命周期的理论，利用皮尔曲线模型定量计算公司的超额收益年限，确定企业的成长期和成熟期，进入衰退期将无超额收益，相对于永续超额收益来讲准确度较高。

最后，传统的超额收益预测是利用增长率预测超额收益，且每年的超额收益相等，但这是不现实的，企业的超额收益受其发展阶段的影响。因此运用灰色预测模型界定时间序列，可有效解决超额收益预测难的问题，且预测较准确。

综上所述，运用生命周期理论结合灰色预测模型改进的超额收益法对于贵州茅台商誉价值评估是适用的。本文评估的贵州茅台商誉价值评估值为728.65亿元。

（二）展望

本文建立了有效可信的方法评估了贵州茅台的商誉价值，但是仍然处于研究的初始阶段，存在可以提高和改进的空间。皮尔曲线定量预测企业生命周期的准确度有待深入地进行评估和改进，减少误差；灰色预测模型可尝试结合其他方法减少误差进一步提升准确度。

商誉评估领域的成就空间依旧很大，作为评估人员，有责任给予其更多的关注，创造出更适合商誉评估的模型组合，准确度更高的评估方法，解决一些现存的问题。

参考文献

［1］程莹雪．商誉评估方法的评价与扩展［J］．商场现代化，2016（12）：248－249.

［2］冯婵．商誉价值的评估方法探讨［J］．山西财税，2019（6）：38－40.

［3］官陈平，傅发源，工依妹，等．灰色预测模型GM（1，1）在肺结核发病趋势预测中的应用［J］．医学动物防制，2021，37（10）：931－935.

［4］李秉坤，郝雅丽．商誉价值评估方法理论研究述评及展望［J］．经济研究导刊，2021（9）：4－6.

［5］李梦婉，沙秀艳．基于GM（1，1）灰色预测模型的改进与应用［J］．计算机工程与应用，2016，52（4）：24－30.

［6］马尚．超额收益法在商誉价值评估中的应用分析——基于马尔科夫链修正的灰色神经网络模型［J］．财会通讯，2019（29）：84－88.

［7］马元鑫，宋严．灰色GM（1，1）模型在专利申请量预测中的应用［J］．长春师范大学学报，2021，40（8）：43－47.

［8］屈晓娟，张华．创业板上市公司价值评估模型构建研究——基于灰色预测模型与实物期权的结合［J］．财会通讯，2019（5）：98－103.

［9］任世驰．自创商誉、合并商誉及其会计处理：一种观点［J］．会计之友，2021（13）：2－10.

［10］斯丽娟．基于皮尔曲线的甘肃生态价值支付意愿评估［J］．财会研究，2014（4）：69－72.

［11］唐丽均，吴畏，刘世森．基于灰色预测模型的井下精确人员定位方法［J］．工矿自动化，2021，47（8）：128－132.

[12] 王静. 基于商誉本质的确认与计量思考 [J]. 财会通讯, 2015 (25): 90 - 93.

[13] 王英珍. 商誉本质、上市公司商誉核算特征及相关建议 [J]. 商讯, 2021 (1): 127 - 129.

[14] 谢德仁. 商誉这颗"雷": 减值还是摊销? [J]. 会计之友, 2019 (4): 2 - 5.

[15] 叶宗裕. 皮尔曲线模型的推广及其应用 [J]. 数学的实践与认识, 2004 (7): 72 - 76.

[16] 钟雨桐, 杨景海. 实物期权定价模型在企业并购价值评估中的应用研究 [J]. 现代商贸工业, 2018, 39 (30): 116 - 118.

[17] Hendriksen E S. Accounting theory [M]. Home-wood Illinois, R ichard Irwin Inc., 1982.

[18] Leake P D. Goodwill: It's nature and how to value it [J]. The Account, 1914 (1): 81 - 90.

基于 AEG 模型的数字阅读类企业价值评估
——以掌阅科技为例

杨美华*

内容提要： 基于数字阅读类企业轻资产、重版权、高风险等特点，使用传统企业评估方法对其进行价值评估具有局限性，为此，本文选取了数字阅读和知识产权行业的龙头企业掌阅科技为例，使用了两阶段 AEG 超额收益增长模型对其进行价值评估，并对模型效果进行了评价和给出了相应企业价值管理改进建议。

一、引　言

随着互联网和移动手机的普及，数字经济逐渐走入人们生活的方方面面，阅读方式也是其中一个重要方面，技术的发展使传统纸质阅读方式和出版行业受到冲击，数字阅读热度日益增加，随之产生了一系列数字阅读企业，掌阅科技便是其中佼佼者之一。针对数字阅读企业的特点，传统的企业估值方法难以完全适用，若一味沿用以往的估值方法，容易产生估值过程不够科学合理、评估结果偏差较大的问题。AEG 模型，相比于绝对收益情况和企业账面价值，更加关注企业收益波动情况，更能够反映企业收益增长期的增长率以及非会计信息对于企业价值的影响（王丽南和于晓红，2008）。鉴于数字阅读企业前期研发投入费用以及版权购买费用较高、未来收益变化幅度大、风险较高、轻资产的特点，采用 AEG 模型对数字阅读企业价值进行评估，可以更充分地反映表外资产对企业价值的影响以及未来不确定性带来的盈余异常变化，从而提高评估结果的科学性、合理性和准确性（马宇弘，2019），根据结果公司能更好筹划企业发展，促进数字阅读行业进一步发展。

二、AEG 模型概述

（一）AEG 估值模型原理

AEG 模型，全称为 Abnormal Earnings Growth Valuation，也就是超额收益

* 杨美华，中央财经大学财政税务学院，硕士生，研究方向：资本市场、企业价值评估。

增长估值模型，该模型将企业价值分为资本化收益和超额收益，其中，超额收益是指当公司利润高于市场或行业平均水平时，投资者将愿意以高于公司账面价值的价格购买股票，此时，公司便获得了超额收益。AEG模型是基于异常带息收益来估值。收益是流量概念，要将其资本化转化为存量才能为资产定价（郭得存和吕月英，2010）。

企业获得超额收益的能力决定了公司股权价值与账面价值之间的差异，如果AEG模型计算得到的股价高于当前股票市场价格，则表明企业当前股价有上涨潜力；反之，如果计算出的股价低于市场价格，则表明企业的股价存在被市场高估的可能性，未来很可能回落至接近企业的真实价格（毛崇雯，2020）。AEG模型更关注每股收益的波动，而不是绝对盈余和账面价值，能够反映企业的长期增长率和非会计信息对企业价值的影响（钱幽燕等，2022）。

（二）AEG基本模型

由AEG模型分析得出的企业价值评估过程如下：

对于收益固定增长的公司，且当增长率小于折现率时：

$$V_0^E = \frac{E_1}{r - g} \tag{1}$$

在一定的资本成本率下，得到超额收益AEG的表达式为：

$$AEG_t = E_t + rd_{t-1} - RE_{t-1} \tag{2}$$

则AEG模型的表达式为：

$$V_0^E = \frac{E_1}{r} + \frac{1}{r} \times \left[\sum_{t=1}^{\infty} (1 + r)^{-1} AEG_t \right] \tag{3}$$

上述公式中：

V_0^E——公司股权价值；

E_t——第t期收益；

r或R——权益资本成本；

d_t——第t期公司发放的现金股利；

g——收益增长率。

三、AEG模型的掌阅科技估值应用

（一）掌阅科技基本情况介绍

数字阅读类企业具有两种典型特征，即“互联网+知识产权”，具体来说，首先，由于其互联网特征，公司主要业务的展开都需要基于其特定的数字平台，前期需要对平台的搭建投入较多的研发成本，在平台开发完成后后续支出相对较少，存在大量的无形资产，发展周期短，可比公司少。其次，掌阅科技所处的阅读出版行业，类似于传统出版行业，存在大量的图书、漫画等文学作品版权，这类行业里的企业主要有以下业务特点：一是利润主要来自无形资产；二是具有轻资产结构和强调文化的特点（毛崇雯，2020）。

掌阅科技基于互联网技术的发展和日趋成熟，自主研发了在线阅读平台，以其为媒介开展数字阅读业务，利用版权业务实现盈利，其主要收入来自数字阅读平台以及版权产品，属于典型数字阅读类企业。

数字阅读类企业的业务特点在于，企业利润来源版权，但不同于传统出版企业的版权以纸质图书为载体，而是将载体换成了软件平台，其企业价值的驱动因素如下：

①版权的垄断性，企业购买了版权后其数字平台能产生增值；②网络平台的价值协同性，规模越大，协同价值越大，用户消费意愿越强烈，从而增加企业价值；③无形资产具有战略投资性，能为企业带来超额收益。

数字阅读企业作为互联网企业的分支，具有典型的轻资产特点，存在大量版权、品牌价值、商誉等无形资产，评估难度较高，对于研发费用投入产生的无形资产，可以采用成本法进行评估，而其由于垄断性产生的增值和超额收益难以在财务报表中体现，容易导致企业价值被低估。

掌阅科技股份有限公司（603533）成立于 2008 年 9 月，于 2017 年 9 月 21 日在上海证券交易所挂牌上市，其业务领域主要为数字阅读，是知识产权保护概念中的龙头股，在该行业处于领先地位。该公司将互联网数字阅读平台服务和版权产品业务作为主营业务，对各类图书内容进行编辑、制作和聚合，通过旗下的“掌阅”等数字阅读平台向互联网用户进行发行。同时，公司近年还开展了电子书阅读器业务以及基于庞大用户流量开展的商业增值服务。目前，该公司已与国内外 600 家优质版权所有者合作，推出海量优质数字版权图书，为全球 150 多个国家和地区的数亿用户提供优质图书内容和智能用户体验①。

根据掌阅科技 2020 年年度报告，报告期内，公司实现营业收入 20.61 亿元，其中，公司实现版权产品相关业务收入达到 5.04 亿元，较 2019 年增长 92.66%。值得关注的是，该业务板块已连续两年增速达到 90% 以上。2019 年掌阅科技着手影视动漫改编全面布局，IP 运营初见规模，当年版权业务收入同比增长实现 91.17%。

另外，2020 年度，掌阅的数字阅读平台的渠道成本和版权成本有所下降。据披露，2020 年数字阅读平台成本 8.93 亿元，同比下降 12.73%，占总成本的 80.14%。

据了解，营业收入增长和营业成本减少均与版权业务有关。2021 年营业成本同比减少 5.20%，主要系版权产品业务稳步增长及运营优化所致。

① 钛媒体.2021 年数字创意产业发展研究报告.2022－1－15.

具体到主营业务分行业情况，根据年报显示，2020 年度掌阅的数字阅读平台营收 15. 33 亿元，版权产品营收 5. 04 亿元，其他收入 2220 万元，数字阅读平台仍然占据绝对营收位置，版权产品已成为公司第二大收入，且连续两年维持 90% 以上同比增速。

年报显示，掌阅科技版权产品毛利率上升 5. 01 个百分点达到 56. 99% 。在该板块业务的支持下，掌阅科技 2020 年的毛利率将提升至 45. 94% 。

（二）掌阅科技“知识产权”主导下 AEG 价值评估的模型构建

评估基准日为 2020 年 12 月 31 日，根据互联网企业发展特点，通常采用两阶段模型评估企业价值。第一阶段是快速增长期 2021 ~ 2025 年；第二阶段是永续期 2025 年之后。

两阶段估价模型：

$$\text{超额利润现值} = \text{高速增长阶段现值} + \text{永续增长阶段现值} = \sum_{t=1}^{5} \frac{AEG_t}{(1+K_e)^t} + \frac{AEG_{t+1}}{(K_e - g)(1+K_e)^{10}} \quad (4)$$

$$\text{企业价值} = \text{总股权价值} + \text{总负债} = CSE_0 + \sum_{t=1}^{5} \frac{AEG_t}{(1+K_e)^t} + \frac{AEG_{t+1}}{(K_e - g)(1+K_e)^{10}} + \text{总负债} \quad (5)$$

其中，AEG_t 表示高速增长期和过渡增长期第 t 年的值，AEG_{t+1} 表示永续增长期第 1 年的 AEG 值，K_e 表示股权资本成本，g 表示永续增长率，CSE 表示 2020 年末股东权益总额。

（三）掌阅科技历史资产负债表的重组

企业的主要经济活动包括经营活动和金融活动，但在传统资产负债表中未能进行区分和披露，为此，需要进行资产负债表的重组，以满足管理的需要。根据掌阅科技评估基准日近 4 年的年报数据，本文对历史资产负债表进行重组，得到结果如表 1 所示。

表 1　　历史资产负债表的重组（2017 ~ 2020 年）　　单位：元

项目	2020 年	2019 年	2018 年	2017 年
经营资产				
货币资金	1291384600	1198923500	1031575900	1037099300
应收账款	349470600	283497500	223084900	158603300
预付款项	63801100	40574800	55021000	29497400
其他应收款	5346100	4175000	5121100	2542400
应收股利	69932313	—	—	—

续表

项目	2020 年	2019 年	2018 年	2017 年
存货	638100	—	48131900	20317500
其他流动资产 - 经营性	19662800	4189400	8854400	2705700
总现金	—	1205464100	—	—
固定资产	—	33509666	35715319	21460787
无形资产	46738071	48281816	36567003	21782398
商誉	29099200	29099200	3983400	3983400
递延所得税资产	15427000	12187800	456000	567000
长期待摊费用	2091700	1803700	2310600	752900
其他非流动资产	2500000	—	—	—
长期股权投资	244731300	220013900	122570400	34646500
经营资产合计	2140822884	3081720382	1573391922	1333958585
经营负债				
应付账款	434080400	289215900	230418800	165473200
预收账款	0	27462900	11378600	4902900
应付职工薪酬	51091300	40149400	42296800	31094800
其他应付款	—	11457500	4296800	6310900
合同负债	264611000	—	—	—
应交税费	47675000	36308200	14568400	7359100
递延收益 - 非流动负债	4866400	2271200	—	1000000
其他流动负债	14959900	250115700	170922300	147638800
其他非流动负债	13796200	—	—	—
经营负债合计	831080200	656980800	473881700	363779700
净经营资产合计	1309742684	2424739582	1099510222	970178885
金融资产				
其他权益工具投资（元）	186734500	28860000	—	—
可供出售金融资产	—	—	18000000	18050000
金融资产合计	186734500	28860000	18000000	18050000
金融负债				
金融负债合计	—	—	—	—
净金融负债合计	186734500	28860000	18000000	18050000
普通股东权益（CSE）	1438673300	1240683600	1113099900	987614400
少数股东权益	9131200	13992400	4410200	614200
所有者权益合计	2909735924	2603464023	2332959591	2111849995

（四）掌阅科技历史利润表的重组

相应地，本文也将利润表从经营性活动和投融资活动两方面对利润表中的会计项目进行重组，将费用区分为经营损益和财务损益，分类标准如下。

财务费用：掌阅科技的财务费用来自各种存款和应收款项的利息费用和收入，因此将其分类为财务损益。

投资收益：本文将掌阅科技每年的投资收益总结如表 2 所示。

表 2　　投资收益项目分类表　　单位：元

项目	2020 年	2019 年	2018 年	2017 年
权益法核算的长期股权投资收益	33017330. 35	21471236. 08	11767239. 37	4720318. 97
处置长期股权投资产生的投资收益		16111971. 67	681407. 08	
处置以公允价值计量且其变动计入当期损益的金融资产取得的投资收益	35169. 39	89178. 40		
合计	33052499. 74	37672386. 15	12448646. 45	4720318. 97

其他收益：掌阅科技其他收益均为政府补助，主要用于企业的经营性活动，因此划分为经营损益。

营业外收入、营业外支出和非流动资产处置损失：掌阅科技这些会计项目的数据变化与企业的经营活动有关，应归类为经营损益。

所得税费用：所得税费用应分配至经营和财务损益。

根据企业收入来源，企业所缴纳的所得税可拆分为经营活动所承担的所得税和投融资等金融活动所承担的所得税，将营业活动所需要缴纳的所得税分离。年报显示，作为高新技术企业，掌阅科技享受 15% 的企业所得税优惠政策，因此所得税税率为 15%。

根据以上分析，可得出掌阅科技的重新编制利润表如表 3 所示。

表 3　　掌阅科技重新编制的利润表（2017 ~ 2020 年）　　单位：元

项目	2020 年	2019 年	2018 年	2017 年
经营损益				
一、营业收入	2060658762	1882346953	1903150734	1666990531
减：营业成本	1113913400	1174971300	1342456500	1170957100
二、毛利	946745362	707375653	560694234	496033431
减：税金及附加	5772200	6121000	4920100	3616800
销售费用	478765900	422819300	287567400	250962200

续表

项目	2020 年	2019 年	2018 年	2017 年
管理费用	79767200	76337300	75730500	63911800
研发费用	146890900	120065400	112679200	79942800
加：其他收益	16784300	12458800	6894400	13971300
加：公允价值变动收益	0	35400	0	0
资产减值损失	0	0	1195700	886200
信用减值损失	3130600	2829600	0	0
加：投资收益（经营）	33017330	37583208	12448646	4720319
资产处置收益	0	0	0	0
三、税前营业利润	300966038	163519128	138484893	133763947
加：营业外收入	2357600	1394300	5789300	1192300
减：营业外支出	3457600	470000	803300	310500
四、税前经营利润	299866038	164443428	143470893	134645747
减：经营性活动所得税费用	54193204	20232408	8446751	12494550
五、税后经营净利润	245672834	144211020	135024142	122151196
金融损益				
六、财务费用	18675531	34024822	40540500	18358600
财务费用	18710700	34149400	40540500	18358600
减：公允价值变动净收益	0	35400	0	0
金融性投资收益	35169	89178	0	0
减：财务费用抵税	2801330	5103723	6081075	2753790
七、税后净利息费用	47124438	17593428	7344993	10864847
八、净利润	252741600	146850000	136125900	123780900

（五）基于 AEG 模型的未来业绩预测

基于 AEG 模型和上述分析，预测企业未来的业绩情况如表 4 所示。

表 4　2021～2025 年掌阅科技预测利润表（高速增长期）　单位：元

项目	2021 年	2022 年	2023 年	2024 年	2025 年
1. 经营活动损益：					
营业收入	2342969012	2649195062	2995444856	3386949499	3829623799
减：营业成本	2057435155	2011346633	2028418119	1764530993	1272242512
税金及附加	6562991	6959577	5594154	4112302	0

续表

项目	2021 年	2022 年	2023 年	2024 年	2025 年
销售费用	544356828	95974690	120928109	152369418	191985466
管理费用	90695306	150675653	189851323	239212667	301407961
利息费用	35716581	40609753	46173289	52499029	59691396
其他财务费用	21274066	24188613	27502453	31270289	35554319
资产减值损失	416380	473424	538283	612028	695876
加：其他经营性净收益	—	—	—	—	—
税前经营利润	289805592	329508958	374651686	425978967	484338085
减：经营利润所得税	43470839	49426344	56197753	63896845	72650713
所得税税率	0	0	0	0	0
税后经营利润	246334753	280082615	318453933	362082122	411687372
2. 非经营活动收益：					
对联营企业和合营企业的投资收益	37540670	42683742	48531415	55180218	62739908
收到现金股利、出售处理收益	1738860	1738860	1738860	1738860	1738860
长期股权投资初始计量收益	—	—	—	—	—
公允价值变动收益（金融资产）	—	—	—	—	—
公允价值变动收益（投资性房地产）	—	—	—	—	—
资产处置收益	—	—	—	—	—
其他非经营性收益	-402924	-402924	-402924	-402924	-402924
税前非经营利润	49559310	59740755	70314187	81294695	92697953
减：非经营利润所得税	-100731	-100731	-100731	-100731	-100731
加：税收减免或返还	—	—	—	—	—
税后非经营利润	49660041	59841487	70414918	81395426	92798684
3. 利润分配：					
税后利润合计	287367199	326736505	371499407	422394825	480262917
少数股东损益	10382174	11804532	13421753	15260533	17351226
少数股东损益/税后利润合计	0	0	0	0	0

续表

项目	2021 年	2022 年	2023 年	2024 年	2025 年
归属母公司股东的净利润	276985025	314931973	358077654	407134292	462911690
普通股股利	53458110	60781871	69108987	78576918	89341956
股利支付率	0	0	0	0	0
本期利润留存	223526915	254150102	288968666	328557374	373569734

（六）基于 AEG 模型的掌阅科技“两阶段”模型计算

运用 AEG“两阶段”估值模型计算掌阅科技公司的企业价值，首先，应当要预测公司的资本结构，计算企业的加权平均资本成本和股权资本成本，然后通过 AEG“两阶段”模型计算企业的两个阶段超额收益，最终获得企业价值。

1. 加权资本成本的计算

（1）权益资本成本

利用资本资产定价模型计算权益资本成本，即 $R_s = R_f + \beta \times (R_m - R_f)$。

无风险利率 R_f，本文采用中国 10 年期国债市场利率水平。选择的原因有两点：第一，两者的期限基本对应；第二，其价格对于通货膨胀带来的意外波动不是很敏感。

经查询得 2019～2020 年中国 10 年期国债收益率为 2.936%。

$R_m - R_f$ 为风险溢价，决定风险溢价水平的因素主要有三个方面：经济的波动程度、政治风险以及市场结构。由于在实际操作中，我们很难确切地知道市场组合的构成，本文计算思路：利用国际成熟市场的数据计算我国市场风险溢价，然后利用美国市场风险溢价，加上我国的风险溢价调整，最后得到我国的市场风险溢价。

表 5　市场风险溢价的计算　单位：%

项目	2012 年	2013 年	2014 年	2020 年
美国市场风险溢价	5.79	5.88	6.29	7.75
我国市场风险溢价调整	1.05	1.05	0.90	0.62
我国市场风险溢价	6.84	6.93	7.19	8.37

本文利用 ifind 数据库进行查询，得到 2020 年 12 月 31 日掌阅科技 β 为 1.8055。

根据模型计算得到权益资本成本为 18.05%。

（2）债务资本成本

债务资本成本是指企业对外借款融资所产生的成本。本书中，由于掌阅科技自上市以来未发生长期银行贷款，因此将中国人民银行公布的短期银行贷款基准利率4.35%作为企业债务的税前资本成本。另外，企业的债务会给企业带来税收抵免，因此在计算债务资本成本时应扣除债务所承担的所得税。

（3）加权资本成本

由表6可知，公司资本结构中债务资本比例呈现逐渐增加趋势，2020年掌阅科技公司资本结构变化较大，大幅增加了债务资本比例，分析后发现是应付账款增加较多，考虑2020年新冠肺炎疫情影响下，企业存在融资难的问题，在流动资金周转上存在一些困难。然后将2018～2020年的平均资本结构比率作为未来的预期资本结构，即债务资本比率为23.14%，股权资本比率为76.86%。根据掌阅科技2020年年报，企业所得税税率为15%。

表6　　2016～2020年掌阅科技资本结构

项目	2016年	2017年	2018年	2019年	2020年	平均值
债务资本合计（元）	135335300	171784100	234715600	300673400	704203000	309342280
股权资本合计（元）	730476600	988228600	1117510100	1254676000	1447804500	1107739160
资本总额（元）	865811900	1160012700	1352225700	1555349400	2152007500	1417081440
债务资本比例（%）	15.63	14.81	17.36	19.33	32.72	19.97
权益资本比例（%）	84.37	85.19	82.64	80.67	67.28	80.03

根据加权平均资本成本的计算公式：

$$\text{WACC}=\text{债务资本成本}\times\frac{\text{债务资本}}{\text{债务资本}+\text{权益资本}}\times(1-\text{所得税税率})+\text{权益资本成本}\times\frac{\text{权益资本}}{\text{债务资本}+\text{权益资本}}$$

计算得到加权平均资本成本（WACC）=4.35%×23.14%×（1－15%）+18.05%×76.86%=14.73%

2. 永续增长率

应用永续增长率的前提是企业可以无限期生存。根据掌阅科技所在的数字阅读和知识产权行业，一方面，近年来，知识付费和版权意识在逐渐加强，消费者对于无形资产付费的意愿也在不断提高，数字阅读企业具有很大的发展空间；另一方面，自2017年掌阅科技上市以来，其商业模式逐渐成熟，产业链在稳健中不断拓展。本文预测，在未来几年的高速发展期之后，它将保持以稳定的增长速度发展，总体呈现两阶段增长模式。

因此，本文将采用中国同期宏观经济增长率作为可持续增长率。据统计，

2016～2020 年中国 GDP 增长率分别为 6.7%、6.8%、6.6%、6% 和 2.3%，其中 2020 年受新冠肺炎疫情影响较大。然而，由于中国宏观经济增长率呈下降趋势，综合考虑，未来中国经济将进入低速稳定发展，本文选择 3.5% 作为掌阅科技的永续增长率。

（1）根据预测的财务报表，可以得出预测的超额利润

①第一阶段：高速增长期（见表 7）。

表 7　掌阅科技高速增长期（2021～2025 年）AEG 计算　单位：元

项目	2021 年	2022 年	2023 年	2024 年	2025 年
Et	287365207.82	326731977.11	371491683.62	422383117.26	480246276.32
dt - 1	49902224.33	56738435.88	64511154.54	73348674.43	83396864.90
r（%）	18.05	18.05	18.05	18.05	18.05
Et - 1	252741600.00	287365207.82	326731977.11	371491683.62	422383117.26
AEGt	250752700.51	285103844.78	324160825.15	368568304.10	419059257.77
AEG 折现值	224870146.60	229284893.70	233786312.90	238376106.00	243056007.80
V1	8070574376.00				

掌阅科技自 2017 年上市后，净利润增长率在 2017～2020 年分别为 60.32%、9.97%、7.88%、72.11%。

对不稳定的净利润增长情况进行修正，再由增长率公式 $g_g = \frac{E_2 - E_1}{E_1} + \frac{r \times d_1}{E_1}$ 计算得到高速增长期增长率为 13.70%。

②第二阶段：永续期。

$$\text{AEG（永续期）现值} = \frac{AEG_{t+1}}{(K_e - g)(1 + K_e)^5} = 4776777631\text{（元）}$$

（2）公司整体价值

通过对掌阅科技未来高速增长期和稳定发展期的超额利润预测，运用 AEG 两阶段模型，就可以对掌阅科技进行价值评估。2020 年底掌阅科技的股东权益总额为 1447804500 元，再选择 2020 年股权资本成本 18.05% 为折现率。

根据企业价值评估模型：

$$\text{总股权价值} = CSE_0 + \sum_{t=5}^{5} \frac{AEG_t}{(1 + K_e)^t} + \frac{AEG_{t+1}}{(K_e - g)(1 + K_e)^5} = 14295156507\text{(元)}$$

企业价值 = 总股权价值 + 总负债 = 15131748307 元

每股价值 = 总价值/总股本 = 37.74 元/股

综上所述，本文基于 AEG 模型评估出来在评估基准日 2020 年 12 月 31 日掌阅科技企业价值为 15131748307 元，每股价值为 37.74 元，根据同花顺数据，评估基准日当天掌阅科技收盘价为 33.50 元，评估结果偏差为 12.64%。

四、结　论

（一）模型效果评价

AEG 模型相比于传统评估模型，更能反映出表外资产作为公司价值增长的核心因素时发挥的重要作用。传统的估值方法基于公司历史经营状况以及财务报表，对未来经营状况作出预测并进行预测，在这过程中忽略了表外资产，而 AEG 模型可以更好地解决这一问题，AEG 模型不仅考虑了表内资产，更对企业所在的行业整体发展趋势以及所处产业链环节进行分析，并在业务分类的基础上进行科学的预测，能够更真实反映企业内在价值，而对于掌阅科技来说，表外品牌和营销平台的有效性正是其最重要的价值驱动因素之一（燕山，2021）。

但与此同时，在评估过程中也存在一些问题。作为一家互联网数字阅读公司，掌阅科技早期并没有购买多少版权。无形资产未超过公司研发准备形成的固定资产。版权产品的收入尚未超过数字阅读产品和硬件产品的收入。不过，随着公司战略向版权业务倾斜，版权业务在主营业务中的占比将逐步提高，其主营业务分布情况如表 8 所示。在本文中，在使用该模型进行评估时，假设掌阅科技未来将版权业务作为公司的主要业务，并将其作为评估的核心，这可能会导致对企业超额收益的高估和结果不准确的可能性。从上一节的评估结果也可以看出这个问题。

此外，在掌阅科技上市以来，其净利润增长率在 2017 ~ 2020 年分别为 60.32%、9.97%、7.88%、72.11%，具有非常大的不稳定性，因此在预测成长期和稳定期时的时段划分难度较大，从而可能导致结果出现偏差。

通过使用 AEG 估值模型来评估掌阅科技的价值，一方面，可以明确掌阅科技价值增长点来自主营业务中的数字阅读平台和版权服务；另一方面，我们分别从经营和金融方面预测了掌阅科技报告中每个项目的未来情况，从而获得未来将产生的超额利润，并计算其现值，从而确定企业价值。结果显示，AEG 模型计算得到的企业价值与实际股价结果较为接近，表明模型一定程度上能反映企业价值，其差异可能是由于市场有效程度不高、估值模型运用中参数确定存在主观性等因素。

表 8　　主营业务分行业情况

分行业	营业收入（元）	营业成本（元）	毛利率（%）	营业收入比上年增减（%）	营业成本比上年增减（%）	毛利率比上年增减（%）
数字阅读平台	1533678927. 45	892714787. 96	41. 79	-3. 17	-12. 85	增加 6. 46 个百分点
硬件产品	689113. 27	771185. 85	-11. 91	-97. 4	-96. 6	减少 26. 20 个百分点
版权产品	504087203. 96	216804664. 56	56. 99	92. 66	72. 57	增加 5. 01 个百分点
其他	22203516. 92	3622723. 90	83. 68	113. 54	55. 61	增加 6. 07 个百分点

（二）企业价值管理改进建议

掌阅科技是一家典型的数字阅读企业，特点在于其基于自主研发的互联网平台，利用各类图书版权实现数字化，以此作为商品产生经济价值。在宏观层面，企业通过外部扩张战略，不断拓宽业务市场，同时整合上下游资源，创造商业价值。特别是近年来，掌阅科技与多家国内外版权公司、互联网平台和新闻媒体合作，获取更多类型和渠道版权资源，并开始向下进行产业链延伸，抢占电子阅读器市场，增强用户黏性，形成基于自身版权的竞争壁垒，使得掌阅科技的无形资产在所有资产中占比更大。

AEG 估值模型准确地捕捉了掌阅科技无形资产比例相对较大的特点。在进行估值分析的过程中，本文还充分考虑了企业对版权等无形资产的投资，这正是价值的来源，也是利润增长的动力之一。通过此评估过程和结果，企业管理层就能更清楚地认识到自己的价值创造点来自深层，从而增加对能够为企业带来超额回报的经营活动的投入，更好地调整企业生产经营活动。

参考文献

[1] 郭得存，吕月英. RE 模型和 AEG 模型估值研究 [J]. 太原科技大学学报，2010，31（5）：399－402.

[2] 马宇弘. 基于 AEG 估值模型的互联网公司价值评估探讨 [D]. 南昌：江西财经大学，2019.

[3] 毛崇雯. 基于 AEG 估值模型的知识产权类企业价值评估探讨 [D]. 南昌：江西财经大学，2020.

[4] 2021 年数字创意产业发展研究报告.

[5] 钱幽燕，林宇超，郭化林，杨程浩. 多情景模式下 AEG 模型在半导体企业价值评估中的应用 [J]. 中国资产评估，2022（7）：57－63.

[6] 王丽南，于晓红. 基于 RIV 和 AEG 模型的公司价值研究 [J]. 中国管理信息化，2008（13）：41－43.

[7] 燕山. 文化创意类企业价值评估方法研究 [J]. 市场周刊，2021，34（4）：111－113.

用户视角下数字阅读企业价值评估模型的构建与应用研究

唐德祥　徐玲佳*

内容提要：互联网技术的发展，催生出很多“新业态”企业，数字阅读企业便是其中一类。与传统的企业相比，数字阅读企业具有轻资产比重大、用户资源及马太效应显著、盈利模式独特等特点。如果运用传统估值方法，通过财务指标量化其价值，局限性大且易失效。本文首先厘清数字阅读企业的特征，再着眼于用户视角构建出改进的 DEVA 模型，通过对阅文集团进行估值研究，验证模型的适用性和有效性。“新”模型的构建不仅可以使数字阅读企业获得更精准的估值，为相关投资决策者、银行信贷部门提供较大参考价值；还可以给其他“新业态”互联网企业价值评估提供新的估值思路和方法，深挖互联网市场潜在的需求与机会。

一、引　言

根据《2021 年度中国数字阅读报告》数据显示，中国数字阅读用户规模创新高，首次突破 5 亿人次，产业规模也达新峰值，整个行业保持稳速增长态势。近年来，国家出台新政策为企业知识产权保驾护航，进一步推动数字阅读行业的高质量发展。数字阅读生活场景的构建让大众逐步养成新的阅读习惯方式，以需求刺激消费，越来越多的用户更青睐于优质内容，付费阅读成为了一种消费新趋势。据 QuestMobile 最新的数据显示，数字阅读行业应用场景更加丰富，活跃渗透率达到 40% 以上，月人均使用次数超过 100 次，目标用户达到深度使用的状态。因此，数字阅读行业用户群体广泛，用户规模也在逐步壮大。作为内容生产企业，数字阅读企业是 IP 产业链的源头，优质的内容不仅可以通过数字阅读平台变现，还可以通过影视创作、游戏、动漫改编等不同的形式进行二次变现。变现形式的多样性吸引了 BAT 等互联网企业巨头纷纷进入数字阅读行业，一方面是想通过自身的流量优势向数智化发展，持续开拓在线阅读的有声化、影视化市场；另一方面是为健全自身业务

---

* 唐德祥，重庆理工大学经济金融学院，教授；徐玲佳，重庆理工大学经济金融学院，硕士研究生。

体系，加强数字阅读行业应用渗透率，增加变现渠道。其纷纷采用参股和上线新的数字阅读平台等形式入局，数字阅读企业引入风险资本和兼并收购等行为愈发频繁，从而加剧了行业竞争。

2017 年，掌阅、阅文相继在 A 股和 H 股上市并获得较高的估值。数字阅读企业非实体性企业，收入主要来源在线付费阅读，何以来如此高的市值？对于这种“新业态”的企业，仅仅是从财务的角度是难以对其进行精准估值的。因此，需要从新的视角对数字阅读企业进行估值。数字阅读企业最重要的便是用户资源，传统的企业主要是依靠资产获得收益，数字阅读企业应当盯准开发用户价值。

因此，对数字阅读企业的评估不应该仅仅是站在财务指标视角，拘泥于传统的成本法、市场法和收益法，应当转变思路，从企业价值驱动因素抓起，从用户创造价值的角度对数字阅读企业进行估值。回顾相关理论研究，针对数字阅读企业的特征提出基于用户价值的修正的 DEVA 模型，并以数字阅读行业巨头阅文集团为案例验证模型的适用性和有效性。

二、数字阅读企业价值评估研究现状

新兴互联网行业姹紫嫣红，数字阅读行业作为其分支，其发展以互联网技术为基石。对于数字阅读企业的估值，无论是在理念研究方面，还是在实证研究方面，都比较匮乏。因此，对互联网企业的估值进行研究是厘清数字阅读企业的评估思路的先决条件。

（一）财务视角下对互联网企业价值的研究

互联网企业在 20 世纪 80 年代开始兴起，随着互联网企业的发展，增资扩股、兼并、重组以及破产等情况增加，为了促进行业的发展，规范行业公司的评估行为，学者们开始对类企业的估值进行研究。布洛杰特（Blodget，1998）运用市场法中的市盈率模型，根据互联网企业的特性对其进行修正，并以亚马逊（Amazon）为例，测算其内在价值。德瑞克等（Drick et al.，2000）将研发费用和销售成本进行资本化处理，消除了会计计量方式对互联网企业估值的影响；针对互联网企业高成长的特性，将预期绩效作为现金流折现得到更精准的估值。兰普金·德斯（Lumpkin Dess，2004）通过实证分析发现由于互联网企业的高风险性，折现率很难确定，利用收益法估值可能会低估其价值。布里金·肖（Brigin Shaw，2011）建议在对互联网公司进行估值时，应充分考虑其潜在投资价值和风险因素。用实物期权法来调整现金流量折现法，并将公司的未来业务视为期权，将期权的价值加上收益法计算的价值作为互联网公司的整体价值。谢蓬（2012）认为互联网企业特有的商业模式是其估值的重要因素。齐晓林（2015）对互联网企业商业模式的特点进行了分析，并以此为依据对现金流进行修正后再折现得到互联网企业价值。翟长洁（2016）认为很多互联网企业仍处于亏损状态，不具备运用收益类价值乘数的条件；互联网企业细分领域众多，以初创企业为评估对象时，较难选取合适的参照企业。徐伊楠（2017）认为互联网企业具有轻资产、高风险的特性，仅用单一的传统方法估值已不适用，提出收益法和成本法相结合的改进思路，并用案例对其进行了实证分析。莫菲和宋政（2014）认为互联网企业盈利不稳定、波动性强，而且资产与传统企业不同，主要以轻资产为主，同时缺少可比企业，因此无论是现金流量贴现法、成本法还是市场法都存在不适用性。

（二）互联网企业价值驱动因素的研究

随着对互联网企业估值的深入探究，许多学者认为基于财务指标的传统方法难以满足互联网企业估值的估值需求。于是，学者们开始尝试从非财务指标的角度出发构建估值模型。苏尼尔（Sunil，2011）认为互联网企业最核心的价值是用户价值，互联网企业的价值是由当前客户和预期客户共同创造的。黄生权和李源（2014）通过模糊测算模型测算出了包括客户价值、无形资产与智力资本等在内的五大互联网企业价值驱动因素。黄文妍（2015）指出互联网企业价值受企业内部因素和外部因素的共同驱动。从内部驱动因素来看，路璐（2019）认为企业的核心价值是用户资源，互联网企业关键利润直接来源活跃用户。通过分析用户行为、用户黏性以及活跃用户的支付能力综合考虑用户资源对企业价值的影响。从外部驱动因素来看，潘惠中（2018）认为行业地位会影响互联网企业估值，根据互联网行业具有显著马太效应这一特性，引入了市场份额指标。

（三）DEVA 模型在互联网企业估值中的研究

玛丽·米卡（Mary Meeker，1995）首先提出了适合互联网企业的 DEVA 估值模型。在该模型中，企业的初始投资成本就是将企业前期投入成本平均分给每一个注册用户，用户价值就是在平台中的客户所带来的价值，这种价值产生于用户与用户之间、用户与平台之间，模型将这种价值数据化并与前面的初始投资成本一起计算出互联网企业的价值。范声焕（2016）在分析了我国新兴互联网行业的市场规模后，认为梅特卡夫定律所描述的企业价值与用户数量的平方呈正比关系失真，并使用齐普夫法则对其进行了修正。谈多娇和董育军（2018）认为，用户是企业盈利的主要来源，是企业核心价值影响因素，因此为了使互联网企业的估值结果更加合理有效，需要基于客户价值理论，对用户贡献进行衡量。郜明忠（2016）认为马太效应在互联网企业中具有很强的影响效应，并通过分析比较互联网企业与其他企业之间的差异，修正了 DEVA 模型，用用户边际贡献与活跃用户规模的乘积取代了用户价值，以此来满足互联网企业价值估值的需求。闫晓茹（2019）依据数字阅读自身的特点和行业环境，用改进的 DEVA 模型对数字阅读企业掌阅科技进行估值分析，将估值结果与评估基准日公司的市值进行比较，通过研究结论指出该模型应用于实务中存在的局限性，针对这些局限性提出一些看法和改进意见。樊亮琪（2021）从用户贡献、用户忠诚度等方面修正了 DEVA 模型，并应用于平台类互联网公司哔哩哔哩，以现金流量折现模型为参照，将两种模型的结果与实际市值进行比较分析。

（四）数字阅读企业运营模式的研究

史建农（2014）提出数字阅读是以数字化的形式从各种数字化平台、移动终端获取信息、传递认知的过程。奚惠娟和方嘉瑶（2018）认为各大数字阅读平台（含设备）是大多数读者接触数字阅读的首选入口，具有天然的渠道优势。数字阅读企业的基石是数字阅读平台，平台内容是由网络文学所支撑的，而用户是将内容变现的关键。我们可以很精准地捕捉到数字阅读企业的发展是一个由上而下的过程。从内容到渠道再到用户，呈下沉式，这也是数字阅读企业运营模式发展的形式。徐芳等（2019）指出移动阅读将会在内容优质化、阅读形式多样化、网络文学产业化、付费阅读渗透化以及阅读模式社交网络化这五个方面有所发展。刘丽红（2008）以起点网为例，对起点网的运营模式进行了探究，笔者认为，起点网通过付费阅读的方式吸引优秀作家入驻网站，有利于优秀作品的集聚与生产。与此同时，作品版权的多元化经营加速了原创文学与影视、网络游戏及纸质出版等产业的融合。张莹（2021）对头部网络文学平台的发展现状进行了分析，发现其主要盈利来源是在线业务和版权运营，其中在线业务主要包括在线付费阅读、网络广告及在其他平台上分销的第三方网络游戏所得的收益；版权运营主要体现在 IP 的影视化、动漫化及游戏化。王雅倩（2020）认为移动阅读产品未来的发展更多是以内容为王，与社交媒体联动，以及实现复合式盈利。

三、数字阅读平台企业估值难点分析

数字阅读企业主要是依靠集聚的用户群体，通过数字阅读平台和 IP 版权运营获取利润。当前，数字阅读已经成为大众重要的数字生活场景，是全民畅享数字生活的重要组成部分，众多投资者进入该行业以寻求更多的收益。但是投资者对于数字阅读企业的估值存在一定的难度，因为相关研究还不多，因此首先是要明晰数字阅读企业价值的估值难点。

第一，与传统企业相比，轻资产运营是数字阅读企业具有的显著特性。其价值创造不以实物资产为主，主要依靠于可体现在表内的高新技术、文学版权等无形资产和 IP 创作及衍生、优秀的开发团队等表外资产。所以，仅仅是依据数字阅读企业的财务数据进行评估，忽视其他非财务因素的影响，可能会低估其价值。

第二，数字阅读企业的价值与用户资源息息相关，主要体现在用户数量及其活跃度、用户吸引力和流量变现能力四个方面。根据梅特卡夫定律，用户数量为互联网企业创造了价值条件，用户连接为企业带来了平方数的价值增长。仅仅是注册用户，并不能为企业带来价值。因此，只有剔除注册用户中的非活跃用户，才能合理地评估企业价值。吸引新用户与留住老用户相比需要更多的成本，因此，培养用户习惯对于数字阅读企业来说很有必要。只有不断对产品进行升级，才能提升用户吸引力。当用户规模积聚到一定程度，流量才可能变成存量，可以实现变现，进而构建出数字阅读企业独特的盈利模式，其中贡献程度最大的是付费阅读，这就使得传统的估值方法受限，需要寻求新的方法对其进行评估。

第三，互联网“新业态”企业发展受马太效应影响。马太效应指强者越强、弱者越弱的现象。在众多“新业态”企业中，都有一个很普遍的情况。50%以上的行业市场份额由少数的几家企业所占据。在数字阅读行业中，企业拥有的市场占有率越高，其获得的资本支持、技术水平、专业人才等方面的优势肯定是更为显著的。因此，进行估值时，要充分考虑行业溢价带来的影响。

四、用户视角下数字阅读企业价值评估的模型构建

（一）基本原理概述

DEVA 模型是由摩根分析师玛丽·米卡提出的，互联网企业具有轻资产运营且盈利模式多元的特性，其发展最关键的因素是用户资源，互联网企业盈利的过程就是通过挖掘和利用用户资源的实现的。DEVA 模型就是对营业收入及成本进行单位用户分摊，量化用户间的连接价值，最终获得企业的真实价值；DEVA 模型基本公式为 $V = M \times C \times C$（其中：V 为目标对象的经济价值；M 为单体投入成本的初始值；C 为单体客户价值）。该模型是存在一定缺陷的：第一，该模型没有对用户进行划分，明确用户的活跃度，并不是所有用户都能给企业带来价值；第二，公司估值基于初始投资成本和用户价值和用户价值的平方，忽略了 150 定律的前提假设，因为用户数一旦超过这个数量，企业价值很难以平方关系无限增长，若继续用用户价值的平方数评估互联网企业的价值，必然会导致市场估值泡沫；第三，市场环境是变化的，影响企业价值的因素会变得更加复杂。

（二）DEVA 模型的修正

首先要明确企业价值与用户价值之间关系，然后厘清影响用户价值的因

素，最后再引入相关参数对影响企业价值的因素进行优化。

1. 数字阅读企业与用户贡献关系的确定

从数字阅读企业与用户贡献关系入手进行修正，用户规模在一定限度范围内会影响企业价值。现今数字阅读企业已经度过了初步发展阶段，用户增长速度逐步放缓。根据齐普科夫定律，对数的形式更能表示数字阅读企业价值与用户贡献值之间的关系，可以巧妙地避免了毫无根据的高估。公式修正后如下：

$$V = M \times C \times \ln C \quad (1)$$

2. 用户贡献价值的确定

对用户贡献的改进从两个方面入手：一是用户数量；二是单位用户贡献值。从用户数量来看，数字阅读企业有大量的注册用户，但注册用户并不意味着就能为企业带来价值。国内外专家学者通过实证表明收入与活跃用户之间呈正比关系，可以说活跃用户才是企业的价值源泉。因此，准确估值的前提是剔除非活跃用户对企业价值的影响。从数据选取上来说，月活跃用户 MAU 和年活跃用户 YAU 更容易获取，比日活跃用户 DAU 更加稳定，所以以年、月活跃用户来替代原有模型中的注册用户数；从数据处理上来说，数字阅读企业的价值随着用户规模的增加而增加，但是存在一定的阈值，根据齐普夫定律用对数的形式优化用户贡献值，更贴合于实际情况，避免高估企业价值。从当前互联网企业单位用户贡献值量化的研究来看，应用最为广泛的指标是单位用户平均贡献值。公式修正后如下：

$$V = M \times (MAU \times ARPU) \times \ln(MAU \times ARPU) \quad (2)$$

3. 单位用户初始投入资本 M 的确定

DEVA 模型中，M 表示的是单体投入成本的初始值，互联网企业成立初期主要是依靠注册资本搭建平台，通过提供优质的产品来吸引用户付费购买，从而获得收入。处于不同生命周期的企业，单位用户初始投入成本有所不同。DEVA 模型对 M 的测算适用于企业初创期，现今大多数字阅读企业已经过了发展初期。而且在激烈的竞争环境下，注册资本数对于数字阅读企业发展的作用不显著。因此，要从新的角度对企业规模成本作测算。数字阅读企业进行了多次融资、增资，并将资本投入了技术研发和开发版权等方面，实现了多元化发展，吸引更多的用户群体。以数字阅读企业成立至评估基准日期间的多轮融资额的规模成本为基础，再进一步计算 M 有利于保证数字阅读企业估值的准确性。

4. 引流成本 C 的确定

除了考虑投入资本，还需要进一步思考收入和引流成本的关系。有收入就有成本，客户为企业创造了价值，企业也要因此付出相应的成本。用户的实际价值应当扣除这一部分的成本。引流成本是企业为了获得更多的用户，用于维持客户忠诚度及提供相应的服务所需要的成本。对于数字阅读企业而言，引流成本主要由三个部分组成，分别是内容成本、平台分销成本和推广及广告开支。因为在前文已经区分出了活跃用户和非活跃用户，因此这里的引流成本是针对于年化活跃用户的，引入边际引流成本这一指标比较恰当，可以避免将以前年度获客成本重复计入。公式修正后如下：

$$V=(M+C)\times(MAU\times ARPU)\times\ln(MAU\times ARPU) \tag{3}$$

5. 市场占有率 K 的确定

企业价值不仅要考虑用户价值，还要考虑外部环境变化对企业发展的影响。对于数字阅读企业而言，头部企业意味着更多的资源，发挥马太效应更为显著。因此，在原有模型的基础上，应当加入相应指标来量化外部环境的影响，本文引入的是市场占有率 K，根据企业的营业收入值除以市场规模值获得。公式修正后如下：

$$V=(M+C)\times K\times(MAU\times ARPU)\times\ln(MAU\times ARPU) \tag{4}$$

6. 付费渗透率 P 的确定

数字阅读企业的收入与付费用户息息相关，活跃用户数仅仅是体现出用户的数量和黏度，并不能反映出用户是否有意愿付费。付费渗透率是月付费用户数与月活跃用户数之间的比值，与企业的收入成正比。比率越高，一方面表明付费用户更能拉动企业的收入，另一方面也反映出数字阅读平台吸引用户消费的能力。因此，该指标能很好地反映出数字阅读企业的内在价值。

根据前文的修正思路，构建了数字阅读企业的估值模型：

$$V=(M+C)\times K\times P\times(MAU\times ARPU)\ln(MAU\times ARPU) \tag{5}$$

五、用户视角下数字阅读企业价值评估的案例分析

阅文集团是以数字阅读为基础，基于 IP 产业链开发及运营的综合性文化产业集团。阅文集团的前身是盛大文学，2015 年起背靠腾讯系，与腾讯文学合并而成。2017 年成功于香港上市。作为内容生产平台，其数字阅读全景生态流量渠道有内部的 QQ 阅读、起点读书、起点国际、红袖读书等 APP 阅读入口和外部的腾讯泛娱乐体系旗下视频、音乐、电竞、游戏、动漫等联动支持。截至 2021 年末，集团已吸纳了超过 900 万位作家，作品总数达 1510 万部，全年平台新增字数约 360 亿字。阅文集团通过引进新业务加快出版全品类化布局，深入内容建设，探索多样合作模式，多维度夯实企业内容生产优势；拓展变现渠道，加强异业合作满足用户多元化需求，当前已经形成了

“在线阅读＋版权运营”双驱动体系。

由前文可知，数字阅读用户规模5亿人，而阅文集团年活跃用户数量接近2.5亿人，俨然占据了半壁江山，可谓是超级流量入口。阅文集团正是利用用户数量的优势，带动了“在线业务＋版权运营”的双驱动体系。因此对于阅文集团的分析，首先是看其业务收入结构。根据年报显示，阅文集团的营业收入由在线业务、版权运营和其他业务三个板块构成（见图1）。在线业务是公司通过其产品、腾讯产品自营渠道及第三方平台向用户销售网络优秀文学内容产生的收入；版权运营主要包括电视剧及电影版权的特许权于电影院发行电影、版权许可；其他业务主要是一些基于在线业务规模的增值服务，包括广告、自有网络游戏运营等。公司未来的方向是打通数字阅读产业链的壁垒，上游主要是吸纳更多优秀的内容创作者，产出更多有价值的原创作品；中游则是利用新技术持续升级服务平台，优化用户体验，同时逐步开拓海外市场，加大用户群体覆盖面；下游将自带流量的IP通过改编成电视剧、电影等方式呈现，实现其进一步变现。阅文集团的盈利模式和战略布局决定了其非财务指标——用户价值在企业总体价值中起决定性作用，这与修正后的DEVA模型是相契合的。

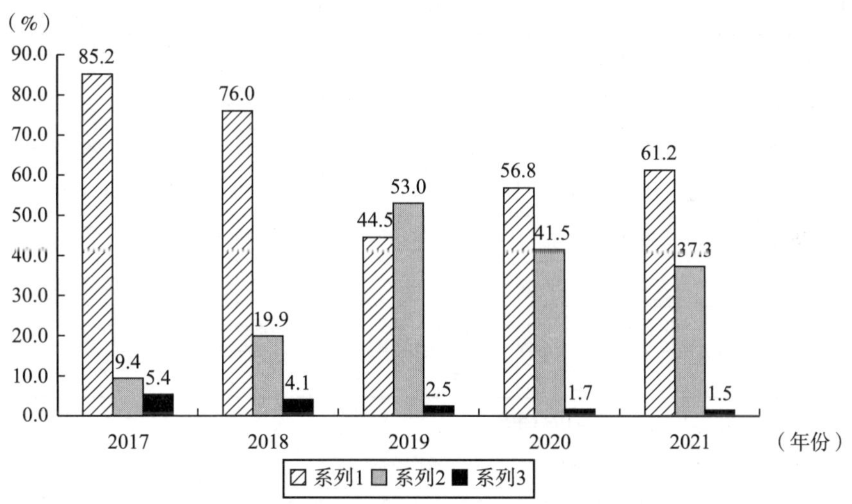

图1　2017~2021年阅文的收入结构

注：系列1为在线业务；系列2为版权运营；系列3为其他。

（一）评估基准日的确定

进行评估前，首先要确定评估对象的评估基准日，此文选择2021年12月31日作为阅文集团价值评估的时点。

（二）活跃用户数MAU、单位用户平均贡献率ARPU的确定

通过前文可知，只有活跃用户才可能为企业带来收益，用评估基准日

当年度月均活跃用户数 MAU 表示。根据阅文集团往年的年报可知，在线阅读业务是其核心业务，其活跃用户来源有自有平台产品和腾讯产品自营两个渠道，月平均活跃用户数 MAU 分别为 116.8 百万人次、131.8 百万人次，共计 248.6 百万人次；月付费用户数为 8.7 百万人次；其收入来源有自有平台产品和腾讯产品自营两个渠道。ARPU 为在线业务收入除以月付费用户数再除以该期间包含的月份数。根据 2021 年阅文集团年报，可知 MAU 为 248.6 百万人次，ARPU 为 39.7 元。

（三）单位用户初始投入资本 M 及引流成本 C 的确定

通过翻阅阅文集团成立至今的年报，将首次公开发售前的多轮融资加总为 6270145540 元（见表 1），总注册人数为 273640 万人。2021 年公司与在线业务相关的成本主要有平台分销、内容成本和推广及广告开支，共计 510122.5 万元。

$$CAC = 5101225000 \div 248600000 = 20.52 \text{（元/人）} \tag{6}$$

表 1　　阅文集团多轮融资情况

项目	时间	金额（百万美元）	汇率	金额（元）
第一轮	2013.11.26	6.43	6.1042	39250006
第二轮	2014.9.11	64.74	6.1291	396797934
第三轮	2014.11.6	715.30	6.1565	4403744450
第四轮	2014.12.19	14.30	6.1205	87523150
第五轮	2016.2.5	100	6.5314	653140000
第六轮	2017.1.16	100	6.8969	689690000
合计	—	1000.77	—	6270145540

资料来源：阅文招股说明书及历年年报。

$$M = 6270145540 \div 2736400000 = 2.29 \text{（元/人）} \tag{7}$$

（四）市场占有率 K 的确定

阅文集团 2021 年度年报显示，全年实现营业收入 86.68 亿元，同比增加 8.6%。根据中商情报网的数据显示，2021 年中国数字阅读行业市场规模达 345.9 亿元。由此，可以计算出阅文集团的市场占有率：

$$P = 86.68 \div 345.9 = 25.06\% \tag{8}$$

（五）用户付费率 P 的确定

通过查询阅文集团年报可知，阅文集团 2021 年平均月付费用户数为 8.7

百万人次，年有效活跃数为 248.6 百万人次。

用户付费率：$P = 8.7 \div 248.6 = 3.5\%$ (9)

企业价值：$V_{2021} = (2.29 + 20.52) \times 25.06\% \times 3.5\% \times (2.486 \times 39.7) \times \ln(248600000 \times 39.7) = 454.33$（亿元） (10)

（六）估值结果比较

根据评估基准日 2020 年 12 月 31 日前后一个月股票收盘价均值 51.37HKD 乘以公司股数 10.23 亿股的形式得出市值，当日港币对人民币为 1HKD = 0.8168CNY，公式如下：

$$P = 51.37 \times 10.23 \times 0.8168 = 429.24 \text{（亿元）} \quad (11)$$

为了验证模型的准确性，将修正后的 DEVA 模型测算了 2019～2020 年 12 月 31 日阅文集团的评估值并分别以当日前后一个月股票收盘价均值乘以公司股数得出市值，再换算为人民币。运用修正的 DEVA 模型估值如下：

$$V_{2019} = 18.6 \times 31.5\% \times 4.46\% \times 2.197 \times 25.3 \times \ln(219700000 \times 25.3) = 326.04 \text{（亿元）} \quad (12)$$

$$V_{2020} = 22.7 \times 27.8\% \times 4.46\% \times 2.289 \times 34.7 \times \ln(228900000 \times 25.3) = 509.24 \text{（亿元）} \quad (13)$$

如表 2 所示，运用修正后的 DEVA 模型计算阅文集团 2019～2021 年市值，偏差率都较低，说明该模型对阅文集团价值评估具有一定可行性、准确性。同时，这也可为同行业企业乃至其他互联网“新业态”企业提供一定的估值参考依据。

表 2　2019～2021 年阅文集团市值与估值对比

项目	2019 年	2020 年	2021 年
阅文集团市值（亿元）	326.04	509.24	429.24
修正后 DEVA 估值模型估值结果（亿元）	306.30	506.85	454.33
偏差率（%）	6.46	0.47	5.84

六、结论与展望

随着互联网技术的发展，更多超级流量入口的“新业态”互联网企业交易会愈发频繁。“新业态”互联网企业的价值驱动因素不同于传统企业，估值环节财务指标的局限性会更加显著，因此将估值的重点瞄准非财务指标。超级流量的显著作用决定了用户价值对于驱动该类型企业价值的重要作用。本文选取的数字阅读行业，可以作为“新业态”中的一个范例，通过对数字阅读企业估值难点进行分析，选取基于用户价值的修正的 DEVA 模型对其进行估值。将数字阅读行业龙头企业阅文集团 2019～2021 年的市值与估值进行比对，说明模型的可应用性。与传统估值方法相比，该模型计算相较简单，一是可以排除主观预测性带来的误差；二是可以将企业“看不见”的价值用非财务指标体现出来，能更加客观、合理地得出企业的真实价值。

市场在变化，消费者习惯在转变，互联网企业的发展离不开用户的支持。精准评估用户价值对于“新业态”互联网企业来说是必不可少的环节。我国资产评估行业与国外相比起步较晚，国外的评估方法对于我国企业价值评估具有一定借鉴作用。加之我国资本市场活跃度高，发展速度快，对企业价值评估进行探究定能深挖市场潜在的需求与机会。

参考文献

[1] 樊亮琪．垂直视频网站的估值方法研究［D］．西安：西安石油大学，2021.

[2] 范声焕．基于齐普夫法则的互联网企业估值研究——以“东方财富”为例的分析［J］．湖北经济学院学报，2016（8）：15.

[3] 郜明忠．修正的 DEVA 法在互联网企业估值中的应用研究［D］．北京：首都经济贸易大学，2016.

[4] 黄生权，李源．群决策环境下互联网企业价值评估——基于集成实物期权方法［J］．系统工程，2014，32（12）：104－111.

[5] 黄文妍．互联网平台企业价值驱动因素及评估指标的实证研究［D］．金华：浙江师范大学，2013.

[6] 刘丽红．浅谈网络文学产业化的现状及发展前景［J］．湖南医科大学学报（社会科学版），2008，10（6）：120－121.

[7] 路璐．基于客户价值的互联网企业价值研究［D］．南京：南京师范大学，2019.

[8] 莫菲，宋政．互联网企业价值评估方法——以 X 企业为例［J］．经营与管理，2014（8）：67－68.

[9] 潘慧中．基于 DEVA 模型的游族网络价值评估研究［D］．长沙：湖南大学，2018.

[10] 齐晓林．基于商业模式的互联网企业价值评估——以焦点科技股份有限公司为例［D］．南京：东南大学，2015.

[11] 史建农．数字阅读出版产业链分析［J］．科技与出版，2014（7）：94－98.

[12] 谈多娇，董育军．互联网企业的价值评估——基于客户价值理论的模型研究［J］．财会月刊，2010，12（3）：34－39.

[13] 王雅倩．数字化时代移动阅读产品的传播策略研究——以手机阅读软件掌阅为例［J］．新闻研究导刊，2020，11（4）：219－220.

[14] 奚惠娟，方嘉瑶．数字阅读推广中图书馆行业价值分析——以“扫码看书，百城共读”活动为例［J］．图书馆建设，2018，289（7）：8－12.

[15] 谢蓬．互联网企业商业模式价值评估研究［D］．成都：西南财经大学，2008.

[16] 徐芳等．国内移动阅读的研究现状可视化分析与发展趋势［J］．新世纪图书馆，2019（8）：66－70，75.

[17] 徐伊楠．改进的收益法在 YL 公司价值评估中应用的案例研究［D］．沈阳：辽宁

大学，2017.

[18] 闫晓茹．基于改进的 DEVA 模型对掌阅科技公司估值研究 [D]. 兰州：兰州财经大学，2019.

[19] 翟长洁．非上市公司股权价值评估方法探讨 [J]. 财会学习，2016 (24)：238，241.

[20] Blodget H and Anning E. Amazon. com Raising Price Target to MYM400 [R]. New York Equity Research Report. 1998 (12).

[21] Brigin Shaw. Network Company Value Evaluation [M]. Economic management, 2011.

[22] Elizabeth K. Keating et al.. Internet Downturn: Finding Valuation Factors in Spring 2000 [J]. Journal of Accounting and Economics, 2003, 34 (1).

平安好医生数据资产价值几何?

——基于改进的 Schwartz – Moon 模型评估*

王　涵　杨　毅　王嘉璐　夏超颖　贾　茜**

内容提要： 互联网技术发展日新月异，数字信息的内容愈发丰富，形式层出不穷，其作用也愈加重要，由此不断推动数字经济迅速发展，数据资产概念随之兴起。作为企业的一项无形资产，数据资产预期能给企业带来的收益不可估量，其价值确定显得尤为重要。本文选取互联网医疗行业的平安好医生作为评估样本，借鉴互联网企业价值评估模型 Schwartz – Moon 模型作为评估基础，将数据资产价值的重要来源——用户活跃度指标引入上述模型对其进行修正，并结合梅特卡夫定律，进而构建更适用于评估数据资产价值的评估模型，最后在结合蒙特卡洛模拟方法的辅助下，利用改进后的 Schwartz – Moon 模型，结合其用户活跃度指标等与企业数据资产息息相关的变量，最终确定其数据资产的评估价值。

一、引　言

随着互联网技术的不断发展与普及，我们进入了工业经济与数字经济的过渡时期。党的十九大将数字经济列入报告，预示着数字经济将成为我国今后经济发展的重要方向。数据资产作为数字经济时代下的一种新兴衍生品，逐渐进入人们的视野。作为企业的资产构成，当大数据被充分利用，其为企业创造的经济利润不可估量。由于具有巨大的商业价值，数据资产的市场交易日益频繁，如何合理公正地确定数据资产价值成为当下亟待解决的重要问题。用户资源是数据资产价值的核心来源，但传统的资产评估方法及其自身的局限性使得对于用户资源价值以及对应的数据资产价值评估存在一定问题，无法全面衡量。Schwartz – Moon 模型为数据资产价值进行评估提供了可能。为了更好地利用模型进行评估，本文合理引入用户活跃度进行修正，并结合

---

* 基金项目：国家自然科学基金地区项目“会计信息质量在信贷资源配置中的识别意愿、识别技术以及经济后果研究”（71462004）；广西高校人文社会科学重点研究基地基金项目。

** 王涵，广西科技大学经济与管理学院，硕士生，研究方向：企业价值评估；杨毅，广西科技大学经济与管理学院，教授，研究方向：公司金融、企业价值评估、银行与证券市场、金融统计、金融工程、财务管理；王嘉璐、夏超颖、贾茜，广西科技大学经济与管理学院，硕士生，研究方向：企业价值评估。

梅特卡夫定律，为企业数据资产的价值评估提供了新思路。

（一）研究背景

大数据时代下，数据被称为21世纪的“石油”，各个领域和行业衍生出各种形式，使得大数据得以发展。我国高度重视大数据实际应用，明确提出实施“国家大数据”战略，将其作为基础战略资源，不断推动数字经济以及资源共享经济的发展。2019年11月，党的十九届四中全会提出，数据可以作为生产要素，按贡献参与分配。这在一定程度上体现出，数据时代趋向高质量发展，数据资源也将逐渐参与质量型生产要素中，推动我国数字经济发展。而微观视角下，这也要求各企业应该关注自身数据资产，重视并开拓数据资产可能带来的无限价值。

日常生活中，医疗服务不可或缺，随着互联网时代的到来，在线问诊随之兴起，成为众多蓬勃发展的互联网行业之一。数据资产在互联网行业显得尤为重要，对于很多在线平台而言，拥有了数据资产就相当于拥有了生命线。平安好医生作为在线问诊平台为人们所熟知。随着在线问诊行业的数据资产运作逐渐频繁，数据资产估值需求与日俱增。

互联网行业与传统行业的区别在于，互联网行业一定要基于一定的用户活跃度和数字流量，而且线上行业往往也面临更多的风险。另外，类似于平安好医生这样的医疗平台自20世纪初刚刚兴起，使得评估所需要的基本信息不完整，缺少历史数据。

考虑综上所述情况，贸然选取传统企业价值评估方法，可能并不能够完全适用于互联网企业。因此，选取恰当的模型和方法评估数据资产价值亟待解决，也具有深远的理论意义和现实意义。

（二）研究意义

继数字经济兴起以来，很多学者基于数据资产价值评估展开研究，但主要集中在数据资产价值评估理论与方法的改进与分析，具体细分行业方面研究尚有空缺，鲜少有学者针对医疗数字企业的评估展开探究。本文旨在初步对医疗行业的数字企业之一平安好医生的经营现状、内在价值、发展前景等展开分析研究，对医疗数字企业的价值源头进行探索，不断丰富和发展适合该类企业数据资产价值评估的理论和方法。

文章主要运用Schwartz－Moon模型方法，并以用户活跃度为核心，结合梅特卡夫定律探索适合数据资产价值的评估方法。第一，本文选择在数字医疗企业具有一席之地的平安好医生作为评估标的，可以向普通网民增加这一企业的曝光度，一定程度上可以帮助社会发展在线问诊理念。第二，能够给予数字医疗行业更多信心，向公司高层释放良好信号，使其更好了解公司实际价值来源，增强行业信心。

（三）创新之处

评估内容方面，以往基于数据资产价值评估的研究集中在数据资产价值评估理论与方法的改进与分析，案例分析方面鲜少有学者会针对医疗数字企业的评估展开探究，本文选取互联网行业内具有代表性且近期热门的互联网医疗行业中热门企业——平安好医生展开研究。

评估方法方面，实际应用梅特卡夫定律的研究绝大部分是对以梅特卡夫定律为基础的 DEVA 法进行研究，鲜有将梅特卡夫定律应用于已有评估模型的研究，本文进行梅特卡夫定律与已有评估方法结合的探索，以此丰富评估方法和理论，并提供了新的研究思路。

评估模型方面，Schwartz – Moon 模型主要用于衡量互联网行业企业整体价值，本文在传统 Schwartz – Moon 模型的基础上，将模型进行改进，最终进行蒙特卡洛模拟计算出评估对象的数据资产价值，通过与传统市场法评估价值的对比，探究产生差异的主要因素，最终验证改进模型的合理性，为数据资产价值评估的实务应用提供客观合理的模型参考。

（四）模型合理性及优势

首先，Schwartz – Moon 模型作为衡量互联网企业价值的传统模型，其对于数据资产价值评估的运用具有合理的参考意义；其次，模型主要通过量化其中影响价值的关键因素进行评估，而模型中的各关键因素均可通过企业经营过程中的会计核算资料获得，在会计信息可靠性的支撑下，模型作用的客观性大大提高，显著改善其他评估模型在构建过程中以及运用过程中的主观性估计影响。

二、文献综述

经过多年的发展，传统企业价值评估理论已经形成一套成熟且行之有效的体系，这些理论与方法在实务界中得到了极为广泛的应用。但随着互联网行业的崛起，市场对数据资产的价值评估需求日趋高涨，这些传统数据资产评估方法的有效性逐渐开始遭到质疑。特别是在互联网泡沫破裂后，市场越发认为将传统的价值评估方法应用于数字资产的估值并不能得到理想的结果，探寻更加适用于企业数据资产价值评估方法变得越发重要。

企业数据资产兴起之前，多数学者会保守采取市场法作为其估值方法。由于大多拥有数字资产的企业在初创时固定资产占比较低，通常尚未盈利，导致市销率模型并不十分适用于数据资产估值。蔡飞（2008）拓展了传统评估模型，将市销率指标代入数学模型的计算。也有学者认为，传统数据资产评估方法中的现金流折现模型也适合评估医药企业，这对评估互联网医疗企业拓展了思路。王竞达和刘中山（2010）基于现金流折现模型，证实了数据资产市场价值和采用现金流折现模型时的评估价值的重合度，从而实现了现金流方法对于我国医疗企业的数据资产评估的有效性和适用性。

随着互联网时代的发展，更多有关数据资产的方法被提出。宋杰鲲和张业蒙（2021）指出，管理数据资产应重点从数据资产的价值评估出发，对于明晰企业数据资产的投入与产出水平，深度剖析企业基于数据资产创造力的不足，为 EDAV 的增值产出，提供有效的决策依据。闭珊珊和杨琳（2020）介绍和研究了国内外有关数据资产价值的评定标准、实践情况和最新成果，提出了基于 CIME 模型的数据资产评估方法，相应设计了评估工具，对构建并落地实施数据资产评估体系提供参考。左文进和刘丽君（2019）在梳理大量国内外文献以及成果的基础上，结合现代数字经济行业，探究数据资产的实用价值，并借鉴经典的数据资产评估方法，引入 Shapley 值法和破产分配法则设计出分解数据资产的评估方法，从而构建了一种适合当今的数据资产估价法。倪渊和李子峰（2019）基于 BP 神经网络和 GA－BP 神经网络这两种数据资产估值法，延伸性地创造了 AGA－BP 神经网络估值法，该方法要求在完善数据资产交易平台的基础上，适当减少平台交易成本的情况下，在拟合数据、仿真能力和误差水平等方面均有突出优势，对数据资产价值评估展现出更好的仿真效果。

20 世纪 70 年代，罗伯特·梅特卡夫（Robert Metcalfe）提出网络的价值与网络规模相关，据此梅特卡夫定律为数据资产价值评估的研究提供了崭新的思路。李满海和辛向阳（2019）以及 NIYATO D（2016）等众多学者也在此基础上，基于梅特卡夫定律对数据资产的估值问题展开了研究。曾丽（2019）以及袁丽（2019）等均以拥有轻数据资产的初创互联网企业为研究对象，构建具有针对性的梅特卡夫模型，将案例企业在传统估值模型以及新模型下的应用情况进行对比分析，最终择优选取了梅特卡夫模型。这些都为本文的理论和实践基础做好了一定铺垫。

三、Schwartz－Moon 模型构建

（一）Schwartz－Moon 概述

Schwartz－Moon 模型是施瓦茨和穆恩（Schwartz and Moon；2000，2001）提出的用来衡量互联网行业企业价值的模型，而互联网行业企业的运营又以数据资产运营为主，故其对于数据资产的评估具有一定的使用价值。由于数据资产主要是在使用过程中不断产生新数据从而发生增值，其很大程度上依赖于用户群体，为了使模型的应用更具有合理性，我们引入用户活跃度对模型进行修正。传统的 Schwartz－Moon 模型构建如下文所示。

（二）Schwartz – Moon 模型构建

1. 收入 R(t)

假设企业在 t 时点的收入为 R(t)，且服从几何布朗运动：

$$\frac{dR(t)}{R(t)} = \mu(t)dt + \delta(t)dz_1 \tag{1}$$

其中，$\mu(t)$ 代表 t 时点收入的预期增长率；$\delta(t)$ 代表 t 时点收入的波动率；dz_1 代表维纳增量，反映不确定情况对收入的影响。模型中所有维纳过程均服从标准正态分布，且所有维纳过程的相关系数为 0。

参考里德勒（Riederer C，2011）的研究，假设 $\mu(t)$ 服从均值回归过程，企业会从高速增长期过渡到平稳增长期，期初较高的收入增长率会随机收敛到同行业长期稳定的平均增长率 $\bar{\mu}$：

$$d\mu(t) = \kappa[\bar{\mu} - \mu(t)]dt + \eta(t)dz_2 \tag{2}$$

其中，κ 代表均值回归系数，反映收入增长率的收敛速度；$\eta(t)$ 代表 t 时点不可预期的收入增长率的波动率；dz_2 代表维纳增量，反映不确定的情况对收入增长率的影响。系数 κ 的大小影响其回复到合理值 μ 的速度，$\frac{\ln 2}{\kappa}$为其回复到平均值时间的一半，假设其以指数递减方式（$e^{-\kappa t}$）递减。

假设收入波动率 δ_0 最终会收敛到行业波动率平均水平，收入增长率的波动率 η_0 最终会收敛到 0。

$$d\delta(t) = \kappa_1[\bar{\delta} - \delta(t)]dt \tag{3}$$

$$d\eta(t) = \kappa_2[0 - \eta(t)]dt \tag{4}$$

其中，κ_1 代表收入波动率向行业平均值收敛的速度，κ_2 代表收入增长率的波动率向 0 收敛的速度。

假设只有收入不确定性存在风险溢价。

$$\frac{dR(t)}{R(t)} = [\mu(t) - \lambda(t)]dt + \delta(t)dz_1 \tag{5}$$

其中，$\lambda(t)$ 代表风险溢价，公式为：

$$\lambda(t) = \beta_R(r_m - r) \tag{6}$$

其中，β_R 代表预期收入增长率与市场指数报酬率的相关系数，以股票收益率与市场指数报酬率的相关系数 β 来代替。r_m 代表市场期望报酬率，r 代表无风险利率。

2. 成本 Cost(t)

企业的成本包括两部分：变动成本与固定成本。变动成本同收入间存在一定的比例关系：

$$Cost(t) = \gamma(t)R(t) + F \tag{7}$$

其中，Cost(t) 代表企业在 t 时刻的成本，$\gamma(t)$ 代表变动成本占收入的比例，F 代表固定成本。假设服从均值 $\gamma(t)$ 回归过程，最终会收敛到 $\bar{\gamma}$。

$$d\gamma(t) = \kappa_3[\bar{\gamma} - \gamma(t)]dt + \varphi(t)dz_3 \quad (8)$$

其中，κ_3 代表随机变量收敛到均值 $\bar{\gamma}$ 的速度，$\varphi(t)$ 代表变动成本率的波动率，同样服从均值回归过程，并且随时间变化逐渐收敛到正常值 $\bar{\varphi}$。

$$d\varphi(t) = \kappa_4[\bar{\varphi} - \varphi(t)]dt \quad (9)$$

3. 税后净利润 Y(t)

参考刘洪玉等（2015）的研究，税后净利润 Y(t) 可表示为：

$$Y(t) = [R(t) - Cost(t)](1 - \tau_c) \quad (10)$$

其中，τ_t 代表税率，企业仅在不存在亏损结转时才需纳税，存在亏损结转时 $\tau_t = 0$。亏损结转的微分方程为：

$$dL(t) = -Y(t)dt, \text{ if } L(t) > 0 \quad (11)$$

$$dL(t) = Max[-Y(t)dt, 0], \text{ if } Y(t) \leqslant 0 \quad (12)$$

4. 固定资产 P(t)

企业的固定资产 P(t) 由当期的资本性支出 Capx(t) 和折旧 Dep(t) 共同决定。Capx(t) 为收入的 CR 倍，Dep(t) 为 P(t) 与折旧率 DR 的乘积。

$$dP(t) = [Capx(t) - Dep(t)]dt \quad (13)$$

$$Capx(t) = CR \times R(t) \quad (14)$$

$$Dep(t) = DR \times P(t) \quad (15)$$

5. 可用现金 X(t)

假设不考虑股利分配政策，企业将经营所获全部现金保留用于赚取无风险收益。当期可用现金 X(t) 可表达为：

$$dX(t) = [rX(t) + Y(t) + Dep(t) - Capx(t)]dt \quad (16)$$

其中，r 代表无风险利率。

假设当可用现金 X(t) = 0 时企业破产，即企业不存在其他融资渠道。

6. 数据资产价值 V(0)

基于阿塔尔德（Attard J，2017）和尼亚托（Niyato D，2016）的风险中性假设，企业在 T 时点价值由最后一期累计可用现金与终值两部分组成。其中，终值由 M × [R(t) − Cost(t)]（通常取 M = 10）表示，代表企业持续经营的价值。企业价值可以表示为：

$$V(0) = EQ\{X(t) + M \times [R(t) - Cot(t)]\}e^{-rT} \quad (17)$$

其中，e^{-rT} 代表连续复利折现系数。

利用离散时间变量近似代替连续时间变量，且假设 $\kappa = \kappa_1 = \kappa_2 = \kappa_3 = \kappa_4$，

取值均参考企业回复到行业正常水平所需时间的一半。

$$R(t+\Delta t)=R(t)e^{\{[\mu(t)-\bar{\lambda}\delta(t)-\frac{\delta(t)2}{2}]\Delta t+\delta(t)\sqrt{\Delta t}\varepsilon_1\}} \tag{18}$$

$$\mu(t+\Delta t)=e^{-\kappa\Delta t}\mu(t)+(1-e^{-\kappa\Delta t})\bar{\mu}+\sqrt{\frac{1-e^{-2\kappa\Delta t}}{2\kappa}}\eta(t)\varepsilon_2 \tag{19}$$

$$\gamma(t+\Delta t)=e^{-\kappa\Delta t}\gamma(t)+(1-e^{-\kappa\Delta t})\bar{\gamma}+\sqrt{\frac{1-e^{-2\kappa\Delta t}}{2\kappa}}\varphi(t)\varepsilon_3 \tag{20}$$

将初始变量 δ_0、η_0、φ_0 带入相应均值回归方程（3）、回归方程（4）、回归方程（9）中，离散化后可得如下三个公式：

$$\delta(t)=\delta_0 e^{-\kappa t}+\bar{\delta}(1-e^{-\kappa t}) \tag{21}$$

$$\eta(t)=\eta_0 e^{-\kappa t} \tag{22}$$

$$\varphi(t)=\varphi_0 e^{-\kappa t}+\bar{\varphi}(1-e^{-\kappa t}) \tag{23}$$

其中，ε_1、ε_2、ε_3 为随机变量且服从标准正态分布。给定相关初始值后，可进行蒙特卡洛模拟，所有模拟结果的期望值为最终评估值。

四、Schwartz – Moon 模型修正

传统的 Schwartz – Moon 模型是对互联网企业价值的评估，其与数据资产价值评估尚存在一定差异。为了更加全面合理地评估互联网企业的数据资产价值，考虑到用户资源对数据资产的价值贡献，我们在原有模型的基础上，引入月用户活跃度指标，因为用户往往是数据资产的使用者和再创造者。此外，由于原有评估模型的许多核心参数，例如长期收入增长率等需要主观估计，在取值方面难以获得足够客观的数据依据，因此结合梅特卡夫定律，将月活跃用户进一步与收入、成本之间的逻辑关系加以利用，使原有模型更加适合数据资产价值评估的需要。

（一）梅特卡夫定律

1. 梅特卡夫定律概述

20 世纪 70 年代，罗伯特·梅特卡夫（Robert Metcalfe）提出网络的价值与网络规模相关，这一理论被后人称为梅特卡夫定律（Metcalfe's Law）。这一定律认为：如果网络中存在 n 个节点，并且任意节点之间可以进行信息的互换，便总共有 $n(n-1)$ 个连接。这些网络连接可以产生价值，因此可以得到网络价值 $V\propto n(n-1)$，当 n 足够大时，便可近似看作 $n(n-1)\approx n^2$，即有 $V\propto n^2$。

隐含在这一定律背后的原理被称为网络外部性。翟丽丽（2016）和祝子丽（2018）等学者提出，假设用户数量不断增加，网络能够给用户带来的效用也会随之增加，网络价值就越大，反过来引起互联网需求增加。梅特卡夫

定律的数学公式可以表达为：

$$V = K \times N^2 \tag{24}$$

2. 收入与月活跃度用户的拟合关系

本文将平安好医生的营业总收入、营业总成本分别与月活跃用户数量进行回归分析，以验证梅特卡夫定律的科学性及其对平安好医生的适用性。由于平安好医生在2018年5月4日上市，上市时间较短，因此本文采用数据作为半年度样本进行回归分析。

平安好医生对于月活跃用户的定义为：在给定的一轮统计月周期中，使用唯一的注册账号通过PC客户端或手机应用登录平安好医生。

表1为平安好医生近4年的营业总收入、营业总成本与月活跃用户数据，数据均来源平安好医生各半年度报告及年度报告。

表1　平安好医生营业总收入、营业总成本与月活跃用户数据

时间	营业总收入（百万元）	营业总成本（百万元）	MAUs	MAUs2
2017/6/30	448.589	261.722	32.2	1036.84
2017/12/31	1419.432	994.229	29.5	870.25
2018/6/30	1122.839	813.921	48.6	2361.96
2018/12/31	2215.01	1611.99	54.7	2992.09
2019/6/30	2272.659	1780.965	62.7	3931.29
2019/12/31	2792.77	2113.035	66.9	4475.61
2020/6/30	2746.645	1925.042	67.3	4529.29
2020/12/31	4119.342	3076.531	72.6	5270.76

资料来源：平安好医生半年度、年度报告。

根据梅特卡夫定律，本文借助Eviews8软件将平安好医生的营业总收入与月活跃用户数量的平方进行了回归分析处理，结果如图1所示。

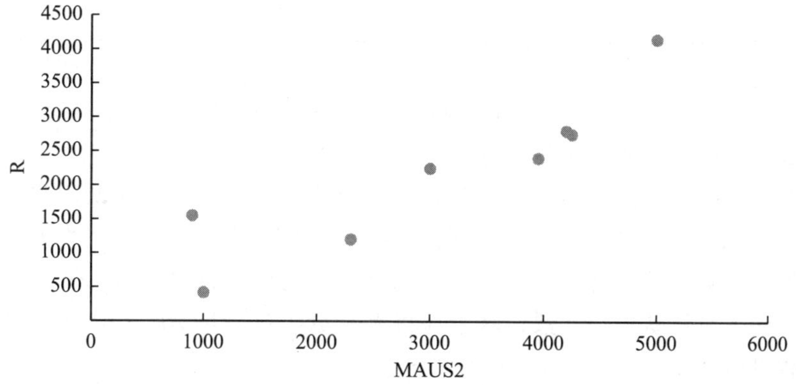

图1　平安好医生营业总收入与月活跃用户数量平方的拟合

表2 回归结果显示，$R^2=0.798$，拟合效果较好，平安好医生的营业总收入与其月活跃用户数量的平方的线性逻辑关系：

$$R=0.6298\times N^2+137.0434 \tag{25}$$

其中，R 代表平安好医生的半年度营业总收入，N 代表平安好医生的半年度月活跃用户数。

表2 平安好医生营业总收入与月活跃用户数据拟合系数

变量	系数	标准差	t 值	p 值
C	137.0434	416.5433	0.329001	0.7533
MAUS2	0.629845	0.117731	5.349875	0.0017
R^2	0.797812			
p 值	0.001745			

3. 成本与月活跃度用户的拟合关系

表3 为平安好医生的营业总成本与其月活跃用户平方的回归分析结果，$R^2=0.8085$，同样具有较好的拟合效果。平安好医生营业总成本与月活跃用户数量的平方的线性逻辑关系可以表示如下：

表3 平安好医生营业成本与月活跃用户数据拟合系数

变量	系数	标准差	t 值	p 值
C	30.26122	310.0499	0.097601	0.9254
MAUS2	0.484345	0.087632	5.527054	0.0015
R^2	0.808473			
p 值	0.001477			

$$C=0.4843\times N^2+30.2612 \tag{26}$$

其中，C 代表平安好医生的半年度营业总成本。

经过对平安好医生的营业总收入、营业总成本分别与月活跃用户数量的平方进行拟合（见图2），可以发现，梅特卡夫定律对于平安好医生的收入与成本均具有较强的解释力度，验证了梅特卡夫定律的科学性。后文将会在此基础上引入月活跃用户参数，基于梅特卡夫定律对 Schwartz－Moon 模型的相关过程进行修正。

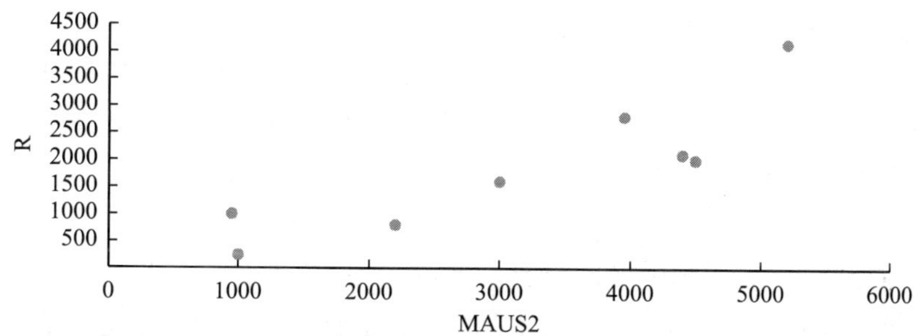

图2　平安好医生营业总成本与月活跃用户数量的平方的拟合

4. 基于梅特卡夫定律的模型修正

根据梅特卡夫定律，可以建立收入与月活跃用户的关系如下：

$$R(t) = Q \times N(t)^2 + Q_0 \tag{27}$$

其中，Q 代表用户资源变现系数，即单位月活跃用户为企业创造的变现价值。N(t) 代表 t 时点企业拥有的月活跃用户，Q_0 代表企业与用户数无关的其他收入。Q 与 Q_0 分别为梅特卡夫定律下收入与月活跃用户拟合函数的斜率系数与截距系数。

由于 Q 作为用户资源变现系数具有唯一性，即各企业之间由于战略方针、市场定位等因素不同，并不具备可比性。因为互联网类企业面临的竞争十分激烈，存在巨大的不确定性，而这一不确定性会对企业的收入造成影响。参照原模型的思想，本文在此引入收入随机误差 ξ_1，以反映未来潜在竞争者、市场占有率以及技术发展等不确定性所引起的收入波动，则有：

$$R(t) = Q \times N(t)^2 + Q_0 + \vartheta_1 \tag{28}$$

其中，ϑ_1 代表收入中未预期到的变化，服从方差为 ξ_1^2，均值为 0 的正态分布，即 $\vartheta_1 \sim N(0,\ \xi_1^2)$。$\xi_1$ 代表收入随机误差的标准差，由收入与月活跃用户数的拟合函数的残差平方和计算而来。

$$\vartheta_1 = \xi_{1\varepsilon_3'} \tag{29}$$

其中，ε_3'是服从标准正态分布的随机变量。对于一元线性回归模型，则有：

$$\xi = \sqrt{\frac{RSS}{N-2}} \tag{30}$$

其中，ξ 代表拟合函数随机误差的标准差，RSS 代表拟合函数的残差平方和，N 代表拟合函数的样本容量。

同理，可以建立成本与月活跃用户的关系：

$$Cost(t) = C \times N(t)^2 + C_0 \tag{31}$$

其中，C 代表用户资源成本系数，即企业为吸引单位月活跃用户所需付出的成本，C_0 代表企业与用户数无关的其他成本。C 与 C_0 分别为梅特卡夫定律下成本与月活跃用户拟合函数的斜率系数与截距系数。

由于互联网行业企业自身规模的不同与所处细分行业的不同，其为吸引或维持单位用户所需耗费的成本自然也不同，不同企业之间不存在可比性。同样地，面临行业竞争的不确定性，企业随时可能增加投入以抵御其他企业的竞争，或进一步抢占市场份额，从而导致成本存在不确定性。本文在此引入成本随机误差§$_2$，以反映不确定性所引起的成本波动，则有：

$$\mathrm{Cost}(t) = C \times N(t)^2 + C_0 + \vartheta_2 \tag{32}$$

其中，ϑ_2 代表成本中未预期到的变化，服从方差为 ξ_2^2，均值为 0 的正态分布，即 $\vartheta_2 \sim N(0,\ \xi_2^2)$，代表成本随机误差的标准差，由成本与月活跃用户数的拟合函数的残差平方和计算而来。

$$\vartheta_2 = \xi_2 \varepsilon_4' \tag{33}$$

其中，ε_4'是服从标准正态分布的随机变量。

（二）引入月活跃度用户变量

前文对平安好医生的收入、成本与用户数进行拟合回归，不仅验证了梅特卡夫定律的适应性，也可以得到平安好医生其收入、成本与月活跃用户的关系情况，从而可以将月活跃用户作为收入的替代变量，从用户的角度对收入与成本展开预测。同样假设月活跃用户的瞬时变化服从几何布朗运动，则企业月活跃用户的随机微分方程为：

$$\frac{dN(t)}{N(t)} = \theta(t)dt + \sigma(t)dz_1' \tag{34}$$

其中，$\theta(t)$ 代表 t 时点月活跃用户的期望增长率，$\sigma(t)$ 代表月活跃用户的波动率，dz_1'代表维纳增量，反映不确定的情况对月活跃用户的影响。同样，模型中所有的维纳过程均服从标准正态分布，且所有维纳过程的相关系数为 0。

假设 $\theta(t)$ 服从均值回归过程，月活跃用户会逐渐从高速增长期过渡到平稳增长期，月活跃用户增长率会逐渐从期初较高的水平逐渐收敛至行业稳定合理的水平 $\bar{\theta}$。月活跃用户增长率的微分方程为：

$$d\theta(t) = \kappa[\bar{\theta} - \theta(t)]dt + \omega(t)dz_2' \tag{35}$$

其中，κ 代表均值回归系数，反映月活跃用户增长率的收敛速度。$\omega(t)$ 表示 t 时点月活跃用户增长率的波动率，dz_2'代表维纳增量，反映不确定的情况对月活跃用户增长率的影响。

模型假设月活跃用户的波动率 σ_0 最终会收敛到行业稳定合理的水平，月活跃用户增长率的波动率 ω_0 最终会收敛到 0，则有均值回归方程：

$$d\sigma(t) = \kappa_1'[\bar{\sigma} - \sigma(t)]dt \tag{36}$$

$$d\omega(t) = \kappa_2'[0 - \omega(t)]dt = -\kappa_2'\omega(t)dt \tag{37}$$

其中，κ_1'代表月活跃用户波动率向行业稳定水平收敛的速度，κ_2'代表月活跃用户增长率的波动率向零值收敛的速度。

在原模型中，假设收入不确定性会带来风险溢价，数值上等于企业股票与市场风险溢价的乘积，侧面反映了收入的不确定性对股价的影响。而对于互联网企业而言，用户是其价值的源泉，用户的不确定性同样能够对股价带来影响，本文在此保留风险溢价，并将其看作是由用户数量的不确定性造成的，即有：

$$\frac{dN(t)}{N(t)} = [\theta(t) - \lambda(t)]dt + \sigma(t)dz_1' \tag{38}$$

（三）修正模型的离散化

为便于求解，需要将修正模型进行离散化，同样假设所有均值回归系数均相等。

$$N(t + \Delta t) = N(t)e^{\{[\theta(t) - \bar{\lambda}\sigma(t) - \frac{\sigma(t)2}{2}]\Delta t + \sigma(t)\sqrt{\Delta t}\varepsilon_1'\}} \tag{39}$$

$$\theta(t + \Delta t) = e^{-\kappa\Delta t}\theta(t) + (1 - e^{-\kappa\Delta t})\bar{\theta} + \sqrt{\frac{1 - e^{-2\kappa\Delta t}}{2\kappa}}\omega(t)\varepsilon_2' \tag{40}$$

将初始变量 σ_0、ω_0 带入相应均值回归方程（4.12）、回归方程（4.13）中，离散化后可得如下公式：

$$\sigma(t) = \sigma_0 e^{-\kappa t} + \bar{\sigma}(1 - e^{-\kappa t}) \tag{41}$$

$$\omega(t) = \omega_0 e^{-\kappa t} \tag{42}$$

其中，ε_1'、ε_2'是服从标准正态分布的随机变量。

修正后的 Schwartz - Moon 模型从用户的角度出发，基于用户对企业发展经营存在的不确定性进行考量，体现了用户资源的重要性。同时引入梅特卡夫定律，可以根据月活跃用户对企业未来的收入与成本展开预测。在可获取的主观数据资产较少的情况下，修正模型使用的月活跃用户增长率相关参数的取值相较于原模型使用的收入增长率相关参数的取值对于数据资产价值评估要更为合理。借助蒙特卡洛模拟计算，又可以将潜在的主观评估风险与最终评估价值统筹结合。以上过程环环相扣，能够较为全面地对企业的数据资产特点进行考量，对于数据资产价值评估具有较好的适用性。

（四）蒙特卡洛模拟及其参数

Schwartz - Moon 模型需要借助蒙特卡洛模拟进行辅助计算。蒙特卡洛模拟解法基于大数定理，可以通过对事物的几何数量特征加以描述，最终获得期望值。

通过蒙特卡洛模拟求解 Schwartz - Moon 模型的步骤大致如下：

第一，生成服从标准正态分布的随机变量。

第二，将初始数据与随机变量输入经离散化的 Schwartz - Moon 模型，借助软件模拟月活跃用户增长率、月活跃用户、收入、成本、可用现金等参数在不同时期的取值，并在最后一期模拟结束后，依据公式计算出本次模拟的企业价值。

第三，通过蒙特卡洛模拟，将重复上述过程 N 次（一般 $N \geqslant 20000$），将所得到所有结果的平均值输出作为企业价值的期望值。

蒙特卡洛模拟求解过程需要借助计算机软件完成，本文选择 Matlab 软件编写蒙特卡洛模拟程序，并通过该程序使用修正后的 Schwartz – Moon 模型进行平安好医生数据资产价值的评估。

模型中具体参数含义及其初始值获取方法如表 4 所示。

表 4　　模型参数值含义及其获取方法

参数	含义	获取方法
N_0	期初月活跃用户	企业报告公布值
θ_0	起初月活跃用户增长率	结合历史数据并考虑未来月活跃用户的预期确定
$\bar{\theta}$	长期月活跃用户增长率	近年中国互联网网民增长率的平均值
σ_0	期初月活跃用户波动率	近年月活跃用户增长率的标准差
$\bar{\sigma}$	长期月活跃用户波动率	近年中国互联网网民增长率的标准差
ω_0	期初月活跃用户增长率波动率	月活跃用户增长率差额的标准差
Q	用户资源变现系数	收入与月活跃用户拟合函数的斜率系数
Q_0	与用户数无关的其他收入	收入与月活跃用户拟合函数的截距系数
ξ_1	收入随机误差的标准差	根据收入与月活跃用户拟合函数的残差和计算而得
C	用户资源成本系数	成本与月活跃用户拟合函数的斜率系数
C_0	与用户数无关的其他成本	成本与月活跃用户拟合函数的截距系数
ξ_2	成本随机误差的标准差	根据成本与月活跃用户拟合函数的残差和计算
X_0	期初可用现金	资产负债表，现金及现金等价物
P_0	期初固定资产	资产负债表，固定资产净值
τ_c	所得税率	企业公布值
r	无风险利率	长期国债到期收益率
κ	均值回归系数	调整系数指数递减，$\kappa/2=\ln2/\theta(t)$ 收敛到的时间
DR	折旧率	依据企业公布的固定资产折旧政策取得
CR	资本性支出率	参考近年来企业的资本性支出率取得
λ	风险溢价	计算股票的 β 系数与市场风险溢价的乘积取得
T	估算期间	企业赚取超额利润的时间
Δt	时间增量	根据数据的可获得性取值

五、案例分析

（一）平安好医生概况

2003 年，平安好医生注册了自己的中国域名，为之后实现网站设计和软件研发做好铺垫。2015 年 4 月，平安健康医疗科技有限公司（以下简称“平安健康"）正式推出平安好医生。作为一款能够在线实现健康咨询以及健康管理的 App，其充分利用移动平台以及互联网技术，搭建并提供预约挂号、导医初诊、预防保健等诊前服务，以及用药提醒、康复指导、复诊随访以及慢病管理等诊后服务，实现了医患的实时沟通。

得益于各方面的努力，互联网用户对于在线诊疗服务认知度逐渐提高（见图3），到2020年末，平安好医生的用户注册数量共计3.728亿人，同比增加0.576亿人，同比增长率约为18.3%（见图4）；而2020年末月活跃用户以及月付费用户的数量分别达0.726亿人以及0.04亿人，同比增长率分别为8.5%以及34.1%。此外，2020年全年的日均咨询量较2019年同比上涨了

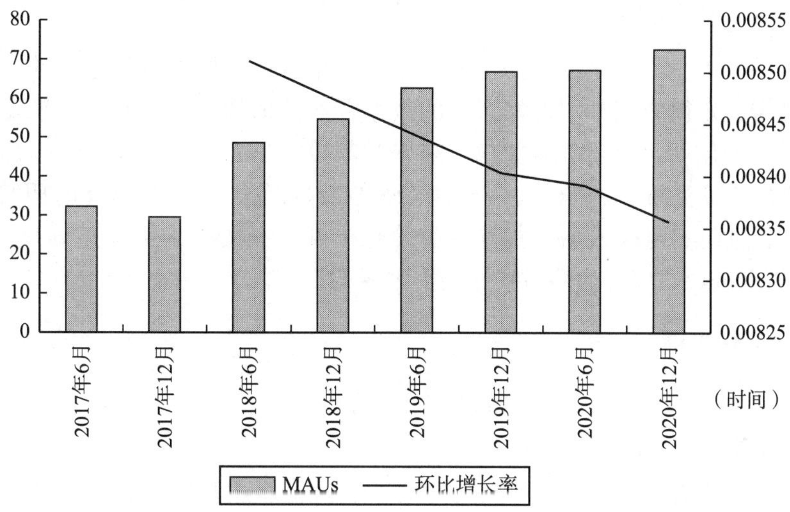

图3　2017年6月～2020年12月平安好医生各半年期月活跃用户数量与环比增长率

资料来源：平安好医生年报、中期报告。

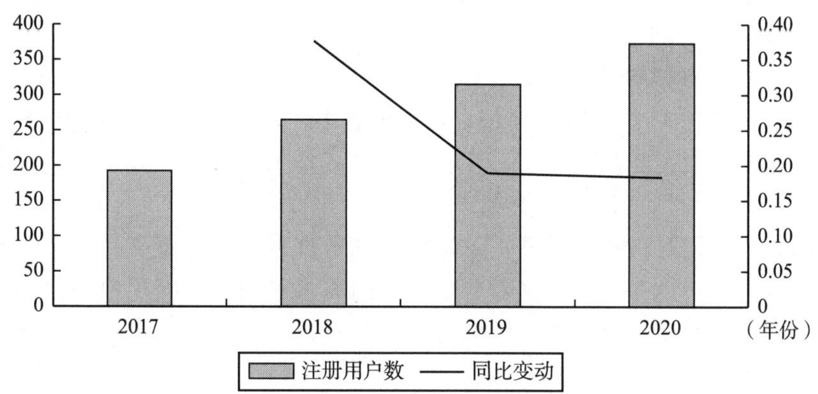

图4　2017～2020年平安好医生注册用户数量及同比变动

资料来源：平安好医生年报、中期报告。

23.9%，为90.3万人。由于其持续精细化运营在线用户流量，尤其重视在线医疗领域内用户资源的变现，2020年，其付费用户的平均转化率可达4.9%，较2019年的4.0%，共计提升0.9%，其中，医疗付费占比35.1%，而日处方的销售单量同2019年相比上涨幅度高达88%。

作为互联网医疗行业的领军企业，面对巨大市场机遇，平安好医生通过“自有医疗团队+AI赋能医疗”的双轮驱动，实现在线医疗服务质的保证和量的提升；通过医疗服务的引流，获得了大量具有真实医疗服务、产品需求的用户，数据资产不可估量，形成以在线医疗为核心，多样的服务、产品形式进行变现的一站式服务平台。

（二）改进的 Schwartz - Moon 模型评估

上一章中，本文已经验证了梅特卡夫定律对平安好医生的适用性，可以将梅特卡夫定律应用于平安好医生的数据资产价值评估中。此外，平安好医生虽处于初创期，但在疫情催化、利好政策以及国家“三医联动”[①] 加速落地带来的市场机遇下，其经营性亏损已经在持续收窄，并在2023年有望实现盈亏平衡，进而实现收入增速加速。为简化模型，本文在使用修正 Schwartz - Moon 模型进行估值时忽略亏损结转对纳税的影响。

1. 评估参数

修正 Schwartz - Moon 模型的参数取值如下：

（1）期初月活跃用户（N_0）

根据平安好医生2020年年报公布的12月活跃用户数量，得到期初月活跃用户 $N_0 = 72.6$ 百万人。

（2）期初可用现金（X_0）

根据平安好医生2020年年报资产负债表中现金及现金等价物，得到期初现金 $X_0 = 4217.265$ 百万元。

（3）期初固定资产（P_0）

根据平安好医生2020年年报资产负债表中固定资产净值，得到期初固定资产 $P_0 = 179.410$ 百万元。

（4）期初月活跃用户增长率（θ_0）

考虑到期初月活跃用户增长率选取近期数据较有参考意义，本文在此选取平安好医生距离评估基准日两个半年期的算术平均月活跃用户环比增长率作为期初月活跃用户增长率，可得 $\theta_0 = 7.93\%$。

（5）长期月活跃用户增长率（$\bar{\theta}$）

一般认为社交媒体类在度过用户的快速增长期后，其用户增长率便会趋

① 医保体制改革，卫生体制改革与药品流通体制改革联动，即医疗、医保、医药改革联动，简称“三医联动”。

于平缓，最终稳定在一个较为平稳的数值。对于平安好医生而言，能够成为其用户的前提是该用户需使用互联网，这便注定了社交媒体用户数量的天花板与互联网网民的数量息息相关。由于平安好医生的用户绝大部分都是国内用户，因此本文参照国内互联网网民的增长率获取长期月活跃用户增长率。根据 CNNIC 第 46 次《中国互联网络发展状况统计报告》，2016 年 12 月至 2020 年 12 月的中国互联网网民数量及环比增长率如表 5 所示。

表 5　　2016 年 12 月至 2020 年 12 月中国互联网网民数量及环比增长率

统计时间	网民数量（万人）	环比增长率（%）
2016 年 12 月	73125	—
2017 年 6 月	75116	—
2017 年 12 月	77198	5. 57
2018 年 6 月	80166	6. 72
2018 年 12 月	82851	7. 32
2019 年 6 月	85449	6. 59
2020 年 6 月	93984	9. 99
2020 年 12 月	98899	—

资料来源：CNNIC 中国互联网络发展状况统计调查。

根据表 5 可知，近年来，我国互联网网民数量增长已趋于稳定，可以作为长期月活跃用户增长率的参考。本文取 2016 年 12 月至 2020 年 12 月中国互联网网民的平均增长率作为长期月活跃用户增长率，有 $\bar{\theta}=7.24\%$。

（6）期初月活跃用户波动率（σ_0）

根据平安好医生 2017 年 6 月至 2020 年 12 月活跃用户数量的历史数据，计算月活跃用户环比增长率的标准差，可得期初月活跃用户波动率 $\sigma_0=27.24\%$。

（7）长期月活跃用户波动率（$\bar{\sigma}$）

根据风险中性假设，当社交媒体进入稳定期后，月活跃用户的波动率将明显降低。前文指出互联网网民数量构成了社交媒体用户数量的天花板，因此本文取互联网网民数量的波动率作为长期月活跃用户波动率，通过计算中国互联网网民数量的增长率的标准差取得，可得长期月活跃用户波动率 $\bar{\sigma}=1.49\%$。

（8）月活跃用户增长率的波动率（ω）

通过计算平安好医生 2017 年 6 月至 2020 年 12 月的月活跃用户环比增长率差额的标准差取得，得到 $\omega=29.27\%$。

（9）用户资源变现系数（Q）

用户资源变现系数 Q 取平安好医生收入与月活跃用户拟合函数的斜率系

数，有 Q = 0.6298。

（10）与用户数无关的其他收入（Q_0）

与用户数无关的其他收入 Q_0 取平安好医生收入与月活跃用户拟合函数的截距系数，有 $Q_0 = 137.0434$。

（11）收入随机误差的标准差（ξ_1）

在平安好医生收入与月活跃用户拟合函数的残差和的基础上计算而来，由于回归分析的样本容量为 8，故有 $\xi_1 = \sqrt{\frac{0.026}{8-2}} = 0.0269$。

（12）用户资源成本系数（C）

用户资源成本系数 C 取平安好医生成本与月活跃用户拟合函数的斜率系数，有 C = 0.4843。

（13）与用户数无关的其他成本（C_0）

与用户数无关的其他成本 C_0 取平安好医生成本与月活跃用户拟合函数的截距系数，有 $C_0 = 30.2612$。

（14）成本随机误差的标准差（ξ_2）

在平安好医生成本与月活跃用户拟合函数的残差和的基础上计算而来。

$\xi_2 = \sqrt{\frac{0.0001}{8-2}} = 0.00167$。

（15）折旧率（DR）与资本性支出率（CR）

根据平安好医生 2020 年年报，固定资产在其寿命周期内采用直线法进行折旧计提，总值为 166.265 百万元，其中办公与通信设备一项为 128.698 百万元，综合考虑选取折旧年限 4 年。由于直线法折旧计提，残值率为 5%，故每年的折旧率为（1 − 5%）/4 = 23.75%，每半年的折旧率 DR = 11.875%。

表 6 是平安好医生 2017 ~ 2020 年的资本性支出率，可以发现资本性支出与营业收入的关联性较低，资本性支出率整体呈现不断下降的趋势，这是由于平安好医生作为互联网类企业，本身具有轻资产的特性，其资本性支出主要用于采购办公与通信设备，考虑到平安好医生目前正处于高速增长期，可以预见资本性支出率的占比未来会有进一步下降，在此取资本性支出率 CR = 1%。

表 6　　2017 ~ 2020 年平安好医生资本性支出率

年份	资本性支出（百万元）	营业收入（百万元）	资本性支出率（%）
2017	117.53	1868.021	6.30
2018	197.517	3337.849	5.92
2019	131.239	5065.429	2.59
2020	73.169	6865.987	1.07

数据来源：平安好医生年度报告。

（16）企业所得税率（τ_C）

根据平安好医生财务年报，企业所得税税率为 $\tau_C = 25\%$。

（17）无风险利率（r）

本文选取 10 年期国债收益率为无风险利率。根据英为财情网，可知 2020 年 12 月 31 日的 10 年期国债收益率为 3.203%，将其折算为半年收益率，确定无风险利率 $r = 1.05\%$。

（18）市场期望报酬率（r_m）

由于平安好医生在香港上市，因此市场期望报酬率的值通过计算恒生指数得到。通常取基准日前 10 年几何平均报酬率作为市场报酬率，本文取 2010 年 12 月至 2020 年 12 月的半年度几何平均收益率作为市场风险溢价的近似，有 $r_m = 1.71\%$。

（19）风险溢价（λ）

本文假设模型中的风险溢价是由月活跃用户的不确定性所带来的，施瓦茨和穆恩（Schwartz and Moon）认为，这一类的风险溢价是无法观测的，但可以通过计算股票价格的收益率与市场指数报酬率的相关系数来代替。本文选取平安好医生 2017 年 1 月至 2020 年 12 月月收益率，与标的恒生指数进行回归分析，求得 $\beta = 0.5$，进而有风险溢价 $\lambda = \beta \times (r_m - r) = 0.33\%$。

（20）估算期间（T）和时间增量（Δt）

平安好医生是我国互联网医疗的龙头企业之一，在国内具有绝对的领军地位，但是近年来互联网行业竞争日益激烈，也对平安好医生用户的使用时长造成了不少冲击。基于上述考虑，并参考收益法通常取 5 年作为清晰预测期，本文假设平安好医生可以获得超额利润的时间为 5 年。根据企业历史数据的可获得性，以及对梅特卡夫定律拟会时样本容量的充足性考虑，本文以半年为单位进行蒙特卡洛模拟，取估算期间 $T = 10$，时间增量 $\Delta t = 1$。

（21）均值回归系数（κ）

取平安好医生能够获得超额收益的时间为估算期间 T，则半衰期即为 2.5 年，故有

$$\kappa = \frac{\ln 2}{(4 \times 0.5)} = 0.3466。$$

综上所述，可以得到主要参数取值如表 7 所示。

表 7　　模型主要参数取值以及获取方法

参数	取值	获取方法
N_0	72.6	平安好医生 2020 年年报公布的 12 月活跃用户数量
θ_0	7.93%	2020 年 12 月月活跃用户环比增长率作为期初月活跃用户增长率

续表

参数	取值	获取方法
$\bar{\theta}$	7.24%	取2016年12月至2020年12月中国互联网网民的平均增长率
σ_0	27.24%	平安好医生2017年6月至2020年12月活跃用户数量的历史数据
$\bar{\sigma}$	1.49%	中国互联网网民数量的增长率的标准差
ω	29.27%	2017年6月至2020年12月的月活跃用户环比增长率差额的标准差
Q	0.6298	平安好医生收入与月活跃用户拟合函数的斜率系数
Q_o	137.0434	平安好医生收入与月活跃用户拟合函数的截距系数
ξ_1	0.0269	由平安好医生收入与月活跃用户拟合函数的残差和计算而来
C	0.4843	平安好医生成本与月活跃用户拟合函数的斜率系数
C_0	30.2612	取平安好医生成本与月活跃用户拟合函数的截距系数
ξ_2	0.00167	由平安好医生成本与月活跃用户拟合函数的残差和计算而来
X_0	4217.265	资产负债表，2020年半年报中现金及现金等价物
P_0	179.410	资产负债表，2020年半年报中固定资产净值
τ_C	25%	平安好医生2020年年报，企业所得税率
r	1.05%	评估基准日当日10年期国债收益率
κ	0.3466	平安好医生领先行业的时间为估算期间T，则半衰期为2年
DR	11.875%	依据平安好医生公布的固定资产折旧政策
CR	1%	参考企业近年来的资本率支出取得
λ	0.33%	平安好医生股票的β值与市场风险溢价的乘积
T	10	预计企业获取超额利润的时间为5年，10个半年期
Δt	1	根据可获得数据取得，设置为半年

2. 评估结果

改进的Schwartz－Moon模型将使用Matlab进行蒙特卡洛模拟辅助计算，带入表7中参数取值，重复模拟20000次，得到企业数据资产价值的分布图（见图5）。

取蒙特卡洛模拟所得的平均值作为企业数据资产价值的期望值，平安好医生于评估基准日的数据资产价值为879.2亿元。而此时平安好医生的市值为1002亿元，基于修正Schwartz－Moon模型得到的结果占市值87.74%。

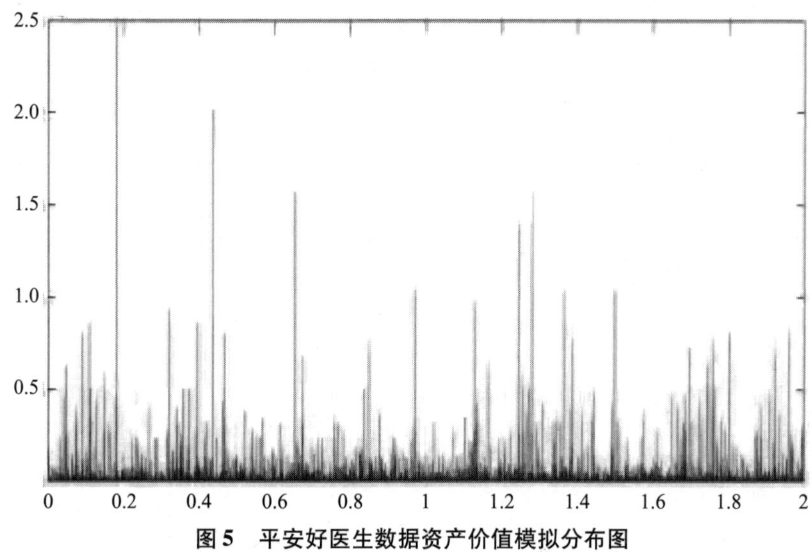

图 5　平安好医生数据资产价值模拟分布图

3. 敏感性分析

在使用修正 Schwartz - Moon 模型进行企业数据价值评估时，有许多参数需要预先取值。这些参数中，可以通过企业公布的报告直接取得一些，其余的参数中，一部分可以通过权威的截面数据近似取得，另一部分则需要进行主观估计。参数取值的准确性对最后评估结果的准确性存在一定影响，参考荼洪旺（2018）的研究，后文将通过敏感性分析，找出影响企业数据价值的重要参数（见表 8）。

表 8　与企业数据资产价值相关的影响参数敏感性分析　单位：%

参数	-30%	20%	-10%	10%	20%	30%
	参数变动时数据资产价值的变动率					
θ_0	-17.89	9.83	4.63	19.54	20.3	22.94
$\bar{\theta}$	-14.17	-9.02	-4.73	11.16	17.72	18.70
ω	-58.61	-46.60	-25.89	41.65	157.58	542.17
Q	-98.71	-83.23	-41.38	38.18	80.18	115.06
T	-71.51	-54.94	-30.59	32.01	81.79	181.78
σ_0	-1.87	1.29	3.16	3.72	7.73	7.80
$\bar{\sigma}$	-2.37	-0.90	3.55	4.08	0.51	-0.08
C	118.86	60.44	27.81	-30.43	-65.50	-96.18
r	5.79	2.31	-3.48	0.34	-3.70	-1.74
κ	402.03	145.43	76.06	-24.69	-43.61	-50.52

续表

参数	-30%	-20%	-10%	10%	20%	30%
	参数变动时数据资产价值的变动率					
CR	10.57	9.73	7.53	2.03	-0.41	-8.55
λ	3.01	-1.37	-1.40	11.20	0.34	-3.32

由上述结果（见图6、图7）可知，对数据资产价值有较大影响的参数及其所在的过程主要有：

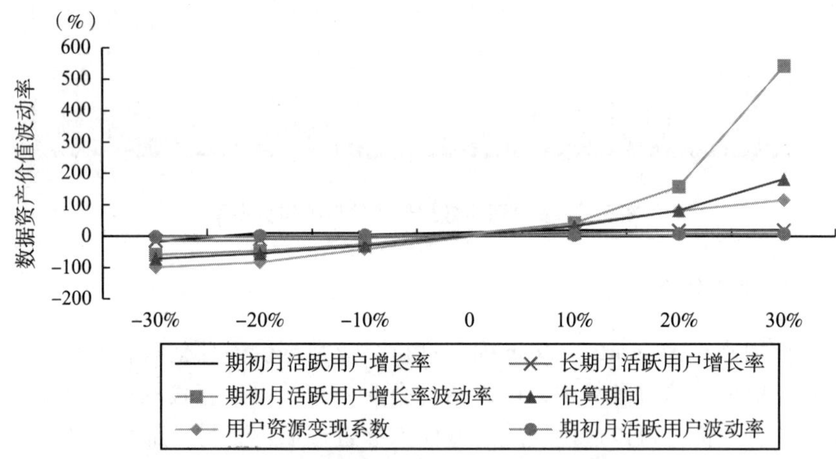

图6 与数据资产价值正相关的影响参数敏感性分析

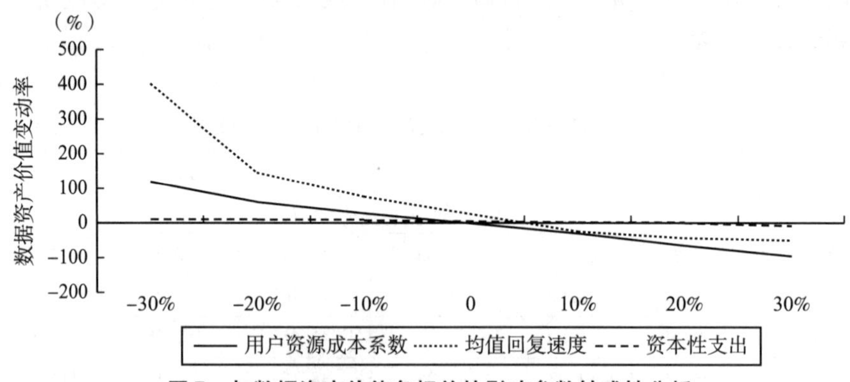

图7 与数据资产价值负相关的影响参数敏感性分析

（1）月活跃用户预测过程

在月活跃用户预测过程中，与数据资产价值正相关的参数按影响大小排列依次为期初月活跃用户增长率波动率 ω、期初月活跃用户增长率 θ_0、长期月活跃用户增长率 $\bar{\theta}$、期初月活跃用户波动率 σ_0。另外一个参数长期月活跃用户波动率对价值的影响呈现波动趋势，但其对数据资产价值影响十分有限，几乎可以忽略不计。

根据梅特卡夫定律，收入、成本均与月活跃用户的平方存在线性逻辑关系，月活跃用户的增加最终会使得企业的盈利能力上升，从而导致数据资产价值的增加。因此互联网医疗类企业应及时反馈用户需求，着力提升用户体验，尽最大努力维持原有用户及吸引新用户。

（2）收入过程

用户资源变现系数 Q 的变动对于数据资产价值具有较明显的正向影响。根据梅特卡夫定律，收入与月活跃用户的平方成正比，因此用户资源变现系数 Q 的变动会对企业的收入造成直接影响，从而导致价值发生变动。本文中用户资源变现系数 Q 是由企业自身数据拟绘而来，并非主观估计，对该项系数进行敏感性分析旨在印证用户对于平安好医生这类互联网医疗类 App 的重要性。

（3）成本过程

用户资源成本系数 C 的变动对于价值具有十分显著的负向影响。根据梅特卡夫定律，成本与月活跃用户的平方成反比，用户资源成本系数 C 的增大意味着企业为吸引、维持用户需要付出更大的成本，从而导致价值反向变动。本文中用户资源成本系数 C 同样是由企业自身数据拟绘而来，非主观估计。

（4）均值回归系数 κ

均值回归系数 κ 代表月活跃用户增长率等参数回复到行业平均水平的速度，与数据资产价值负相关。κ 越小，代表参数回复到行业均值的时间越长，代表企业所推出的产品具有更长的生命周期，与同行业相比具有更强的竞争力，从而具有更高的价值。因此平安好医生需要不断改进产品及用户体验，提升自己的竞争力，才能具有较高的价值。本文中，均值回归系数 κ 取值取决于估算期间 T，T 越大，则均值回归系数 κ 越小。

（5）估算期间 T

估算期间 T 与数据资产价值正相关，同时对价值影响较大。估算期间 T 越大，说明企业能够获得超额利润的时间越长，代表企业对于市场的开拓越有成效，从而有更多的机会扩大用户规模。随着用户规模逐渐扩大，网络效应将会越发明显，使得企业能够获取更多的超额利润，从而提升自身的价值。

通过上述敏感性分析，可以发现对数据资产价值影响较大的参数有：期初月活跃用户增长率波动率 ω、用户资源变现系数 Q、用户资源成本系数 C、均值回归系数 κ 及估算期间 T。其中期初月活跃用户增长率波动率和均值回归系数对价值的影响最为剧烈，在上述参数中，仅估算期间 T 需进行主观估计，其余参数均是在企业自身数据、宏观数据或其他参数的基础上获取或计算而来，取值较为客观，能够很好地避免互联网医疗类行业上市公司少，截面数据参考价值少，取值较为主观等问题。

（三）评估结论

本章首先对评估对象平安好医生进行了简要介绍，认为平安好医生在互联网医疗行业中十分具有代表性，且其成长特征符合梅特卡夫定律，在经营发展过程中存在较大不确定性，十分符合修正模型的适用特征。随后，本文使用修正 Schwartz - Moon 模型对平安好医生的价值进行了评估。本章的案例研究有如下结论：

第一，修正的 Schwartz - Moon 模型具有良好的适用性，同时证明了基于梅特卡夫定律展开预测是可行的。本章使用基于梅特卡夫定律的修正 Schwartz - Moon 模型对平安好医生的数据资产价值进行了评估，得到了较好的评估结果，除了说明 Schwartz - Moon 模型具有很好的适用性之外，同时也说明了通过梅特卡夫定律预测收入与成本具有合理性。

第二，用户资源在一定程度上代表了互联网医疗类企业的市场地位、竞争能力。依据梅特卡夫定律，通过线性回归分析可以得到企业收入、成本与月活跃用户数量的平方的线性逻辑关系，使得从用户的角度对企业的收入与成本展开预测成为了可能。该方法从企业自身特点出发，无须考虑对行业整体情况进行考虑，这对于处于成长期、历史数据少且可比对象稀缺的互联网医疗类行业尤为重要。

第三，修正 Schwartz - Moon 模型从用户的角度出发，基于用户对企业发展经营存在的不确定性进行考量，体现了用户对该类企业的重要性。通过引入梅特卡夫定律，可以根据月活跃用户对企业未来的收入与成本展开预测。月活跃用户增长率较收入增长率的变化更为连续平稳，并且一家互联网医疗平台用户数量的天花板与网民数量息息相关，在互联网医疗行业发展不成熟，行业数据少的大背景下，修正模型使用的月活跃用户增长率相关参数的取值比较客观可信。借助蒙特卡洛模拟计算，又可以将市场中存在的风险与企业价值统筹结合。以上过程环环相扣，能够较为全面地对互联网医疗类企业的特点进行考量，对于该类企业的数据资产价值评估具有良好的适用性。

六、研究结论

本文在对互联网企业平安好医生分析的基础上，指出用户资源对于互联网医疗类企业的重要性，并将 Schwartz - Moon 模型与梅特卡夫定律相结合的方法来评估互联网医疗类企业的数字资产价值。基于此，本文着重对 Schwartz - Moon 模型的适用性及局限性展开了分析，并以实例对梅特卡夫定律的科学性进行了验证。在此基础上，将月活跃用户变量引入 Schwartz - Moon 模型，依据梅特卡夫定律对 Schwartz - Moon 模型的收入与成本过程进行了修正。对梅特卡夫定律与已有评估方法的结合进行了初步探索，并希望为互联网医疗类企业的资本运作中涉及的数字资产价值评估起到良好的借鉴作用。

本文的研究结论主要如下：

第一，传统的评估方法难以适用于互联网医疗类企业数字资产价值的评估。互联网医疗类企业作为互联网行业的一员，具有发展速度快、风险高、网络效应显著等与传统行业迥异的特点，并且用户资源在该类企业中发挥着举足轻重的作用，使得传统的评估方法在实际应用时难以该类企业的发展特征，无法很好地适用于该类企业数字资产的价值评估。

第二，Schwartz－Moon 模型基于实物期权思想与现代资本预算理论建立，针对处于成长期的互联网企业的价值评估问题提出，能够很好地对互联网医疗类企业经营发展存在的不确定性进行度量，较为适用于互联网企业的数字资产价值评估。但是，由于本文选取的评估对象平安好医生整体仍处于发展阶段，可供参考的历史数据十分有限，部分参数取值难以做到客观公允。

第三，梅特卡夫定律为预测企业的收入与成本开辟了崭新的思路。此前已经有学者证明，梅特卡夫定律能够对部分企业的收入、成本与月活跃用户数量的关系作出很好的逻辑解释，并且具有很高的可信度。本文以平安好医生作为实例，再次验证了梅特卡夫定律的科学性，并在此基础上将其融入Schwartz－Moon 模型，以梅特卡夫定律为依据对收入与成本展开预测，对梅特卡夫定律与已有评估模型的结合进行了探索。

第四，本文将基于梅特卡夫定律的修正 Schwartz－Moon 模型应用于平安好医生数字资产的价值评估中，取得了较好的评估结果，初步证明了将梅特卡夫定律引入企业数字资产评估领域的合理性。

参考文献

[1] 闭珊珊，杨琳，宋俊典．一种数据资产评估的 CIME 模型设计与实现 [J]. 计算机应用与软件，2020，37 (9)：27－34.

[2] 蔡飞．市销率指标在股票投资决策中的应用 [J]. 财会月刊，2008 (6)：19－20.

[3] 茶洪旺，袁航．中国大数据交易发展的问题及对策研究 [J]. 区域经济评论，2018 (4)：89－95.

[4] 黄乐，刘佳进，黄志刚．大数据时代下平台数据资产价值研究 [J]. 福州大学学报（哲学社会科学版），2018，32 (4)：50－54.

[5] 李满海，辛向阳．数据的价值层次和设计模式 [J]. 包装工程，2019，40 (2)：134－137.

[6] 李永红，张淑雯．数据资产价值评估模型构建 [J]. 财会月刊，2018 (9)：30－35.

[7] 刘洪玉，张晓玉，侯锡林．基于讨价还价博弈模型的大数据交易价格研究 [J]. 中国冶金教育，2015 (6)：86－91.

[8] 倪渊，李子峰，张健．基于 AGA－BP 神经网络的网络平台交易环境下数据资源价值评估研究 [J]. 情报理论与实践，2020，43 (1)：135－142.

[9] 石艾鑫，都鼎，谢靖．互联网企业数据资产价值评估体系的构建 [J]. 时代金融，2017 (14)：109－112.

［10］宋杰鲲，张业蒙，赵志浩．企业数据资产价值评估研究．会计之友，2021 (13)：22－27.

［11］王竞达，刘中山．现金流折现模型在医药行业公司价值评估中的适用性研究［J］. 财会通讯，2010 (30)：97－99，118.

［12］王笑笑，郝红军，张树臣，王京．基于模糊神经网络的大数据价值评估研究［J］科技与管理，2019，21 (2)：1－9.

［13］袁丽．“PE＋上市公司”模式对公司异常收益的影响研究［J］. 财会通讯，2019 (23)：54－58.

［14］曾丽婷．基于梅特卡夫模型的互联网初创企业价值评估［J］. 财会通讯，2019 (23)：58－62.

［15］张驰．数据资产价值分析模型与交易体系研究［D］. 北京：北京交通大学，2018.

［16］张咏梅，穆文娟．大数据时代下金融数据资产的特征及价值分析［J］. 财会研究，2015 (8)：78－80.

［17］张志刚，杨栋枢，吴红侠．数据资产价值评估模型研究与应用［J］现代电子技术，2015，38 (20)：44－47，51.

［18］赵子瑞．浅析国内大数据交易定价［J］. 信息安全与通信保密，2017 (5)：61－67.

［19］翟丽丽，王佳妮．移动云计算联盟数据资产评估方法研究［J］. 情报杂志，2016，35 (6)：130－136.

［20］郑建明，范黎波．不确定性、实物期权与企业价值——基于简约 Schwartz－Moon 模型的分析［J］. 数学的实践与认识，2008 (5)：42－48.

［21］周芹，魏永长，宋刚，陈方宇．数据资产对电商企业价值贡献案例研究［J］中国资产评估，2016 (1)：34－39.

［22］祝子丽，倪杉．数据资产管理研究脉络及展望——基于 CNKI 2002—2017 年研究文献的分析［J］. 湖南财政经济学院学报，2018，34 (6)：105－115.

［23］邹照菊．关于大数据资产计价的若干思考［J］. 财会通讯，2018 (28)：35－39.

［24］左文进，刘丽君．大数据资产估价方法研究——基于资产评估方法比较选择的分析［J］. 价格理论与实践，2019 (8)：116－119，148.

［25］Attard J，Orlandi F，Auer S. Data Value Networks：Enabling a New Data Ecosystem［C］. IEEE/WIC/ACM International Conference on Web Intelligence. Omaha：IEEE，2017：453－456.

［26］Aye G，Gupta R，Hammoudeh S，et al.. Forecasting the Price of Gold Using Dynamic Model Averaging［J］. International Review of Financial Analysis，2015，41：257－266.

［27］Gunther W A，Mehrizi M H R，Huysman M，et al.. Debating Big Data：A Literature Review on Realizing Value from Big Data［J］. The Journal of Strategic Information Systems，2017，26 (3)：191－209.

［28］Heckman J R，Boehmer E L，Peters EH，et al.. A Pricing Model for Data Markets［C］. iConference 2015 Proceedings. California：ISchools，2015：1－12.

［29］Liang Fan，Yu Wei，An Dou，et al.. A Survey on Big Data Market：Pricing,

Trading and Protection [J]. IEEE Access, 2018 (6): 15132 - 15154.

[30] Niyato D, Alsheikhm A, Wang P, et al.. Market Model and Optimal Pricing Scheme of Big Data and Internet of Things (lol) [C]. 2016 IEEE International Conference on Communications (ICC). Kuala Lumpur: IEEE, 2016: 1 - 6.

[31] Richard E. Peters. A Cross Section Study of the Demand for Money: The United States, 1960 - 1962 [J]. The Journal of Finance. 1974 (1): 73 - 88.

[32] Riederer C, Erramilli V, Chaintreau A, et al.. For Sale: Your Data by: You [C]// Proceedings of the 10th ACM Workshop on Hot Topics in Networks. Cambridge: ACM, 2011: 72 - 78.

[33] Schwartz E, Moon M. Rational Pricing of Internet Companies [J]. Financial Analysis Journal, 2000, 56 (3): 62 - 75.

期权定价法在新药研发项目价值评估中的应用

崔　劲　殷　霞　豁秋菊*

内容提要：新药研发项目具有显著的多阶段投入与开发特性，加上其获利能力和收益实现的不确定性较强，致使传统资产评估方法在新药研发项目价值评估中的应用受到诸多限制。多阶段复合期权定价法将各阶段投资视为其后一阶段投资的看涨期权，以新药研发项目作为一个复合期权组，利用二叉树方法对每一阶段投资的期权价值进行评估，最终能够较为合理地估算新药研发项目的价值。

新药研发项目在实现商业化推广之前，通常需要历经多个研发阶段，如临床前研究、三期临床试验、药监局（food and drug administration，FDA）审批等，而各阶段在执行时间上有先后承接性，即后一阶段的开展依赖于前一阶段的顺利实施，前一阶段一旦失败后一阶段将无法继续。对于尚处于临床试验阶段甚至仍在进行临床前研究的新药研发项目来说，其未来投资以及投资所产生的收益情况具有高度的不确定性，加之各研发阶段之间存在明显的相互依存关系，使得传统评估方法在新药研发项目评估中的适用性较差，而期权定价法中的二叉树模型可以较好地解决这一问题。本文将以此为研究对象，探讨期权定价模型在新药研发项目价值评估中的应用。

一、新药研发项目的期权特性

新药研发项目具有明显的多阶段特性，主要包括立项、临床前研究、临床试验、药监局审批、商业化推广等几个阶段，每个阶段的主要内容如图 1 所示。

* 崔劲，北京天健兴业资产评估有限公司，执行董事/首席评估师，研究专长：资产评估；殷霞，北京天健兴业资产评估有限公司，研发总监，研究专长：资产评估；豁秋菊，北京天健兴业资产评估有限公司，高级研发经理，研究专长：资产评估。

立项	临床前研究	临床试验	药监局审批	商业化推广
新药研发的开端，为开发出新药，企业需要具备较高的科研水平，并投入大额资金入，很多项目在该阶段就被放弃。	新药研发过程中难度最大且最为复杂的阶段，针对新药进行一系列非人体试验研究，包括药代动力学和安全性测试。 该阶段完成后，企业需要向药监局提出临床试验申请，审评通过后方可进入临床试验阶段。	临床试验I期：以小规模健康志愿者为试验对象，进行初步临床药理学和人体安全性测试。 临床试验II期：以一定规模病人为试验对象，做进一步有效性和安全性测试。 临床试验III期：扩大病人试验样本规模，观察不良反应，为新药注册申请提供有力依据。	向药监局提交新药申请，若顺利通过药监局审批，会得到药监局颁发的新药证书，表示该新药可以在市场上进行流通。	企业对新药进行市场推广，为扩大销售额做进一步投入和研究，包括剂型以及针对儿童用药的剂量等。

图1　新药产品研发项目各阶段主要内容

在新药研发过程中，企业需要根据前一阶段的投资效果决定是否进行下一阶段的追加投资。比如，在立项阶段，企业一旦决定投资进行新分子实体药物研发，就获得了临床前研究的投资机会，此时立项阶段的投资就称为临床前研究的看涨期权；同样地，临床前研究的投资就成为临床试验阶段的看涨期权，以此类推，直到企业成功获得药监局的新药审批，并将新药成功推向市场，新药销售产生的现金流则成为各阶段一系列投资的价值基础。因此，新药研发的过程可以看作是一系列看涨期权的组合，由于各看涨期权有时间上的承接性，又可以称之为序列复合看涨期权（sequential compound call options）。

二、新药研发项目的价值评估模型

隐含在多阶段新药研发项目中的序列复合看涨期权与单一看涨期权的标的资产在类别和数量上有明显不同，单一看涨期权的标的资产是某一种金融资产或实物资产，而序列复合看涨期权的标的资产同时包含实物资产和金融资产，其中金融资产通常是由实物资产衍生的看涨期权。对于一个三阶段复合期权来说（如图2所示），期权1的标的资产是可上市的项目产品，期权2的标的资产是期权1，期权3的标的资产是期权2。因此，序列复合期权的结构模式决定了新药研发项目评估的复杂性。目前，实务中评估序列复合期权的方法主要有两种：一种是盖斯克（Geske）复合期权模型；另一种是二叉树模型。

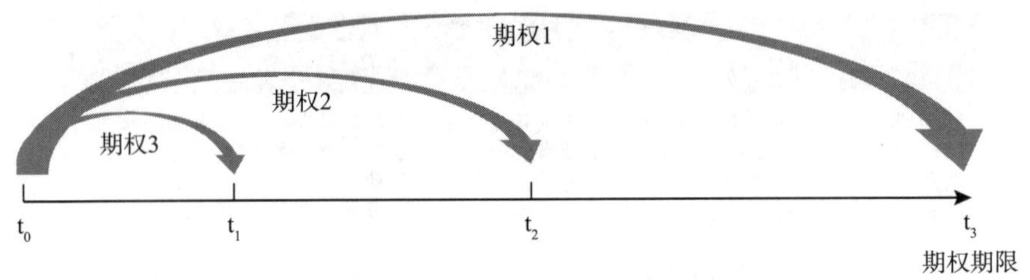

图2　三阶段序列复合期权结构

（一）Geske 复合期权模型

盖斯克（Geske，1979）① 基于连续时间和欧式看涨期权假设，在 BS 模型的基础上推导出了评价风险投资决策的复合期权定价模型，该模型将项目投资决策过程划分为两个阶段（初始投资除外），包括两个欧式看涨期权：在第一个到期日 t_1，复合期权持有人有权支付 K_1 的执行价格（第一阶段投资额）来获得看涨期权，该看涨期权赋予期权持有人按第二个执行价格 K_2（第二阶段投资额）在第二个到期日 t_2 买入资产或将产品推向市场的权利。如图 3 所示。

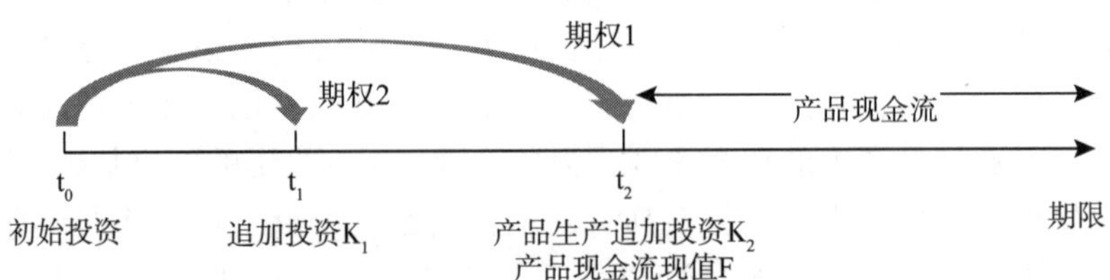

图3　Geske 模型示意图

基于上述假设，盖斯克给出了两阶段复合期权的定价模型，公式如下：

$$C = Fe^{-rt_2}M(a_1, b_1; \rho) - K_2e^{-rt_2}M(a_2, b_2; \rho) - K_1e^{-rt_1}N(a_2)$$

其中，F 为标的资产在 t_2 时刻的现金流现值，可以通过财务预测采用 DCF 模型进行测算；K_1、K_2 为对应的执行价格（或投资额）；$M(a, b; \rho)$ 代表第一个变量小于 a、第二个变量小于 b、两个变量相关系数为 ρ 的二元正态累积分布函数，该函数的测算需要用到复杂的程序处理过程；$N(a_2)$ 为标准正态分布的累积函数。

令 $Fe^{-rt_2} = S_0$，即将标的资产在 t_2 时刻的现金流现值折现到当前时点 t_0，则上式转变为：

$$C = S_0M(a_1, b_1; \rho) - K_2e^{-rt_2}M(a_2, b_2; \rho) - K_1e^{-rt_1}N(a_2)$$

其中：

① Geske, R.. The valuation of compound options [J]. Journal of Financial Economics, 1979 (7): 63-81.

$$a_1 = \frac{\ln\left(\frac{S_0}{S_1}\right) + \left(r + \frac{\sigma^2}{2}\right)t_1}{\sigma\sqrt{t_1}}$$

$$b_1 = \frac{\ln\left(\frac{S_0}{K_2}\right) + \left(r + \frac{\sigma^2}{2}\right)t_2}{\sigma\sqrt{t_2}}$$

$$a_2 = a_1 - \sigma\sqrt{t_1}$$

$$b_2 = b_1 - \sigma\sqrt{t_2}$$

$$\rho = \sqrt{t_1/t_2}$$

需要注意的是，a_1 的测算引入了一个未知变量 S_1，其含义可以理解为对应于时间 t_1、期权价值等于 K_1 的标的资产价值，可以用 BS 模型进行求解：

$$K_1 = S_1 N(d_1) - K_2 e^{-r(t_2 - t_1)} N(d_2)$$

$$d_1 = \frac{\ln\left(\frac{S_1}{K_2}\right) + \left(r + \frac{\sigma^2}{2}\right)(t_2 - t_1)}{\sigma\sqrt{t_2 - t_1}}$$

$$d_2 = d_1 - \sigma\sqrt{t_2 - t_1}$$

在上述 Geske 复合期权定价公式中，$S_0M(a_1, b_1; \rho) - K_2e^{-rt_2}M(a_2, b_2; \rho)$ 可以视为期权 2 的标的资产在一定概率密度下的价值。该价值是考虑了两阶段相关关系后期权 1 的价值，即期权 1 成为期权 2 的标的资产，该公式的测算过程恰好体现了复合期权是“期权的期权”的特征。但是，实践中采用 Geske 复合期权定价模型评估多阶段研发项目仍具有较多局限性：首先，该模型是基于欧式期权，即假定只有在到期日才可行使权利，但实践中企业可以根据研发情况和市场状况随时作出是否投资的决策，故采用该模型可能会低估企业研发项目的价值；其次，该模型的测算过程涉及大量参数，尤其是二元正态累积分布函数的测算需要通过编程进行，操作起来较为困难；最后，该模型仅针对两阶段投资决策，对于多阶段新药研发项目而言，直接采用该模型会造成较大的估值偏差，若进行模型拓展则应用起来将更为复杂。因此，Geske 复合期权模型虽在理论上有严密的推导过程，但在新药研发项目价值评估的实际应用中存在一定局限性。

（二）二叉树期权模型

采用二叉树模型对多阶段新药研发项目进行评估，主要过程涉及以下几个步骤：

第一步：明确新药研发项目目前所处阶段，确定新药专利申请、获批情况。一般来说，制药企业的新药研发会在临床前研究阶段进行申请，并从申请之日起获得法律的保护，但新药专利获批往往是一个漫长的过程，而利用新药专利进行产品开发并上市流通更是需要通过临床试验（共 3 期）成功和药监局的审批通过（如图 4 所示），所以新药专利的价值直接受到各阶段能否顺利进行以及是否通过审核的影响。此外，新药发明专利虽然有 20 年的法定有效期，但新药专利实际能够产生现金流的期限可能只有 10 多年甚至更短，这就使得新药研发项目相比其他研发项目的超额获利年限更短，排他性权利期限也更短。

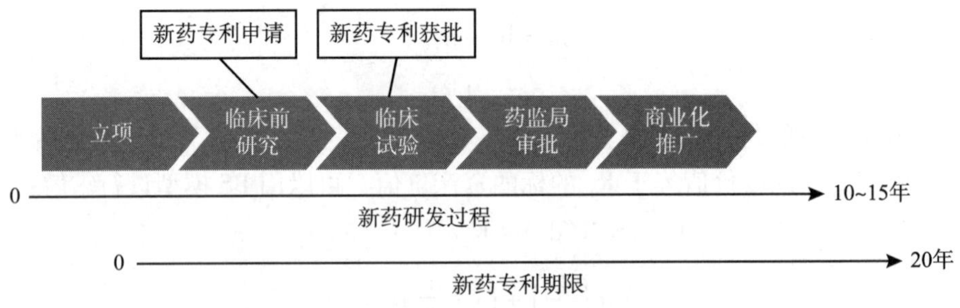

图 4　新药专利申请、获批及实施

第二步：获取各阶段的投资额数据，并对新药产品上市情况进行财务预测，包括新药定价、市场需求等，这一过程需要通过详细的市场尽调和数据分析才能做出较为准确的现金流预测，然后采用 DCF 模型得到新药产品开发项目的净现值，作为期权 1 价值评估时的输入参数 S_0。假设评估时新药开发处于临床试验Ⅱ期，如图 5 所示（后面的操作步骤也以该图信息进行演示说明）。

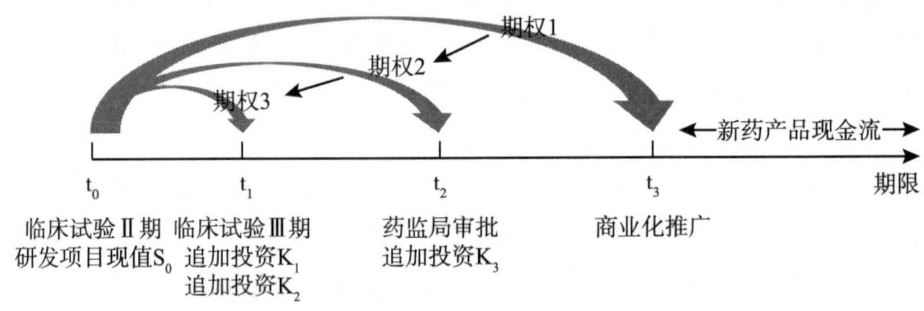

图 5　新药研发项目各阶段期权所需参数及相互之间的关系

第三步：利用二叉树模型模拟期权的标的资产价值走势。该过程与一般二叉树模型无异，不涉及相关的参数修正，模型中的上升因子 u、下降因子 d 及风险中性概率 p_u 表示如下：

$$u = e^{\sigma\sqrt{\Delta t}}$$

$$d = \frac{1}{u}$$

$$p_u = \frac{e^{r\Delta t} - d}{u - d}$$

其中，σ 为新药产品各期现金流波动率的标准差，可以通过蒙特卡洛模拟或利用可比上市公司数据进行测算；Δt 为二叉树的步长时间，Δt = T/n，T 等于期限最长的期权 1 的到期年限，n 为步数，步数越多评估越为准确；r 为无风险收益率。在二叉树模型结构下，每一节点标的资产价值走势（从左至右）如图 6 所示。

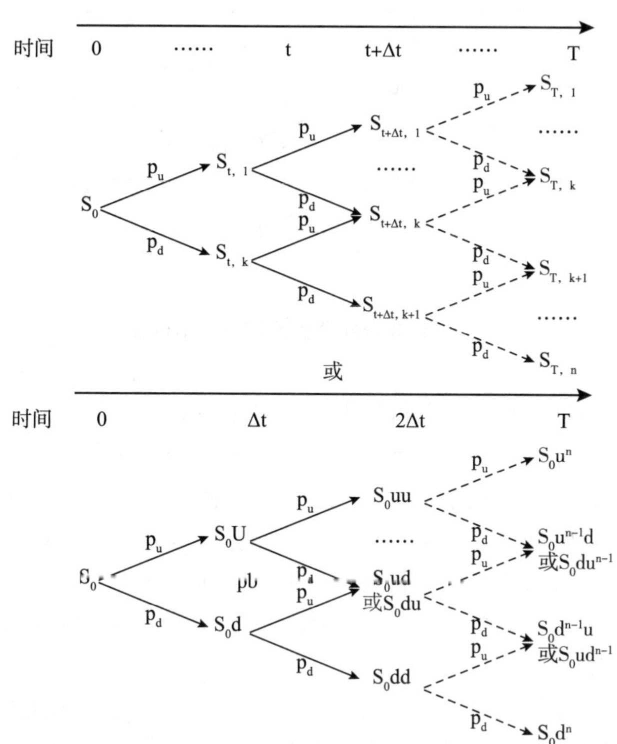

图 6　标的资产价值树形结构图

第四步：测算各阶段对应期权的价值，测算顺序是从期限最长的期权 1 开始，然后是期权 2，最后是期权 3。在二叉树的最后端点，即时刻 T，期权 1 各节点的价值可用下列公式求取：

$$C_{T,k} = \max(S_{T,k} - K,\ 0)$$

其中，$S_{T,k}$为第三步所得新药产品在二叉树上 T 时刻 k 节点的价值，K 为新药产品开发的投资成本（对应图 5 中的 K_3）。期权 1 在各节点的价值要在执行期权（即投入开发）和继续持有之间进行比较，并以较高者作为该节点的期权价值。中间各节点执行期权的价值 $V_{t,k}$和继续持有的价值 $P_{t,k}$分别表示如下：

$$V_{t,k} = \max(S_{t,k} - K,\ 0)$$

$$P_{t,k} = (p_u C_{t+\Delta t,k} + (1 - p_u) C_{t+\Delta t,k+1}) \exp(-r\Delta t)$$

则期权 1 在中间各节点的价值 $C_{t,k} = \max(V_{t,k}, P_{t,k})$。

采用从右至左的方式不断将中间端点各节点的新药研发项目价值向前折现，就能得到将研发项目作为一项看涨期权在各时间点的理论价值，这一过程如图 7 所示。

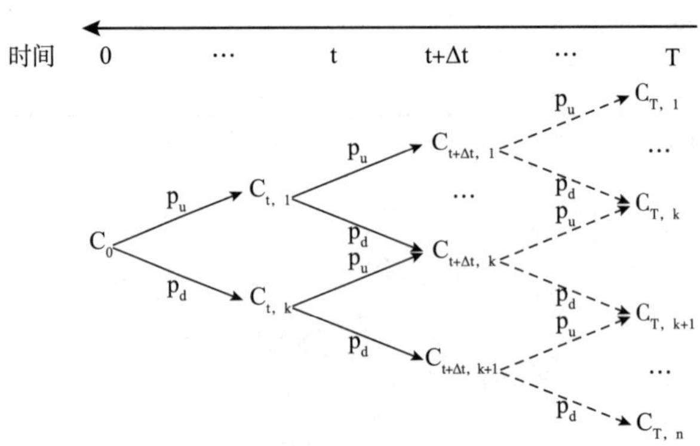

图 7 新药研发项目价值树形结构图

通过上述测算过程，可以得到期权 1 在 $t_0 \sim t_3$ 二叉树结构下各节点的价值，其中 $t_0 \sim t_2$ 的价值即为期权 2 的标的资产价值，重复上述测算过程可以得到期权 2 在 $t_0 \sim t_2$ 区间的价值二叉树。同样地，期权 2 在 $t_0 \sim t_1$ 的价值就成为期权 3 的标的资产价值，然后重复上述测算过程就可得到期权 3 在 t_0 时刻的价值，这就是将新药开发项目视为序列复合期权的理论价值。需要注意的是，在测算期权 2 与期权 1 价值时，执行价格应当是相对应的 K_2 和 K_1（见图 5）。

二叉树模型能够较为清晰地展示各阶段看涨期权的价值走势及相互之间的关联性，有助于企业及时作出合理的投资决策。如果所评估的研发项目包含更多阶段，即涉及更多阶段的序列复合期权，只需要增加上述重复的计算步骤，便可较为便捷地求解期权的理论价值。

三、新药研发项目的价值评估案例分析

仍以三阶段新药研发项目为例，假设某企业的新药研发处于临床试验Ⅱ期且新药专利申请已获批。根据尽调了解的情况，该研发项目临床试验Ⅲ期、药监局审批及实现商业化推广的实现时间分别是 1 年后、3 年后和 5 年后，相应的投资分别需要 3000 万元、9000 万元、21000 万元，通过财务预测分析得到新药研发项目的现金流现值为 25000 万元，市场上相似新药产品年度现金流的波动率为 30%，无风险收益率为 3%。若应用传统 DCF 模型测算该项

目的价值，假设企业折现率（WACC）为9%，则项目净现值等于：

$$NPV = 25000 - \left\{ \frac{3000}{(1+9\%)} + \frac{9000}{(1+9\%)^3} + \frac{21000}{(1+9\%)^5} \right\} = 1649 \text{（万元）}$$

若考虑分阶段投资的不确定性和灵活性能为企业带来的商业价值，结果会是如何呢？下面将采用二叉树模型对上述新药研发项目进行评估，分析二叉树模型在评估新药研发项目中的具体应用。

首先，根据案例信息计算模型所需参数。上述案例的已知信息用图示的形式可表示如图8所示。

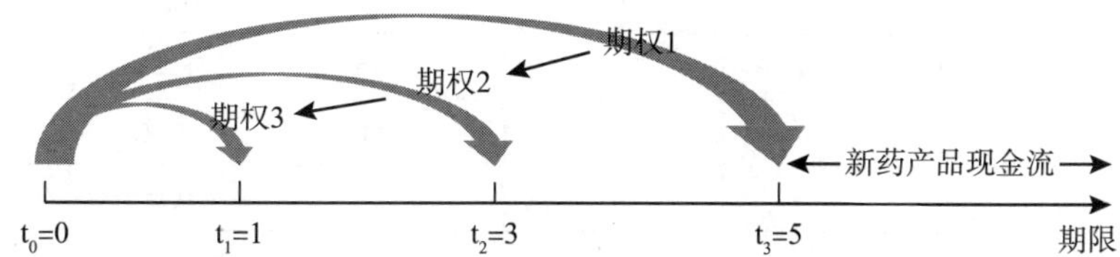

图8　三阶段新药研发项目各阶段期权参数示意图

注：M代表百万元，下同。

已知波动率 $\sigma = 30\%$，无风险利率 $r = 3\%$；构造5步二叉树，则 $\Delta t = 1$ 年，此时上升因子、下降因子及风险中性概率分别为：

$$u = e^{\sigma\sqrt{\Delta t}} = 1.3499$$

$$d = \frac{1}{u} = 0.7408$$

$$p_u = \frac{e^{r\Delta t} - d}{u - d} = 47.56\%$$

其次，计算期限最长的期权1的价值。根据上升因子、下降因子可以计算出期权1的标的资产在各节点的价值，如表1所示。

表1　　期权1的标的资产在各节点的价值　　单位：百万元

0	1	2	3	4	5
250	337.46	455.53	614.90	830.03	1120.42
	185.20	250.00	337.46	455.53	614.90
		137.20	185.20	250.00	337.46
			101.64	137.20	185.20
				75.30	101.64
					55.78

根据期权 1 标的资产的价值，可以计算期权 1 的价值。期权 1 的价值是从树形结构的最后端点开始，将各节点期权持有价值与执行价值进行比较，价值高者为理性决策下该节点的期权价值。根据该思路，得到期权 1 在 $t_0 \sim t_3$ 各节点的价值如表 2 所示。

表 2　　期权 1 在各节点的价值　　单位：百万元

0	1	2	3	4	5
98.25	164.52	266.87	417.13	626.24	910.42
	43.87	81.25	146.12	251.74	404.90
		12.53	27.15	58.83	127.46
			0.00	0.00	0.00
				0.00	0.00
					0.00

期权 1 的价值对应的投资策略如表 3 所示，其中“投资”表示执行新药产品商业化推广投资的价值要高于继续持有该新药专利的价值，反之则不适于进行商业化推广。因期权 2 和期权 1 的价值测算过程尚未执行，最终的投资决策还无法确定，因此利用上述标准判断的药监局审批和临床试验Ⅲ期阶段的操作策略（表中灰色填充区域）不能代表最终的决策选择。

表 3　　商业化推广阶段（期权 1）在各节点的最优投资策略

t_0 ←—临床试验Ⅲ期—→ t_1 ←—药监局审批—→ t_2 ←—商业化推广—→ t_3

0	1	2	3	4	5
不投资	不投资	不投资	不投资	不投资	投资
	不投资	不投资	不投资	不投资	投资
		不投资	不投资	不投资	投资
			不投资	不投资	不投资
				不投资	不投资
					不投资

然后，计算期权 2 的价值。将期权 1 在 $t_0 \sim t_2$ 的价值作为期权 2 标的资产的价值，重复上述计算过程可以得到期权 2 在 $t_0 \sim t_2$ 的价值，结果如表 4 所示。

表 4　　期权 2 在对应节点的价值　　单位：百万元

0	1	2	3
50.40	96.04	179.53	327.13
	11.95	25.90	56.12
		0.00	0.00
			0.00

期权 2 的价值对应的投资策略如表 5 所示，其中“投资”表示向药监局提交新药审批申请的投资价值要高于继续持有该新药专利的价值，反之则不急于申请。同样地，因期权 3 的价值测算过程尚未执行，最终的投资决策还无法确定，因此利用上述标准判断的临床试验Ⅲ期阶段的操作策略（表中灰色填充区域）不能代表最终的决策选择。

表 5　　药监局审批阶段（期权 2）在各节点的最优投资策略

t_0 ←——临床试验Ⅲ期——→ t_1 ←——药监局审批——→ t_2

0	1	2	3
不投资	不投资	不投资	投资
	不投资	不投资	投资
		不投资	不投资
			不投资

再次，计算期权 3 的价值。将期权 2 在 $t_0 \sim t_1$ 的价值作为期权 3 标的资产的价值，可以得到期权 3 在 $t_0 \sim t_1$ 的价值，结果如表 6 所示。

表 6　　期权 3 在对应节点的价值　　单位：百万元

0	1
30.48	66.04
	0.00

期权 3 的价值对应的投资策略如表 7 所示，其中“投资”表示进行临床试验Ⅲ期投资的价值要高于继续持有该新药专利的价值，反之则不适合继续投资。

最后，分析序列复合期权的价值及投资策略。期权 1、期权 2、期权 3 构成的序列复合期权的价值结构如表 8 所示。

表 7 临床试验Ⅲ期（期权 3）在各节点的最优投资策略

t_0 ←——临床试验Ⅲ期——→ t_1

0	1
不投资	投资
	不投资

表 8 三阶段序列复合期权在各节点的价值 单位：百万元

0	1	2	3	4	5
30.48	66.04	179.53	327.13	626.24	910.42
	0.00	25.90	56.12	251.74	404.90
		0.00	0.00	58.83	127.46
			0.00	0.00	0.00
				0.00	0.00
					0.00

从表 8 可以看出，随着新药研发阶段向前推进，期权的价值不断增大，原因有二：一是期限越长，在评估时点企业新药研发面临的不确定性越高，期权价值越大；二是研发项目各阶段是逐步向前推进的，随着技术壁垒的不断突破，项目价值也会增加。因此，考虑阶段性投资所具有的不确定性及其赋予企业经营决策的灵活性后，该企业所具有的新药研发项目在评估时点 t_0 的价值为 3048 万元，这一价值显然高于采用传统收益法模型得到的价值（1649 万元）。根据序列复合期权的计算结果，各节点的价值对应的投资策略如表 9 所示。

表 9 三阶段序列复合期权组在各节点的最优投资策略

t_0 ←—临床试验Ⅲ期—→ t_1 ←——药监局审批——→ t_2 ←——商业化推广——→ t_3

0	1	2	3	4	5
不投资	投资	不投资	投资	不投资	投资
	不投资	不投资	投资	不投资	投资
		不投资	不投资	不投资	投资
			不投资	不投资	不投资
				不投资	不投资
					不投资

四、小　结

新药研发项目需要历经多个投资研发阶段，同时存在较高的不确定性，期权定价法将不确定性作为模型的重要参数，通过二叉树模型对各时点的投资决策进行分析，能够合理衡量这类项目在各阶段的价值，并为企业在不同阶段采取恰当的投资策略提供参考。利用二叉树模型对新药研发项目进行价值评估，需要特别关注以下几点：

第一，详细的企业访谈、市场调研和财务分析预测是保证估值合理性的重要前提，因为波动率和新药产品在项目有效期内可产生的现金流现值是计算所需的核心输入变量，对评估结果影响重大。

第二，利用二叉树模型评估新药研发项目价值时，不应再考虑评估时点之前所投入的开发成本，因为评估时点之前的投资成本属于沉没成本，是过去已经发生、不可收回、对后续投资决策有干扰但无实质意义的成本。

第三，为提高估值的准确性，采用二叉树模型对新药研发项目进行评估时应尽量增加二叉树的步数，对于多阶段新药研发项目而言，步数的设置还要考虑到序列复合期权中各期权之间在时间上的关联性。

评估实践中选择期权定价模型对新药研发项目进行评估，模型中各参数应当结合被评估资产实际情况及数据的可获得性进行合理选取和测算。

参考文献

[1] 卢怡．基于模糊实物期权的新药研发项目价值评估［D］．杭州：浙江财经大学，2013.

[2] 马悦．基于多阶段复合实物期权的药品研发项目价值评估［D］．长沙：湖南大学，2017.

[3] 乔纳森·芒．实务期权分析［M］．邱雅丽，译．北京：中国人民大学出版社，2006.

[4] 肖淑芳，阿晓芸．复合期权在生物制药项目评估中的应用研究［J］．北京理工大学学报，2005，7（6）.

[5] 许群英，曾勇，蔡强．实物期权在新药开发中的应用［J］．运筹与管理，2005（6）.

[6] Angelien G. Z. Kemna. Case Studies on Real Options［J］. Financial Management, Vol. 22, No. 3, 1993.

[7] David Kellogg, John M. Charnes. Real – Options Valuation for a Biotechnology Company［J］. Financial Analysts Journal, 2000.

[8] Manfred Perlitz, Thorsten Peske, RandolfSchrank. Real options valuation: The new frontier in R&D project evaluation［J］. R&D Management 29, 1999.

［9］ Prasad Kodukula， Chandra Papudesu. Project Valuation Using Real Options – A Practitioner's Guide ［M］. J. Ross Publishing， Inc. ， 2006.

［10］ Robert Geske. The Valuation of Compound Options ［J］. Journal of Financial Economics， 1979.

基于特征价格理论的家用二手车价值评估模型研究

胡　丹　曹奥臣*

内容提要：本文选取二手车的基本配置、车况特征、市场特征三方面共22个因素，构建家用二手车价值评估指标体系；并选取品牌份额大于1%的24个汽车品牌作为研究对象，引入因子分析，对22个因素进行降维处理，缓解多重共线性对结果的偏误，得到六大公因子，从而构建家用二手车的特征价格模型，为家用二手车评估提供一种定量分析的理论和模型。最后，应用该模型对30个案例进行评估，将评估结果与多元线性回归的结果对比分析，发现本文的特征价格模型评估精度高，90%以上的样本的误差控制在20%以内，且评估结果优于多元线性模型。

一、引　言

在评估实务方面，我国的评估业务发展起步较晚，二手车市场并不成熟，尚未建立科学合理的二手车鉴定评估体系。由于交易过程的不规范以及评估方法使用得不恰当，二手车交易市场存在着诸多问题。第一，买卖双方信息不对称增加消费者逆向选择风险。在二手车交易中，二手车经销商掌握着绝对的信息优势，对二手车市场行情、二手车的车况都十分了解，受利益的驱使，经销商可能会隐瞒二手车的真实信息，有意欺瞒消费者。与长期从事二手车经销业务的卖方相比，消费者作为非专业人士因缺乏二手车估价相关知识和对二手车业内行情的了解而处于弱势地位，买卖双方信息上的不对称，容易损害消费者权益，影响经销商信誉，不利于二手车市场健康发展。第二，评估师专业水平差异影响评估结果。当前，在二手车的鉴定评估过程中，往往是评估师一对一的线下评估，这种方式对评估师的专业水平依赖很高，主观随意性较大。一方面，专业评估师人数少，大多数二手车平台的评估师并非资产评估相关从业人员，而是汽车维修工，专业知识的缺乏会导致评估师

* 胡丹，重庆理工大学经济金融学院，硕士生，研究方向：资产评估；曹奥臣，中央财经大学经济学院，博士生，研究方向：资本市场与资产定价。

评估时只注重二手车硬件设备方面的车况问题，而忽略品牌竞争、市场环境等影响车辆价值的宏观因素；另一方面，评估师个人教育背景、成长环境、性格色彩等方面都有所差异，这些都可能加大评估过程中的主观随意性，从而影响评估结果的公允。第三，传统线下评估模式工作量大且难以规模化，加大运营成本。二手车市场存在体量大而评估专业人员较少的问题，进行一对一的线下评估因工作量较大且难以规模化，从而增加评估过程的运营成本。第四，传统的评估方法忽视消费者心理对价格的感知，缺乏对消费者的吸引力。当前，二手车评估中的主流方法仍然是重置成本法和现行市价法，这些方法原理简单、便于操作，但客观性远远不足，评估行为脱离消费者，没有充分考虑消费者需求，忽视了消费者对价格的感知与评价，这种脱离消费者的估价策略和营销手段难以对消费者产生吸引力。

在这种背景下，规范二手车鉴定评估过程，保证评估过程的公平、公正、公开，实现规模化评估以降低线下评估运营成本是二手车行业不能回避的问题，也是二手车行业亟待解决的问题。当前，人们越来越注重生活品质，对便利出行的要求不断提高，二手车因经济实惠、保值率高、适合新手等优点越来越受欢迎，汽车已逐渐成为家庭的出行必需品，这使得家用二手车交易量不断上升。本文从完善家用二手车价值影响因素指标体系出发，使用特征价格理论作为变量筛选的方法，将二手车价值的波动分解为其各属性特征的波动，综合考虑二手车基本配置、车况特征、市场特征三大方面的因素，规范分析影响家用二手车价格的各种因素；并通过因子分析法对众多影响因素进行降维处理，缓解多重共线性对结果的偏误，从而构建家用二手车价值评估模型，解决二手车评估中存在的问题，规范二手车市场的发展。

二、理论与文献

特征价格理论也称效用估计法，是用来描述商品价格与商品异质性特征关系的方法。其理论渊源可追溯到二十世纪二三十年代。该理论的内容主要有两方面：消费者理论和供需均衡模型。消费者理论从商品的异质性出发，认为消费者对商品的需求，实际是对该商品某种特征属性的需求，影响商品价格的最终因素是商品特征属性的效用（Lancaster，1996），供需均衡理论从商品的特征性出发，分析了商品的短期均衡和长期均衡，提出市场供需均衡模型，为特征价格模型的产生提供理论支持（Rosen，1974）。目前，特征价格理论已广泛应用于价格指数编制、房地产市场、公共产品评价，并形成了丰硕的研究成果。

（一）价格指数编制

特征价格法的核心思想是将商品价格的波动分解为各属性特征的波动，

通过量化商品特征属性变动引起的价格差异，得到各特征属性的隐含价格，这种价格指数调整方法得到国内外的广泛应用。就国外来说，格里利克斯（Griliches，1961）、芬斯特拉（Feenstra，1985）等特征价格法应用于本国汽车价格指数的质量调整。美国、英国等国家已经将该方法广泛应用于房地产、电子、服饰等领域，并应用到官方价格指数编制中（雷泽坤等，2020）。国内对于二手车价值评估的关注和研究相对较晚，且主要依托于国外的研究理论和实践，但也积累了一定的成果。王力宾（2006）将特征价格法应用于计算机价格指数的编制，发现传统方法计算出的价格指数准确性不高，存在高估现象。徐国祥（2008）用特征价格法估计了计算机硬盘的价格指数，以此观察该指数的市场变化趋势，指出在 2005 年 1 月至 2006 年 12 月间国内计算机硬盘的价格指数波动明显，共下降了约 34%。朱志豪（2016）运用特征价格模型研究汽车定价，综合分析汽车的各个影响因素以及影响程度，并编制价格指数。雷泽坤等（2020）将电商平台大数据引入特征价格指数编制，改进产品特征价值指数编制方法。蒋一军和裘江辉（1996）首次构建了国内房地产价格指数，此后学者基于特征价格法构建了莫斯科住房价格指数、杭州二手房价格指数、广州新建商品房特征价格指数等（王力宾，1999；竺荣梁，2011；文苑棠，2015）。

（二）房地产评估

房产因不可移动性、耐久性、保值增值性等特点，难以用传统经济理论刻画计量，特征价格法是一种处理异质产品特征与产品价格间关系的常用模型，弥补了传统理论的缺陷，在房地产研究领域有着深远影响。里德－克和亨宁（Ridker and Henning，1967）首先将该理论应用于房地产研究。此后大量学者讨论了住房特征属性与房价之间的关系，利用特征价格法分离出住房特征属性对房价的影响，从而得到各特征属性的价值。在房地产评估领域，住宅的特征属性可分为三大类：建筑属性、区位属性、邻里属性。大量学者使用特征价格模型对这三类属性的影响进行了研究。例如，采用特征价格模型研究室内装饰对房价的影响，将室内装修分为毛坯、精装、豪装三个档次，得到装饰越豪华房屋单价越高的结果（Zhang and Liu，2014）；以上海市为例，采用特征价格模型分析南向溢价，研究表明，朝向为南可使房屋的价值提升 14%，此外，如果该房屋周围同时存在地标性景观，购买者的支付意愿将继续提升 4%（Lu，2018）。但是，各地对坐南朝北这一说法的重视程度不同，朝南的溢价在重庆市的房地产市场中体现并不明显。由于重庆市独特的天气及地理特征，相较于户型朝向非南的二手住宅，南向住宅的溢价仅为 1.41%，远低于平原城市的溢价率（曹奥臣等，2020）。在地理区位方面，钟海玥等（2009）以山水景观为研究对象，采用特征价格法分析南湖景观的溢价，指出南湖周边 700 米的范围，距离每减少 100 米，住宅价值将提升

5.65%。陈庚等（2015）研究绿地对房价的影响，以北京市奥林匹克公园为例，发现城市的公园绿地备受青睐，住宅溢价程度随绿地距离的增大而减小。张冀（2017）采用特征价格模型探讨学区房的区位优势，指出北京市的重点小学的学区房溢价高达24.3%，入学指标是购房的重要考虑因素，优质教育资源在极大程度上推高了房价。此外，住宅的周边配套也会影响到购房决策，吴晓燕和周京奎（2009）研究了房产的区域属性，指出交通便利性与房产存在正相关关系，居民偏好于交易便利的住宅，对其支付意愿更强，且相较于公共汽车，地铁对住宅价格的影响更大。罗伯特等（Robert et al.，2019）利用澳大利亚城市房地产市场数据，分析游乐场对周围房产的影响，发现在公寓300米范围内配备游乐场会显著提高房价。

（三）公共产品评估

公共产品是指在消费或使用上具有非竞争性和受益上具有非排他性的产品，能为多数人共同消费和享用。环境资源、道路交通、公共事业等均为典型的公共产品。与其他可自由交易的商品不同，公共产品因缺乏可自由交换的市场而无法直接定价，特征价格模型可利用房地产等真实市场的价格信息分离出对公共产品的意愿支付，并有效避免主观评价的偏误，成为评价公共产品的主流方法之一。环境资源、教育资源、交通可达性、公共服务作为典型的公共产品，其价值评价在现有研究中已得到充分体现。李攀艺等（2020）利用特征价格模型，分析我国139个城市空气质量对城市房价的影响以及其影响机制，指出空气污染对房价具有负资本化效应，空气污染每增加1%，房价会降低0.07%。何娟等（2016）运用特征价格法评估城市开放空间的经济价值，研究发现，绿地外部性对房价有正向影响，河流的外部性对房价的影响是非线性的，且越靠近绿地和河流，外部性作用越明显，对房价的影响越大。王艳聪（2017）对283个地级市实证研究发现，工业废水排放会显著影响房价，而工业二氧化碳和工业烟尘排放量对房价的作用尚不明显。博加特和克伦威尔（Bogart and Cromwell，2000）以美国谢克海茨市的学区房数据为样本，发现教育资源显著影响房价，相较于普通小区，学区房的平方面积售价更高。此外，大量学者讨论了地铁、轨道交通、公共汽车等交通设施的便利程度对销售者的支付意愿的影响，以此测算交通便利性的溢价。本杰明和西尔曼斯（Benjamin and Sirmans，1996）采用特征价格法分析轨道交通对住房价格的影响，研究表明城市轨道明显提升了沿线房价。刘蓓佳和刘勇（2016）通过特征价格模型分析了重庆市轨道3号线对沿线房价的影响，研究表明重庆独特的山水自然格局和区位特点，使得3号线周围房价呈现多中心特征，且高、低集聚较为明显。

（四）二手车评估应用分析

国外的二手车市场发展较为成熟，如美国、日本等国家已建立专门的二手车评估机构，形成了科学的价值评估方法和体系。在吸收借鉴国外经验的基础之上，国内学者对二手车价值评估进行的大量研究，取得了一定的成果，但仍存在有待深入研究的问题。第一，在二手车价值影响因素指标体系构建方面，目前已有文献多采用层次分析法、德尔菲法等主观赋权法对影响因素权重赋值，主观随意性强，客观性不足；对二手车价值影响因素分析也不够全面，选取指标时缺乏理论支撑，这降低了实务中评估结果的可信度、精准度。第二，在二手车价值评估方法选择方面，已有文献采用的研究方法以传统的重置成本法、现行市价法为主流，这种方法每次只能针对单一案例进行单一评估，加大了评估中的运营成本，无法实现规模化、批量化评估，评估效率低下；并且评估过程受评估师主观因素影响大，可信度较低。第三，已有文献对特征价格理论在房地产价值评估领域方面已经进行了广泛地研究应用，积累了丰富的研究成果，这为特征价格理论应用于二手车价值评估领域提供了理论借鉴。

综上所述，为适应日益发展的二手车行业，建立科学合理的二手车价值评估方法和体系，需要我们转化评估思路。在已有的研究成果上，将特征价格理论应用于二手车的价值评估，探索二手车价值评估新方法是本文的研究重点。

三、研究设计

（一）模型设计

在确定函数形式上，通过文献比较，发现早期的特征价格函数以线性形式为主，后面非线性形式成为主流。但是，由线性形式向非线性形式转变存在一定的问题。第一，将转换后的函数作为系数回归时，影响单个系数估计的准确性；第二，非线性函数的转换会增加斜率与弹性估计的复杂性，且这种转换函数对负数数据不适用，不能用于模型的预测。通过对家用二手车特征属性的初步分析，发现单一因素对因变量的影响较大，为了全面分析各因素对家用二手车价值的影响，因此本文的实证研究采用特征价格函数的线性形式。

$$\rho = \beta_0 + \sum_{i=1}^{n} \beta_i X_i + \varepsilon \tag{1}$$

式（1）对应的价格为 $\partial_\rho / \partial_{X_i} = \beta_i$，I ＝1，2，…，n。系数 β_i 表示在其他条件一定时，X_i 每变化一个单位，其对应的价格变化量。当 β_i 大于 0 时，表示价格随着特征属性 X_i 的增加而增加；当 β_i 小于 0 时，表示价格随特征属性 X_i 的增加会而降低。

（二）变量说明

特征价格理论的核心思想是将商品价格的波动分解为各特征属性的波动，基于这样一种思想，各特征属性的隐含价格可以通过市场交易数据得到。因此，选取影响家用二手车价值的因素是评估过程中的关键环节。特征指标的选取与家用二手车价值紧密相连，由于家用二手车价值的影响因素众多，本文兼顾理论与实务，通过对相关国内外文献的研究，并结合对专业人员评估经验的咨询访问，了解到影响家用二手车价值的因素主要可分为基本配置、车况特征、市场特征三大方面。基本配置的优劣决定了二手车成本高低，是体现其价值的根本因素；车况反映二手车能够给使用者带来的效用高低，影响消费者对二手车价值的心理预期；市场交易条件会影响二手车的需求情况，最终作用于交易价格。因此，本文从基本配置、车况特征、市场特征三个方面出发对家用二手车的价值影响因素进行整理和阐释（见表1）。

表1　家用二手车的特征变量及其量化标准

项目	特征变量	量化标准
车况特征	行驶里程 X_1	挂牌交易信息中二手车实际行驶里程（万公里）
	使用年限 X_2	挂牌交易信息中二手车累计使用年限（月）
	修复次数 X_3	车辆检测报告中维修次数（项）
	颜色 X_4	车身颜色分为9级，按照白、黑、灰、黄、蓝、红、棕、绿、紫，分别赋值为9，8，7，6，5，4，3，2，1
	4S店保养 X_5	是否有4S保养记录，有赋值为1，无赋值为0
	商业险是否到期 X_6	商业险在2021年6月是否到期，未到期赋值为1，到期为0
基本配置	天窗 X_7	外部配置有天窗赋值为1，否则为0
	座椅材质 X_8	座椅材质分为5级，织物、皮/织混搭、仿皮、仿皮/真皮、真皮分别赋值为1，2，3，4，5
	多媒体配置 X_9	配置GPS导航系统、中控台彩色系统、多媒体系统的项数，配置三项赋值为3，配置两项赋值为2，配置一项赋值为1，三项都无配置赋值为0
	空调 X_{10}	空调控制方式为自动赋值为1，手动为0
	排量 X_{11}	二手车配置参数中的排量（mL）
	最大扭矩 X_{12}	二手车配置参数中的最大扭矩（N·m）
	最大功率 X_{13}	二手车配置参数中的最大功率（KW）
	发动机类型 X_{14}	发动机类型按进气方式分为4级，自然吸气、机械增压、涡轮增压、双涡轮增压分别赋值为1，2，3，4
	环保标准 X_{15}	环保标准分为3级，国六、国五（欧五）、国四（欧四）分别赋值为3，2，1

续表

项目	特征变量	量化标准
基本配置	变速箱类型 X_{16}	变速箱类型分为6级：MT、AMT、CVT、E－CVT、DCT、AT分别赋值为1，2，3，4，5，6
	悬挂系统 X_{17}	独立悬架赋值为1，非独立悬架赋值为0
	安全气囊 X_{18}	根据安全气囊实际配置个数赋值
市场特征	汽车保值率 X_{19}	参考中国汽车流通协会和精真估联合发布的《2020年度中国汽车保值率报告》中的各国别汽车保值率
	市场占比 X_{20}	根据“车主之家”网站上公布的汽车品牌销量份额取值
	市场划分 X_{21}	根据车牌所在地所属经济带赋值，东部沿海经济带赋值为1，中部经济带赋值为2，西部经济带赋值为3
	新车指导价 X_{22}	二手车基本参数中的厂商新车指导价（万）

（三）数据来源

本文以家用二手车为研究对象，构建适用于家用二手车的特征价格模型。数据来源“人人车”平台、“车主之家”平台、汽车流通协会公布的《2020年度中国汽车保值率报告》。

目前中国市场上在售的汽车品牌有百余种，对于样本范围的选取主要考虑各汽车品牌的市场占有量，本文按照品牌份额占比大于1%的标准，选取了24个汽车品牌，每个品牌选取30个二手车样本，共计720条数据。考虑到汽车的经济使用寿命，本文选取车龄在五年内的家用二手车作为研究对象。具体样本数据按照上一节的变量选择，分为基本配置特征、车况特征、市场特征三类共22个变量，其中基本配置特征包括行驶里程、使用年限、修复次数、颜色、4S店保养、商业险是否到期共6个变量；车况特征包括天窗、座椅材质、多媒体配置、空调、排量、最大扭矩、最大功率、发动机类型、环保标准、变速箱类型、悬挂系统、安全气囊共12个变量；市场特征包括新车指导价、市场划分、汽车保值率、市场占比共4个变量。

四、实证研究

（一）因子分析

运用因子分析的主要目的是对数据进行降维处理，只有在变量之间具有相关性，因子分析才有计量意义。因此，通过原始变量之间的相关性来检验因子分析应用的可行性。本文选择KMO法和Bartlett球形检验来判断因子分析法的适用性，KMO 取值范围为［0，1］，该值越大越适合采用因子分析；Bartlett 球形检验的卡方统计量反映了变量间的相关程度，显著性水平低于5%的临界值，且卡方统计量越大，说明适合使用因子分析。表 2 为变量的 KMO 和 Bartlett 检验结果，可以得到，KMO 值为 0.807，大于 0.8，采用因子分析法适合性为良好；Bartlett 卡方统计量值很大，且小于显著性水平，说明变量之间存在相关性，可采用因子分析法。

表 2　　变量的 KMO 和 Bartlett 球形检验

Kaiser - Meyer - Olkin 度量		0.807
Bartlett 的球形检验	近似卡方	7288.208
	自由度	0.231
	显著性	0.000

资料来源：由 SPSS 分析整理得到。

首先提取因子判断原始变量的可解释度，方法使用的是系统默认的主成分法，表 3 是因子分析的初始解。表中的第 2 列和第 5 列显示初始共同度，提取后变量的共同度恒为 1，说明原始变量的所有方差都可以被解释。特征根的共同度如第 3 列和第 6 列所示，可以看到，共同度基本都在 50%以上，即这些变量解释了大部分信息，因子提取效果较好。

表 3　　因子分析的共同度

变量	初始	提取	变量	初始	提取
行驶里程 X_1	1	0600	最大扭矩 X_{12}	1	0.872
使用年限 X_2	1	0.747	最大功率 X_{13}	1	0.854
修复次数 X_3	1	0.235	发动机类型 X_{14}	1	0.745
颜色 X_4	1	0.616	环保标准 X_{15}	1	0.641
4S 店保养 X_5	1	0.378	变速箱类型 X_{16}	1	0.371
商业险是否到期 X_6	1	0.575	悬挂系统 X_{17}	1	0.528
天窗 X_7	1	0.568	安全气囊 X_{18}	1	0.627
座椅材质 X_8	1	0.554	汽车保值率 X_{19}	1	0.794
多媒体配置 X_9	1	0.579	市场占比 X_{20}	1	0.655
空调 X_{10}	1	0.540	市场划分 X_{21}	1	0.478
排量 X_{11}	1	0.677	新车指导价 X_{22}	1	0.726
提取方法：主成分分析法					

通过分析原始变量之间的相关关系，提取出少量因子。利用样本数据得到因子载荷矩阵，然后求解特征值，设置特征值大于1作为提取公因子的标准。图1为因子分析的碎石图，显示了提取公因子的个数。前6个因子波动较大，特征值都大于1，在第6个特征值后，变化趋于平缓。另外，通过表4可以得到，前6个因子的累计贡献率为60.728%，即27%的因子解释了原始变量60%的信息，说明提取的公因子个数为6个。

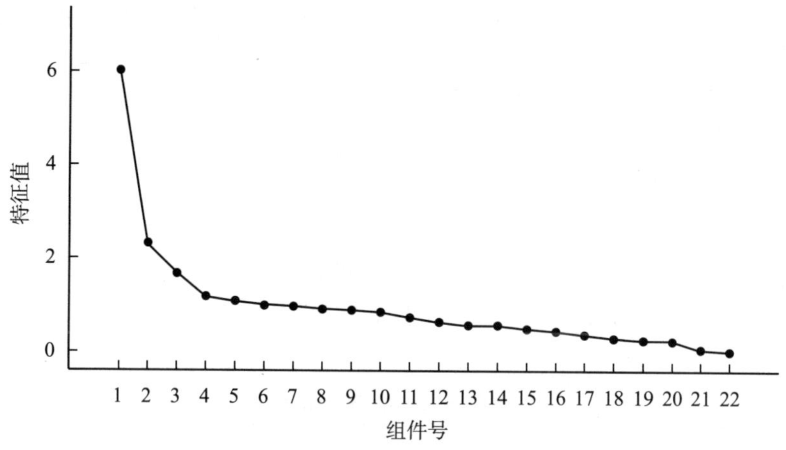

图1　因子分析碎石图

表4　因子分析的解释总变量

成分	初始特征值			提取载荷平方和			旋转载荷平方和		
	合计	方差%	累积%	合计	方差%	累积%	合计	方差%	累积%
1	6.012	27.327	27.327	6.012	27.327	27.327	4.893	22.241	22.241
2	2.316	10.529	37.857	2.316	10.529	37.857	2.287	10.396	32.637
3	1.704	7.744	45.601	1.704	7.744	45.601	2.216	10.073	42.710
4	1.205	5.476	51.077	1.205	5.476	51.077	1.723	7.831	50.541
5	1.100	5.000	56.077	1.100	5.000	56.077	1.204	5.473	56.014
6	1.023	4.651	60.728	1.023	4.651	60.728	1.037	4.714	60.728
7	0.984	4.473	65.201						
8	0.940	4.272	69.473						
9	0.909	4.130	73.603						
10	0.865	3.930	77.533						
11	0.749	3.406	80.939						
12	0.661	3.007	83.946						
13	0.588	2.674	86.620						
14	0.563	2.560	89.180						

续表

成分	初始特征值			提取载荷平方和			旋转载荷平方和		
	合计	方差%	累积%	合计	方差%	累积%	合计	方差%	累积%
15	0. 524	2. 383	91. 562						
16	0. 478	2. 175	93. 737						
17	0. 393	1. 788	95. 525						
18	0. 310	1. 411	96. 937						
19	0. 287	1. 302	98. 239						
20	0. 248	1. 129	99. 368						
21	0. 098	0. 444	99. 812						
22	0. 041	0. 188	100. 000						

本文采用因子旋转，对初始载荷矩阵进行方差最大化正交旋转以加强公共因子对变量的解释度，旋转后的结果如表 5 所示。

表 5 旋转后的因子载荷矩阵

影响因素	成分					
	1	2	3	4	5	6
行驶里程 X_1	0. 134	0. 751	-0. 006	0. 071	0. 111	0. 023
使用年限 X_2	-0. 005	0. 851	-0. 056	0. 040	-0. 113	-0. 072
修复次数 X_3	-0. 030	0. 433	-0. 007	-0. 097	-0. 049	0. 187
颜色 X_4	0. 079	-0. 181	-0. 241	-0. 093	-0. 012	-0. 714
4S 店保养 X_5	0. 188	-0. 176	-0. 166	0. 076	0. 526	-0. 038
商业险是否到期 X_6	-0. 045	-0. 041	0. 172	-0. 239	0. 678	0. 157
天窗 X_7	0. 294	-0. 096	0. 684	-0. 008	-0. 053	0. 048
座椅材质 X_8	0. 287	0. 068	0. 676	-0. 011	0. 100	-0. 003
多媒体配置 X_9	0. 319	-0. 204	0. 658	0. 035	-0. 017	-0. 035
空调 X_{10}	0. 498	-0. 046	0. 533	0. 032	0. 056	-0. 032
排量 X_{11}	0. 515	0. 172	0. 265	0. 283	0. 460	-0. 141
最大扭矩 X_{12}	0. 916	-0. 024	0. 168	-0. 030	0. 054	0. 029
最大功率 X_{13}	0. 893	0. 020	0. 191	-0. 009	0. 140	-0. 013
发动机类型 X_{14}	0. 769	-0. 143	0. 053	-0. 143	-0. 286	0. 168
环保标准 X_{15}	0. 056	-0. 774	0. 098	0. 030	0. 105	0. 133
变速箱类型 X_{16}	0. 557	0. 038	0. 140	-0. 173	0. 097	0. 009

续表

影响因素	成分					
	1	2	3	4	5	6
悬挂系统 X_{17}	0.683	-0.024	0.244	0.010	-0.040	0.012
安全气囊 X_{18}	0.664	0.033	0.332	0.236	0.133	-0.022
汽车保值率 X_{19}	0.019	-0.004	-0.010	0.888	0.050	-0.049
市场占比 X_{20}	-0.048	-0.040	0.037	0.791	-0.118	0.097
市场划分 X_{21}	0.110	-0.158	-0.269	-0.031	0.065	0.603
新车指导价 X_{22}	0.764	0.096	0.211	0.169	0.218	-0.110
提取方法：主成分分析法						
旋转方法：具有 Kaiser 标准化的正交旋转法						

注：旋转在 7 次迭代后收敛。

从表 5 可知，公共因子在各变量上有明显的分化，公共因子对变量的解释程度满足要求。对各因子的命名和解释如下：

①公因子 F_1 为性能因子，发动机、变速箱、底盘作为汽车的三大件，决定着汽车的经济使用寿命，承担了汽车最主要的成本，是消费者在购车时首要考虑因素，三大件的参数配置反映该车性能优劣，性能越好，消费者愿意为该二手车付出的价格越高。

②公因子 F_2 为效用因子，汽车损耗程度越低，该车的成新率就越高，实体性状况越好的车更能满足居家出行的要求，带来更高的效用，二手车带来的效用状况与其价值成正比。

③公因子 F_3 为效用因子，家用二手车驾驶和乘坐的体验感和舒适度是消费者购车时的重要考虑因素，舒适感越高，带来的效用更大，二手车价值也就越高。

④公因子 F_4 为市场因子。二手车的价值依赖于整体车市行情变化，某个汽车品牌市场份额越高，保值率越高，该品牌越具市场竞争力，相应地，二手车价值也越高。

⑤公因子 F_5 为效用因子，汽车的定期保养和保险服务能够降低配件老化速度，加强对汽车意外的保障程度，降低汽车贬值速度，延长使用寿命以带来更持久的效用。

⑥公因子 F_6 为市场因子，各地二手车市场发展的不均衡导致二手车需求存在区域异质性，消费者的个人偏好也会对二手车市场需求产生影响，二手车需求程度越高，最终的价值也就越高。

根据成分得分系数矩阵计算各因子得分，见表 6。

表 6　**成分得分系数矩阵**

影响因素	成分					
	1	2	3	4	5	6
行驶里程 X_1	0.025	0.332	-0.021	0.023	0.105	0.055
使用年限 X_2	0.013	0.368	-0.003	0.005	-0.077	-0.037
修复次数 X_3	-0.006	0.200	0.022	-0.059	-0.027	0.194
颜色 X_4	0.087	-0.115	-0.183	-0.068	-0.015	-0.701
4S 店保养 X_5	0.055	-0.076	-0.194	0.044	0.452	-0.035
商业险是否到期 X_6	-0.119	0.017	0.109	-0.150	0.605	0.144
天窗 X_7	-0.079	-0.021	0.393	-0.029	-0.105	0.039
座椅材质 X_8	-0.096	0.053	0.389	-0.038	0.036	-0.004
多媒体配置 X_9	-0.068	-0.073	0.362	-0.004	-0.079	-0.044
空调 X_{10}	0.014	-0.008	0.232	-0.007	-0.021	-0.032
排量 X_{11}	0.045	0.079	0.025	0.135	0.350	-0.116
最大扭矩 X_{12}	0.244	-0.012	-0.127	-0.033	-0.045	0.033
最大功率 X_{13}	0.222	0.008	-0.107	-0.025	0.034	-0.006
发动机类型 X_{14}	0.263	-0.068	-0.154	-0.081	-0.330	0.156
环保标准 X_{15}	-0.008	-0.332	0.019	0.034	0.065	0.101
变速箱类型 X_{16}	0.133	0.022	-0.046	-0.115	0.032	0.008
悬挂系统 X_{17}	0.158	-0.011	-0.011	-0.009	-0.111	0.014
安全气囊 X_{18}	0.109	0.016	0.041	0.116	0.039	-0.009
汽车保值率 X_{19}	-0.006	-0.023	-0.047	0.520	0.029	-0.015
市场占比 X_{20}	-0.021	-0.033	0.011	0.471	-0.114	0.120
市场划分 X_{21}	0.107	-0.055	-0.227	0.015	0.059	0.582
新车指导价 X_{22}	0.164	0.038	-0.066	0.074	0.113	-0.092
提取方法：主成分分析法						
旋转方法：具有 Kaiser 标准化的正交旋转法						

（二）模型拟合

以公因子为解释变量，二手车挂牌价为被解释变量进行初步拟合分析发现，模型拟合效果差，解释变量与被解释变量之间存在非线性关系。对被解释变量（二手车挂牌价）取对数后再次拟合发现二者转换为线性关系。因此，二手车挂牌价与6个公因子本质上呈线性关系，可以通过对数转换进行非线性到线性的转换。本文采用对挂牌价进行对数转换的半对数函数形式，模型估计结果如表7所示。

表7 特征价格模型估计结果

项目	估计系数	T值	Sig.
常数项	2.248	178.910	0.000
因子1	0.464	36.870	0.000
因子2	-0.073	-5.795	0.000
因子3	0.141	11.226	0.000
因子4	0.180	14.327	0.000
因子5	0.114	9.088	0.000
$R^2=0.718$			
Prob（F-statistic）=0.000			

表7为家用二手车特征价格模型回归的具体结果，因子F_1、F_2、F_3、F_4、F_5、F_6的回归系数都通过了5%显著性水平下的t检验，说明六大因子对被解释变量的影响显著。从模型拟合情况来看，调整后的拟合优度R^2为0.716，说明回归方程与样本观测值在整体上的拟合程度较好，模型可解释力强。另外，总体显著性检验F检验中P值为0.000，说明该模型拟合效果好。家用二手车价值与公因子F_1、F_3、F_4、F_5均具有显著的正相关关系；家用二手车价值与公因子F_2、F_6具有显著的负相关关系；各因子的影响程度从大到小依次为：F_1、F_4、F_3、F_5、F_2、F_6。最终得到家用二手车的特征价格模型为：$\ln P = 2.248 + 0.464F_1 - 0.073F_2 + 0.141F_3 + 0.180F_4 + 0.114F_5 - 0.029F_6$。

（三）案例分析

从“人人车”网站上收集了30个交易时间在5年以内的家用二手车成交案例，使用两种方法评价模型的效果。第一，将特征价格模型评估结果与实际成交价对比，评价该模型的可行性；第二，与多元线性模型评估结果比较，评价该模型的准确性。

首先，根据特征变量量化标准，对悬架系统、安全气囊、颜色、市场划分这4个定性变量进行量化赋值转化为定量变量，然后对数据进行标准化处理，计算样本的因子得分。得到30个案例的因子得分如表8所示。

表 8 **样本的因子得分表**

样本	因子 1	因子 2	因子 3	因子 4	因子 5	因子 6
1	0. 22036	0. 19968	1. 47587	1. 37631	0. 06811	0. 97778
2	-0. 51038	-0. 4309	-1. 88999	1. 88589	-1. 00574	1. 09719
3	-0. 21834	-0. 49553	-0. 40893	2. 23799	-1. 148	-0. 03499
4	-1. 37786	-0. 67035	-1. 00033	2. 08525	-0. 05827	-0. 96751
5	-0. 39799	-0. 2266	0. 69003	2. 45489	0. 41847	-0. 97099
6	0. 52418	-0. 13582	0. 37121	-0. 07485	-0. 30907	-0. 01496
7	-0. 99185	-0. 59368	-0. 28419	-0. 07249	-1. 43895	-0. 00963
8	-0. 9401	-2. 16403	1. 91889	0. 83283	1. 21053	-0. 34517
9	0. 22503	1. 35777	-1. 45494	0. 30687	1. 98682	0. 30804
10	-0. 24945	0. 64729	1. 56821	-0. 30584	0. 18235	1. 7785
11	-0. 41525	0. 90326	-1. 43748	-0. 34947	-0. 52862	0. 11425
12	-1. 27376	-0. 21577	-1. 95074	0. 48557	0. 73486	0. 28698
13	0. 29876	0. 05785	0. 41203	0. 38383	1. 16972	-0. 87943
14	-1. 3024	0. 60696	-0. 92386	-0. 51225	-0. 46565	0. 86764
15	-0. 50717	1. 44397	0. 24743	-1. 07997	-0. 68561	0. 14799
16	-0. 78388	-2. 32319	-0. 13158	-1. 08527	1. 37912	-0. 18682
17	-0. 43842	-1. 87248	-0. 76583	-0. 75416	-0. 08728	-0. 56124
18	0. 66501	-0. 0064	0. 41878	-0. 11406	-0. 4869	-0. 19888
19	-0. 05332	1. 74185	0. 41902	-0. 47515	-0. 80866	0. 9058
20	0. 14878	0. 12752	0. 32568	-1. 33913	-0. 31753	-0. 18358
21	0. 90869	0. 15397	0. 82316	-0. 40386	-0. 8596	-1. 22446
22	0. 72121	0. 06898	0. 84803	-0. 62888	1. 43378	0. 23226
23	-0. 13582	-0. 18724	0. 77267	-0. 49648	-1. 38271	-0. 98496
24	2. 1251	-0. 40707	-0. 08803	-0. 46788	0. 67848	-0. 15818
25	0. 5574	0. 21797	-0. 67526	-0. 2519	0. 23891	0. 51124
26	-0. 29535	0. 26872	0. 88301	-0. 42457	-0. 20642	0. 82301
27	2. 11637	0. 68788	0. 74608	-0. 71577	-0. 48946	-1. 54241
28	2. 1896	0. 68389	-0. 31531	-0. 76994	0. 33342	-0. 63555
29	-0. 62646	-1. 67014	0. 72576	0. 21646	-0. 55339	0. 41041
30	0. 75239	1. 20042	-1. 40658	0. 69877	0. 04157	-0. 18268

将各因子代入以下评估模型，得到评估结果，如表 9 所示。

表 9 评估值与真实值对比

样本	特征价格模型评估值	多元线性模型评估值	真实值	误差 1（%）	误差 2（%）
1	16.25	17.52	16.48	-3.08	6.33
2	8.96	9.37	8.5	-15.71	10.27
3	10.68	10.98	10.7	2.83	2.64
4	6.79	7.29	6.7	1.13	8.83
5	11.73	11.94	12.2	21.35	-2.09
6	10.44	11.02	11.4	7.42	-3.33
7	3.69	3.71	4.63	8.51	-19.82
8	14.51	15.20	15.5	-18.34	-1.92
9	11.03	11.43	10.65	-4.36	7.29
10	12.96	13.91	12	-23.25	15.92
11	9.03	9.79	6.10	-13.76	60.42
12	5.16	5.50	4.38	8.71	25.61
13	16.00	17.27	17.88	-19.37	-3.39
14	3.84	3.93	4.5	-18.57	-12.70
15	8.24	8.95	6.5	-18.66	37.63
16	8.23	8.74	8.72	-15.04	0.22
17	8.23	8.62	8.00	-12.68	7.79
18	10.90	11.47	10.8	18.09	6.20
19	6.16	6.56	6.00	17.29	9.38
20	8.94	9.27	7.80	2.80	18.87
21	16.34	17.37	17.00	-17.63	2.17
22	11.22	11.89	13.10	18.30	9.21
23	7.20	7.59	7.38	9.46	2.88
24	30.03	30.70	30.5	-15.52	0.66
25	8.27	8.47	10.20	4.10	-17.00
26	7.21	7.37	9.60	-15.61	-23.23
27	35.10	36.34	24.80	-6.37	46.51
28	27.65	28.52	25.00	-12.32	14.07
29	7.48	7.64	9.30	-8.10	-17.81
30	13.46	13.84	13.60	-15.05	1.78

本文所选取的 30 个交易案例中，有 28 个样本的误差小于 20%，即 90%

以上的样本误差值控制在20%以内。根据国际权威调查机构君迪发布的《中国汽车保值率研究报告》，在二手车线上交易中，挂牌价格与交易价格之间普遍存在在10% ~20%的议价空间，本文90%以上的样本误差都控制在最大误差20%范围以内，评估结果合理，能被市场和消费者接受。故本文的家用二手车价值评估模型在一定程度上具有其合理性和可行性。

为充分评价家用二手车价值评估模型的评估效果，本文将评估结果与其他模型进行对比分析，选取多元线性模型加以比较说明。由于本文变量个数较多，变量之间存在一定的相关性，为避免多重共线性对结果的影响，本文对720个原始样本进行多元逐步分析，采用对数函数形式，建立家用二手车价值的多元线性模型。估计结果如表10所示。

表10　　多元线性模型估计结果

变量	系数	标准误差	t	显著性
常数项	-4.780	0.546	-8.758	0.000
行驶里程 X_1	-0.082	0.019	-4.237	0.000
使用年限 X_2	-0.131	0.028	-4.715	0.000
修复次数 X_3	-0.044	0.014	-3.154	0.002
4S店保养 X_5	-0.039	0.019	-2.086	0.038
商业险是否到期 X_6	-0.048	0.022	-2.237	0.026
座椅材质 X_8	-0.068	0.019	-3.616	0.000
多媒体配置 X_9	-0.044	0.023	-1.910	0.057
最大扭矩 X_{12}	0.465	0.065	7.141	0.000
发电机类型 X_{14}	-0.146	0.029	-4.962	0.000
变速箱类型 X_{16}	0.038	0.019	2.027	0.044
安全气囊 X_{18}	-0.056	0.035	-1.609	0.109
汽车保值率 X_{19}	0.689	0.115	6.013	0.000
市场占比 X_{20}	0.043	0.017	2.543	0.012
新车指导价 X_{22}	0.935	0.036	25.675	0.000
$R^2=0.93$				
Prob（F-statistic）=0.000				

在多元线性回归模型中，22个影响因素中有14个特征变量通过了5%水平的显著性检验，对家用二手车价值有显著影响，分别是行驶里程、使用年限、修复次数、4S店保养、商业险是否到期、座椅材质、多媒体配置、最大扭矩、发电机类型、变速箱类型、安全气囊、汽车保值率、市场占比、新车

指导价。将30个样本代入得到多元线性模型的评估结果，见表9。可以看到，在本文所选取的30个样本中，使用多元线性回归模型进行评估，有25个样本的评估结果的误差小于20%，即83%的样本误差在20%以内。

为验证家用二手车特征价格模型的评估效果，分别将评估结果与实际成交价，以及与使用多元线性模型进行评估得到的评估结果进行对比分析，对比结果如表8和表9所示。通过将特征价格模型的评估结果与案例的真实成交值进行对比分析发现，在本文所选取的30个交易案例中，40%的样本误差小于10%，90%以上的样本误差控制在20%以内，评估结果与实际成交价较接近，这反映出本文所构建的家用二手车价值评估模型在一定程度上具有合理性和可行性。

其次，使用特征价格模型与多元线性回归模型分别对30个案例进行评估，发现使用前一种方法只有2个样本的误差大于20%，即93%的样本误差在20%以内；后者的评估结果有5个样本的误差超过20%，即83%的样本误差在20%以内。由此可知，特征价格模型的评估结果精度更高；相较于多元线性回归模型，特征价格模型的评估误差波动更小。另外，多元线性回归模型中，22个变量中只有14个变量通过了显著性检验，该模型解释了影响家用二手车价值的14个因素，而特征价格模型将22个特征变量通过因子分析降维为六大因子，包含的变量信息更多，对变量的解释能力更强。综合来看，本文建立的家用二手车价值评估准确率更高、评估效果更胜一筹。

五、结论与展望

本文从完善二手车价值影响因素指标体系出发，使用特征价格理论和因子分析法构建了家用二手车的特征评估模型，为家用二手车的规模化、批量化评估提供新思路。首先，本文基于特征价格理论选取囊括基本配置、车况特征、市场特征三大方面共22个指标，构建了家用二手车价值影响因素指标体系；然后引入因子分析，分析各变量之间的相关关系，将相关性较强的变量归为一类，以达到降维的目的，重新构建出能够反映原始变量的大部分信息的六大综合因子。以二手车市场中汽车品牌市场占有量为基础，按照品牌份额占比大于1%的标准，选取了24个汽车品牌共720个样本建立模型，进行实证分析，得到家用二手车特征评估模型。最后，选取30个案例进行分析，将评估结果与实际成交价、多元线性模型的评估结果对比，评价该模型的效果。研究发现，性能因素、品牌因素、舒适因素对家用二手车价值的影响程度较大。

本文特提供如下建议以供参考。第一，从消费者行为感知方面进一步完善家用二手车价值评估指标体系。后续研究可将车主卖车意向等因素纳入指标体系，提高评估结果的准确性。另外，针对数据难以线上采集的问题，可采用线上线下结合的方式，通过实地调研、走访调查等方式获取数据。第二，增加样本容量。本文的样本选取了品牌份额大于1%的24个汽车品牌共720条数据，虽然最终拟合效果和评估精度较好，但依然存在汽车品牌和车型不够全面、样本量不足等问题。后续研究可以考虑扩充样本量，增加评估模型的适用性。第三，进一步提高估值模型的针对性。后续研究可对二手车的品牌或者档次等级作区分，有针对性地选取影响因素，建立模型，做到精细化评估，提高评估的准确性和针对性。

参考文献

[1] 曹奥臣，李攀艺，胡丹．朝南的溢价：来自重庆市主城区二手住宅的检验证据[J]．中国资产评估，2020（10）：38－39.

[2] 陈庚，朱道林，苏亚艺．大型城市公园绿地对住宅价格的影响——以北京市奥林匹克森林公园为例[J]．资源科学，2015，37（11）：2202－2210.

[3] 何娟，丁磊，牛小丹．城市开放空间价值评估：Hedonic法应用研究[J]．中国人口资源与环境，2016（S1）：393－396.

[4] 蒋一军，裘江辉．房地产价格指数与Hedonic模型[J]．中国资产评估，1996（6）：30－32.

[5] 雷泽坤，郑正喜，许宪春．基于电商平台大数据的特征价格指数研究[J]．统计研究，2020（8）：22－34.

[6] 李攀艺，胡丹，曹奥臣．我国城市房价与空气质量关系研究——基于139个城市经验证据的分析[J]．价格理论与实践，2020（6）：166－169.

[7] 刘蓓佳，刘勇．基于Hedonic模型的城市轨道沿线房价特征分析[J]．西南大学学报（自然科学版），2016，38（8）：83－89.

[8] 王力宾．特征价格指数的理论与实证研究——以计算机价格指数为例[J]．云南财经大学学报，2006（6）：23－28.

[9] 王艳聪．环境污染与城市房价[J]．现代管理科学，2017（12）：50－52.

[10] 文苑棠．住房特征价格指数的编制[J]．统计与决策，2015（7）：16－19.

[11] 吴晓燕，周京奎．交通易达性对居民住宅支付意愿的影响研究——来自天津市内六区的调查[J]．经济与管理评论，2009，25（3）：145－151.

[12] 徐国祥，牟嫣，郭蔚婷．特征价格指数编制研究——我国计算机硬盘价格实证分析[J]．财经研究，2008（6）：110－119.

[13] 张骥．学区房溢价的再估计：以北京市为例[J]．经济问题探索，2017（08）：62－68.

[14] 钟海玥，张安录，蔡银莺．武汉市南湖景观对周边住宅价值的影响——基于Hedonic模型的实证研究[J]．中国土地科学，2009（12）：65－70.

[15] 朱志豪．特征价格理论在汽车价格指数编制中的应用研究[D]．江西：江西财经大学，2016.

[16] 竺荣梁．杭州二手房特征价格及其指数研究[D]．浙江：浙江工商大学，2011.

[17] Benjamin J D，Sirmans G S. Mass Transportation，Apartment Rent and Property Val-

ues [J]. Journal of Real Estate Research, 1996, 12 (1): 1 –8.

[18] Bogart W T, Cromwell B A. How Much Is a Neighborhood School Worth? [J]. Journal of Urban Economics, 2000, 47.

[19] Breunig R, Hasan S, Whiteoak K. Value of Playgrounds Relative to Green Spaces: Matching Evidence from Property Prices in Australia [J]. Landscape and Urban Planning, 2019.

[20] Feenstra R C. Automobile Prices and Protection: The United States – Japan Trade Restraint [J]. Journal of Policy Modeling, 1985 (7): 49 –68.

[21] Griliches Z. Hedonic Price Indexes for Automobiles [J]. Price Stats of the Federal Government, 1961.

[22] Lancaster, Kelvin J. A New Approach to Consumer Theory [J]. Journal of Political Economy, 1966, 74 (2): 132 –157.

[23] Liu G, Wang X, Gu J, et al. Temporal and Spatial Effects of a "Shan Shui" Landscape on Housing Price: A Case Study of Chongqing, China [J]. Habitat International, 2019, 94: 102068.

[24] Lu J. The Value of a South-facing Orientation: A Hedonic Pricing Analysis of the Shanghai Housing Market [J]. Habitat International, 2018, 81: 24 –32.

[25] Ridker, Ronald G. and John A. Henning. The Determinants of Residential Property Values with Special Reference to Air Pollution [J]. Review of Economics and Statistics, 1967, 49 (2): 256 –257.

[26] Rosen S. Hedonic Prices and Implicit Markets: Product Differentiation in Pure Competition [J]. Journal of Political Economy, 1974, 82 (1): 34 –55.

[27] Zhang, L. , Liu, H. Price Premium of Green Labeled Dwellings in China [J]. Asian Real Estate Society Conference, 2014.

重置成本法下二手机器设备转让价值评估

周歆芮*

内容提要：机器设备作为生产制造类企业经营的核心资产，对资产评估的需求越来越大。但评估机器设备价值的方法较为单一，设备存在的各种磨损不易量化是机器价值评估存在的主要问题。本文以广州市白云泵业集团有限公司成都分公司的一台数控机床为研究对象，评估该机床的转让价值。本文主要研究如何削弱重置成本法评估存在的主观性，选用重置成本法为主评估方法，计算实体性贬值时采用综合成新率；再用市场法为辅助评估方法验证使用综合成新率后的重置成本法评估结果是否合理；最后解释两种评估结果差异的原因并给出相关建议。

一、引　　言

机器设备评估在经济生活中涉及广泛，受到颇多关注，对企业而言，机器设备占企业固定资产的比重达到了50%以上，尤其是在自动化背景下，机器设备几乎是生产制造类企业能否正常运行的关键要素，机器设备评估已经成为资产评估领域相当重要的一个板块。但是目前国内关于机器设备价值评估方面的研究相对较少，评估机器设备价值的思路比较单一，特别是评估二手机器设备价值时对于机器存在的有形磨损和无形磨损的确定至今没有完备的处理手段。

重置成本法是评估机器设备价值最为常用的一种方法，其次便是市场法，收益法使用频率通常较少。通常用于评估机器设备价值的三种评估方法都存在一定缺陷，能否弥补、如何弥补所使用的评估方法的缺陷是具体评估过程中需要考虑的关键。评估机器设备的思路简单，但合理确定相关参数十分复杂，无论是使用重置成本法还是市场法评估二手机器设备的价值，都需要考虑被评估机器设备的有形、无形损耗，但这些磨损的确认具有极强的主观性，如何确保其评估结果的合理性成为值得我们关注的问题。因为同一评估设备在相同评估目的、相同状态和同一评估基准日下时，使用不同评估方法所得

* 周歆芮，重庆理工大学经济金融学院硕士研究生，研究方向：车辆价值评估。

出的评估结果应当是趋同的，所以本文认为可以同时使用两种不同的评估方法来评估同一评估对象，一种为主评估方法，另一种为辅评估方法，对比两种评估方法评估结果的差异，以此判断主评估方法的合理性。并且可以在计算待估设备成新率时，先分别用使用年限法和观察打分法计算成新率，再赋予不同权重计算综合成新率，虽然使用加权平均方法确定具体权重时会带有主观情绪，缺乏权威的科学依据，但这种方法的使用却可以降低成新率出现大的偏差的概率。

有鉴于此，为了探索和论证上述提到的关于完善二手机器设备价值评估的方法是否有效，本文以白云泵业成都分公司拥有的一台数控铣床为例，使用重置成本法和市场法两种不同评估方法来研究该机器设备的转让价值，其中使用重置成本法时运用加权平均法确定实体性损耗，并用市场法来验证成本法的评估结果是否合理。本文的研究具有两点意义：第一，通过依托重置成本法这一评估方法估测该机器设备的重置成本，确定并从重置费用中扣减机器设备已产生的各项贬值，探索使用加权平均计算综合成新率的可行性，从而得出评估对象的实际价值，为被评估机器设备转让定价提供依据；第二，通过对比重置成本法和市场法评估结果的差异，解释评估结果出现差异的原因从而论证重置成本法评估结果是否合理。

本文后续的结构安排如下：第二部分为文献综述，第三部分对评估对象进行了分析，第四部分进行了评估方法的选择，第五部分为本文的研究结论与建议。

二、文献综述

（一）国内文献综述

因为如何合理确定机器设备成新率是一个难题，所以国内研究者在研究重置成本法评估机器设备价值时大多都关注于如何合理确定机器设备的成新率这一问题，纷纷为削弱成新率的主观性提出自己的意见和解决方法。林钦（2020）认为收益法和市场法不适用于评估那些具有特殊情况的新设备，成本法是三种基本方法里面使用最广泛的评估方法，还认为能否得到一个可靠的评估结果很大程度上依赖于评估人员是否严格遵守的评估准则和评估程序。宋百苓（2019）认为使用成本法评估机器设备时应当结合实操经验辅助确实重置成本和成新率，提出了改进成本法评估机器设备价值的建议，主张深入研究影响成新率的 14 种因素，探讨如何量化这些因素才能更客观地评估价值。李菲（2019）认为成套专用设备的价值和它生产出来的产品紧密相关，具有整体性，评估时应当在评估普通机器设备的基础上增加相关指标，并对在用状态下的成套专用设备使用了两种不同评估方法评估。李攀艺等在机电设备评估的论文中提到当利用重置成本法评估机电设备价值时，由于影响机器设备实体使用状况的因素较多，难以完全囊括，实体性贬值额的确定与实际情况可能存在误差，所以不仅需要考虑设备已使用年限和设备的各组成部分的磨损程度，还应该考虑其他影响因素，计算综合成新率，使实体性贬值率更加全面从而使计算结果更加确切。谢方琳（2014）认为成新率只能反映设备的有形损耗程度，需分别计算不同类型的贬值，不存在综合贬值率的说法，当机器设备存在功能性贬值或经济性贬值时，不能使用“评估值＝重置成本×成新率的公式”。张宏伟（2010）认为成本法是基于资产价值时间等价基础之上的，资产的重置成本会随市场因素和自然因素变化而变化，因此在确定重置成本时要充分考察宏观市场。马超等（2009）提到增值税是机器设备的价外税，本身就是机器设备价值的一部分，在具体评估机器设备价值时一般不用扣除。陈石（1993）认为使用重置成本法评估机器设备价值时需要同时考虑机器的有形磨损和无形磨损，有形磨损并不一定是直线型的，仅仅简单使用年限法得出有形磨损并不科学，设备的有形磨损可以通过对比同类设备的价格和生产能力反映出来。

（二）国外文献综述

机器设备评估最早起源于国外，国外机器设备评估的相关理论为我国机器设备评估提供了许多启示。帕赞等（Pupazan G et al.，2020）认为许多特殊的设备价值在当前还无法评估，并在杂志上提出爆破类设备的例子，阐述了其评估的特点。尼日利亚的楚卡（Chukwuka，2018）在第十届国际机器设备评估大会上指出功能性贬值包括功能性贬值和技术性贬值，并提出评估师分析技术性贬值时可以使用生命周期进行分析，这一观点在国际上引起广泛认可。弗朗西斯科（Franscisco，2017）认为在具体的评估实践中，各种评估方法需用到的经济参数都存在一定的不确定性，这种不确定性无法避免，但可以使用回归模型预测，用科学的方法估算贬值额。穆尔黑德（Moorehead，2009）创新地将实物期权模型和机器设备评估相结合，并从实物期权的理论，适用范围等方面论述了这种创新的依据。约瑟夫（Joseph A. Laronge，2000）认为重置成本法评估机器设备价值主要基于替代原则，并提出在实例中使用重置成本法应当注意评估细节。蒋（Jang C. Hwang，2003），通过分析企业内不同类型资产已经出现的实体性贬值和设备市场价值的函数关系，得出计算机器设备的价值必须将实体性贬值考虑在内的结论。奥林纳（Oliner，1996）提出使用 CAE 分析方法模拟机器设备的技术状态，根据机器设备的技术状态打分进而测算设备的无形磨损程度。

综上所述，为削弱重置成本法评估二手机器设备存在的主观性，得出科学合理的评估结果，需要对影响机器设备各种磨损的各种因素建立综合评判体系。本文在前辈学者研究成果上，探索二手机器设备的成新率确定方法，并使用市场法验证重置成本法的评估结果是否合理。

三、评估对象分析

（一）评估对象

广州市白云泵业集团有限公司成都分公司（以下简称“白云泵业成都分公司”）是一家水泵零售公司，有一台闲置数控铣床，该铣床由北京一机公司生产，数控立式铣床 xa503 普通升降台，购买日期为 2019 年 7 月，购买即使用，正常情况下可使用 10 年，但能为公司带来经济效益的时间仅 5 年。该铣床是一种通用设备，使用用途广泛，白云泵业成都分公司将其用于泵机外壳打磨抛光。该铣床仅使用半年，因公司经营战略转变，不再自主加工泵机外壳，该设备在其余时间均闲置。设备不存在重大故障、维修记录，库存环境良好，工作强度正常，无明显磨损，现存状况良好。白云泵业成都分公司打算将其出售，评估基准日为 2022 年 1 月 31 日（见表 1）。

表 1　　　　评估对象基本情况表

评估对象	升降数控铣床
购买时间	2019 年 7 月
产品型号	xa503
主轴转速范围	30 - 1500（rpm）
工作台尺寸	135 × 30（mm）
役龄	10 年
历史成本	87000 元
评估基准日	2022 年 1 月 31 日

（二）评估目的、价值类型和评估假设

明确评估目的，评估价值类型和评估假设是合理评估被估资产价值的前提条件，因此在确定评估方法和评估模型之前先需要选择合理的评估目的、价值类型和评估假设。

评估目的是指评估对象价值将要应用于什么样的经济行为是开展评估工作首先要明确的重要事项。该铣床为白云泵业成都分公司的闲置设备，结合公司现行经营模式考虑，公司打算出售该设备换取货币资金，出售后该设备的所有权将发生改变，因此评估目的为转让设备。

价值类型是评估结果的价值属性，对评估结果具有重要影响，选用的评估价值类型不同，最终的评估结果也会有所差异。该铣床的功能、状态和外

形良好，不存在报废迹象，该转让也是正常转让，不存在强制转让因素，在二手市场上存在一个较长的展示期，其价格不单独受任何一个市场参与者决定，而是由市场参与者数量和市场供求关系决定，因此选择的价值类型为市场价值。

评估假设是评估结果成立的前提。该铣床在二手市场上被正常转让，评估该机器设备的价值需以正常的市场条件为依托，并且这个市场是公开市场，机器设备在市场上的价格是由客观条件决定，不受个别人为因素而改变，因此选择的评估假设为交易假设和公开市场假设。

四、评估方法的选择

由于机器设备的价值在不同行业、不同企业、不同用途对应使用的评估方法是不同的，评估结果也会不同，因此如何选择恰当的评估方法是使评估结果合理的重点。对于一个正常经营的企业而言，机器设备是一个企业能够正常运作的重要组成部分，和企业内其他资产共同发挥作用给企业带来收益，通常没有独立获利能力，因此在评估机器设备价值时，收益法并不常用。该铣床属于通用设备并且尚未被市场淘汰，在市场上很容易找到可比的具有相同功能的设备，并且该铣床的成新率也容易确定，因此在评估该铣床价值时，成本法和市场法都适用，成本法充分考虑了评估对象的有形损耗和无形损耗，使评估结果更符合在市场上获得某项资产购买者愿意付出的平均价格；而且成本法对专用设备、不存在交易市场或未来收益难以预测等资产的评估仍然适用。

本文使用的主要评估方法是成本法，另外简易使用市场法检验成本法评估结论是否合理（如果成本法评估结果和市场法评估结果的差异不超过3%，则检验结果为合理），为转让该铣床定价提供合理参考意见。被评估铣床是通用设备，可以很容易在市场上收集到同类型设备的交易价格，使用市场法评估通用设备更为简单，评估结果也更贴近市场价格；相比于市场法，成本法在评估机器设备价值时运用更广，但存在一定主观性。可以将市场法评估结果看作已知量，成本法评估结果看作未知量。在正常情况下，同一项机器设备在同一评估基准日相同评估目的下、同时使用不同评估方法的评估结果应当是趋同的，即存在差异但保持在一个合理范围内。因此可以使用已知量验证未知量的方法，即市场法验证成本法。

（一）重置成本法

重置成本法是先估算假设在当前情况下生产或购买一项功能相同或相似的全新设备需要花费的费用（重置成本），根据扣除待评估机器设备实际存在的各项贬值额后的余额来确定被评估资产价值的评估技术方法就是成本法，公式表示为：评估值 = 重置成本 − 实体性贬值 − 功能性贬值 − 经济性贬值。

1. 确定重置成本

重置成本包括复原重置成本和更新重置成本两种，前者是现行价格水平下重置一项与被评估机器设备完全一样的全新设备的费用，后者则是采用全新的技术、设计、材料和规格生产具有类似功能的设备所花费的成本。二者差别在于复原重置成本只考虑了物价变动水平，更新重置成本除了考虑物价变动以外还考虑了技术更新。当复原重置成本和更新重置成本在市场上可以同时获得时，选择何种重置成本很大程度上会影响最终评估的结果。在选择重置成本时，我们可以结合机器设备的性质和机器设备服务的企业所处的行业特性作出选择。如果评估的机器设备只受物价变动影响或技术更新对机器设备价值影响不大，则可以选择复原重置成本，若市场上该种机器设备的技术更新速度较快或价值受技术影响较大，则选择使用更新重置成本。由于如今技术发展过快，产品更新周期短，如果可以同时获得复原重置成本和更新重置成本，最好是优先选择更新重置成本，既可以减少评估工作量，又可以使评估结论更趋于合理。

重置成本包括购买设备本体的成本、运杂费和安装调试费及间接费用。经在官网查询，该设备（2019 年批次）的目前市场报价为 85000 元/台，而具有相同功能的设备 2021 年批次官网报价 83000 元/台（含税价），根据分析，选择更新重置成本，故该设备现行购置价为 83000 元/台。该设备不需安装调试费，二手转让设备运费一般由卖方承担，参考《最新资产评估常用数据与参数手册》（京新登字 041 号），根据设备的重量、体积及起运地距离和同类设备安装调试费的特点，确定运杂费为设备购买价的 1%。于是，可以得到该机床的重置成本为 83000 ×（1 + 1%）= 83830（元）。

2. 实体性贬值率的确定

计算被评估设备实体性贬值率的方法主要有使用年限法、观察法和修复费用法三种，因该铣床的实体性贬值无法修复，故修复费用法在此并不适用。在利用使用年限法和观察法计算成新率时，必须与使用单位记录的该种机器设备的开工情况相符，为机器设备状态打分时应结合多个权威专家的意见。对于由多个部分组合而成的机器设备，还需要单独考虑每个组成部分的成新率，计算整体实体性成新率，整体实体成新率不能直接以各部分实体成新率的平均值确定，要综合考虑各种影响因素而确定。使用年限法没有考虑到设备的具体磨损程度，观察法打分又带有主观性，因此本文采用加权确定实体性贬值率的方法，分别赋予使用年限法和观察法计算出来的实体性贬值不同权重，计算综合成新率。

（1）使用年限法

使用年限法计算实体性贬值率是根据设备已使用年限和使用寿命之比确

定的。机器设备的寿命并不是确定后就一成不变的，会因为其自身在生产运作的过程中的实际磨损，维修经历和保养情况而有所不同，也会因技术的发展而导致设备的性能不能适应工作的需求、设备的更替、自然环境造成的磨损等发生变化。因为不确定的因素众多，所以确定设备评估价值的难度较大。在确定被评估机器设备的使用寿命时，可以从市场上考察同类设备的使用寿命，求其平均值，或者根据相关部门规定的预期的使用寿命进行计算。机器设备的使用寿命根据不同性质又分为物理寿命、技术寿命和经济寿命，采用不同性质的使用寿命计算实体性贬值和经济性贬值，也会导致评估结果不同。当这三种寿命同时知晓时，选择最短的作为使用寿命。

该设备于 2019 年 7 月投入运行。在正常使用情况下，该铣床的物理寿命为 5 年，但一台铣床投入生产后的最佳经济寿命为 5 年，因此确定该铣床的使用寿命为 5 年，至评估基准日（2022 年 1 月 31 日）已连续使用 0.5 年。实体性贬值率为 0.5/5 = 10%。

（2）观察法

在利用观察法计算成新率时，必须与使用单位记录的该种机器设备的开工情况相符，为机器设备状态打分时应结合多个权威专家的意见（见表 2）。由多个部分组合而成的机器设备，还需要单独考虑每个组成部分的成新率，计算整体实体性成新率，整体实体成新率不能直接以各部分实体成新率的平均值确定，要综合考虑各种影响因素而确定（见表 3）。

表 2　　评估对象打分情况

观察项目	因素现状	标准分值	得分情况
维修保养状况	一般	10	7
设备故障经历	无故障	10	9
设备储放条件	良好	10	8
设备负荷情况	负荷不足	10	10
合计		40	34

表 3　　分部打分情况

组成部分	得分情况（10 分）	权数
机体	8	0.4
动力系统	8	0.3
数控系统	8	0.2
其他部分	7	0.1

该设备主要由机体部分、动力系统和数控系统等部分组成，根据现场勘

查的该设备实体状况及检修记录，将该铣床实际情况与购买该铣床计划的工作条件和维修保养情况等因素进行对比打分。计划一年对该铣床保养一次，该铣床投入使用至今仅保养4次（使用期间保养了两次，闲置期间保养了两次），此类铣床自使用以来，仅更换过小零件，不存在大维修；设备被闲置后储放于仓库，条件比原工作地点较差。具体打分如下，经计算，该设备的整体得分率为34/40＝85%，分部得分率为（8×0.4＋8×0.3＋8×0.2＋8×0.1）/10＝80%，则综合实体性贬值率为1－85%×80%＝32%。

（3）加权确定成新率

被评估机床闲置时间较长，使用年限法计算出来的贬值率偏低，避免高估设备价值，不宜赋予使用年限法计算结果较高权重，观察法从实际磨损反映了被评估设备的实体贬值，虽存在主观性，但与实体性贬值的实质更贴合，应占更大比重。故将年限法贬值率权重设定为40%，观察法贬值率权重设定为60%，加权实体成新率为1－（10%×40%＋32%×60%）＝76.8%。

3. 功能性贬值的确定

功能性贬值可以是由超额投资成本引起的，也可以是由超额运营成本引起的。超额投资成本是从购买角度出发，如今购买同种设备与过去相比所节约的部分就是被评估设备的超额投资成本；超额运营成本是如果被评估机器设备要继续使用的话在现行条件下，与同类型新设备相比，需要花费的更高的人力、物力、能源等成本。本文在评估过程中采用的是更新重置成本，也就是说已经考虑了由超额投资成本引起的功能性贬值，在计算功能性贬值时不再重复考虑该部分。据了解，目前市面上的同类新设备与本文选取的重置参照设备相比，功能先进程度相同，运行过程中不能节省相关成本，因此该设备不存在由超额运营成本引起的功能性贬值。

4. 经济性贬值率的确定

经济性贬值是由机器设备自身因素以外的其他因素造成的设备利用率下降或为企业带来收益减少、成本增加等。原机器设备现已闲置，使用原机器设备加工泵机外壳每年可为公司节省2500元，不再使用该设备后需额外付出费用委托第三方加工，该公司成本将多出2500元，从评估基准日到该设备失去经济价值时尚余2.5年，白云泵业成都分公司折现率选择为2%①，根据公式求得该设备经济性贬值为2500×（P/A，2%，2.5）＝2500×2.415＝6037.5（元）。

5. 评估值的计算

评估值＝重置成本×实体成新率－功能性贬值－经济性贬值，可得评估

① 折现率选取参照的是3年期国债利率。

值为 83830 ×76.8% −6037.5 =58343.94（元），即该机器设备在评估基准日 2022 年 1 月 31 日的评估价值为 58343.94 元。

（二）市场法

市场法是指通过收集市场上近期交易的、与被评估机器设备可比的设备的交易信息，分析被评估设备与可比设备存在的、会影响设备价值的差异并根据存在的差异对交易价格进行调整以此确定被评估机器设备价值的方法。公式表示为：评估值 = 参照物市场交易价格 × 修正系数。

1. 参照物对比

经过对被评估机器设备的分析，在市场上选取了三个具有相同功能但生产厂家不完全相同的参照物。三个参照物的交易时间与评估基准日间隔均在一年以内，都是在二手市场上进行正常交易，并且都是在网站上全国范围内公开售卖，根据市场调查将评估对象与参照物对比，具体情况如表 4 所示。

表 4　评估对象参照对比表

比较因素	评估对象	参照物 A	参照物 B	参照物 C
名称	数控铣床	数控铣床	数控铣床	数控铣床
规格型号	xa503	xa503	x5032	x5040
制造厂家	北京一机	北京一机	沈阳一机	中科达利
出厂日期/役龄	2019 年 3 月/10 年	2019 年 3 月/10 年	2019 年 5 月/10 年	2019 年 5 月/10 年
安装方式	不安装	不安装	不安装	不安装
状况	良好	良好	良好	良好
交易市场	全国	全国	全国	全国
市场状况	二手设备市场	二手设备市场	二手设备市场	二手设备市场
交易背景及动机	正常交易	正常交易	正常交易	正常交易
交易数量	单台交易	单台交易	单台交易	单台交易
交易日期	2022 年 1 月	2021 年 7 月	2021 年 9 月	2021 年 4 月
转让价格（元）	—	61000	58000	63000

2. 确定修正系数

三种参照物与被评估设备在规格型号，制造厂商和生产日期上虽存在差别但对设备功能和价格影响不大，因此本文不对这些要素作出调整。因此，在表 3 中提到的参照因素中需调整的只有交易日期因素。本文采用价格定基变动指数调整交易日期因素，价格定基变动指数见表 5。

表 5　　价格定基变动指数

时间		2019 年 8 月	2019 年 9 月	2019 年 1 月	2019 年 11 月	2019 年 12 月
价格月度同比涨跌（%）	—	2.8	3.0	3.8	4.5	4.5
时间	2020 年 1 月	2020 年 2 月	2020 年 3 月	2020 年 4 月	2020 年 5 月	2020 年 6 月
价格月度同比涨跌（%）	-0.3	-0.2	0.4	0.9	1.3	1.1
时间	2020 年 7 月	2020 年 8 月	2020 年 9 月	2020 年 1 月	2020 年 11 月	2020 年 12 月
价格月度同比涨跌（%）	1	0.8	0.7	1.5	2.3	1.5
时间	2021 年 1 月	2021 年 2 月	2021 年 3 月	2021 年 4 月	2021 年 5 月	2021 年 6 月
价格月度同比涨跌（%）	5.4	5.2	4.3	3.3	2.4	2.5
时间	2021 年 7 月	2021 年 8 月	2021 年 9 月	2021 年 10 月	2021 年 11 月	2021 年 12 月
价格月度同比涨跌（%）	2.7	2.4	1.7	0.5	-0.5	0.2
时间	2022 年 1 月	—	—	—	—	—
价格月度同比涨跌（%）	0.9	—	—	—	—	—

交易日期调整系数 = 评估基准日价格指数/参照物交易时价格指数

参照物 A 的交易日期是 2021 年 7 月，价格定基变动指数为 2.7%；参照物 B 的交易日期是 2020 年 7 月，价格定基变动指数为 1%；参照物 C 的交易日期是 2020 年 4 月，价格定基变动指数为 0.9%；评估基准日的价格定基变动指数是 0.9%。

参照物 A 修正系数 = (1 + 0.9%)/(1 + 2.7%) = 0.9825

参照物 B 修正系数 = (1 + 0.9%)/(1 + 1.7%) = 0.9921

参照物 C 修正系数 = (1 + 0.9%)/(1 + 3.3%) = 0.9768

3. 确定评估值

参照物 A 修正价格 = 61000 × 0.9825 = 59932.5（元）

参照物 B 修正价格 = 58000 × 0.9921 = 57541.80（元）

参照物 C 修正价格 = 63000 × 0.9768 = 61538.40（元）

评估值 = (59932.5 + 57541.80 + 61538.40)/3 = 59670.90（元）

（三）评估结果对比

在正常情况下，可以使用多种评估方法评估同一项机器设备的价值，并且相同评估目的和评估假设下不同评估方法的评估结果应当是趋同的，对比多种评估方法的评估结果的差异，可以判断评估结论的合理性。评估结果差异对比如表 6 所示。

表 6　　评估结果差异对比　　单位：元

评估方法	成本法	市场法
评估结果	58343.94	59670.9
评估差异	以成本法评估：（59670.9 – 58343.94）/58343.94 = 2.27%	

两种评估方法的评估结果差异小于 3%，说明两种不同方法所得出的评估结果相近，可验证使用成本法所得到的结果趋于合理。

（四）评估结论和定价建议

对比重置成本法与市场法的评估结果，本文得出使用重置成本法评估出来的结果具有合理性的结论，该项机器设备的评估值为 58343.94 元。由于评估基准日到机器设备成交日有一段时间，这一段期间内市场可能会发生波动，为避免物价上涨时价格过低导致亏损和物价下降时转让价偏高错失转让时机，本文建议白云泵业集团有限公司成都分公司可以将该机床转让价格定在 58000 元与 59000 元之间，具体可根据实际情况在此区间内调整转让价。

五、结论与建议

本文以一台二手数控铣床的转让价值为评估对象，同时使用重置成本法和市场法评估，本文着重对如何削弱确定成新率时的主观性作了处理，采用加权平均的方式计算综合成新率。经计算，两种评估方法的结果存在差异，重置成本法评估得到被评估机床的价值为 58343.94 元，市场法评估得到机床价值为 59670.9 元，评估结果存在差异的原因可以归结于以下两个方面：其一，市场法中机器设备市价只包括了设备本体价值，而且本文选取的参照物在售卖过程中运杂费均由卖方承担，是从卖者角度确定的交易价格，而重置成本除了包括机器本体外还可能包括了运杂费、安装调试费等其他费用，虽然也是转让设备，但是以初次购买的角度在测算重置成本；其二，市场法评估所寻找的参照物只是和被评估设备相似，不能做到成新率、功能状态和利用程度完全一样，因此最终评估结果只会相近不会完全相同。

本文的主要研究成果指出，使用成本法评估机器设备的评估价值时，必须重视下列三点：第一，通过对市场条件和被估价固定资产的客观环境综合分析确定重置费用，在必要时还可将设备更新的重置费用与城市物价变化指标组合在一起，以防止由于忽视了时间因素，而导致设备最终的评估价值被降低或高估；第二，对实物形态损失的测算，在考察已使用期限以及设备的各部分损坏程度的基础上，还需要综合设定影响价值各因素的权重，并测算综合成新率，从而使得实物形态贬值率较为精确；第三，因为成本法公式中对一些参数的确定具有主观性，为了确保使用成本法评估出的结果合理，可以选择使用其他适用路径进行再评估，将两次评估结果进行对比，看结果是否存在较大差异，以此判断计算结果的合理性。在评估实践中，本文所提出的采用多种方法路径评估资产价值可以为其他资产评估提供借鉴。本文所研究的机器设备价值评估主要是作出理论层面的分析和价值评估，笔者的专业水平及实践能力存在欠缺，主要存在以下两点不足：其一，是对影响机器设备价值的因素未考虑完整，在确定各项贬值额和成新率时仍存在不合理的地方，观察法打分过程过于粗糙；其二，评估差异并不是判定评估结果是否合理的必然条件，使用市场法评估结果验证成本法评估结果并不能排除两种评估方法的评估结果差异保持在合理区间内，而两种评估结果均错误，或成本法评估结果正确但用于验证的市场法评估结果不合理，使得两种方法评估结果存在较大差异的情况。笔者在研究的过程中只运用所选取的案例进行了计算和分析，而在实际操作中，评估工作人员面对更加复杂的评估实例，需要更多实际操作经验来进行验证和不断丰富，才能进一步地提升和完善。

参考文献

[1] 陈石．建议采用“恢复功能费用法”对机器设备进行价值评估［J］．财会通讯，1993（3）：51.

[2] CHUKWUKA，赵晨．技术使贬值加速——评估师该如何考虑［J］．中国资产评估，2018（2）：51－56.

[3] 李菲．成套专用设备价值评估研究［D］．天津：天津商业大学，2019：5－45.

[4] 李攀艺，陶传彪，齐芙蓉．面向机电设备评估的成本法及应用研究［J］．重庆理工大学学报（社会科学），2015，29（4）：61－66.

[5] 林钦．浅析资产评估中基于成本法在机器设备评估的应用［J］．纳税，2020，14（36）：153－154.

[6] 马超，李春芳．增值税转型及机器设备评估实务的探讨［J］．中国资产评估，2009（9）：24－27.

[7] 宋百苓．基于改进成本法的机器设备评估研究［D］．徐州：中国矿业大学，2019：19.

[8] 谢方琳．机器设备评估的质量问题辨析［J］．中国资产评估，2014（8）：39－41.

[9] 张宏伟．探析资产评估成本法理论基础［J］．中国资产评估，2010（2）：17－18.

[10] Francisco J Lopez. Valuation of Small Business：An Alternative Point of View［J］. Journal of Business Valuation and Economic Loss Analysis，2017，Vol. 3（1）.

[11] Jang C. Hwang. Forms and Rates of Economic and Physical Depreciation by Type of Assets in Canadian industries［J］. Journal of Economic and Social Measurement（S0747－9662），2003（28）：89－108.

[12] Joseph A Laronge. Solving the Functional Obsolescence Calculation Question?［J］. The Appraisal Journal（S0003－7087），2000（7）：327－339.

[13] Moorehead，Ellsworth. The Sales Comparison Approach and the Appraisal of Complete Facilities［J］. The appraisal journal，2009（7）.

[14] OlinerS. New Evidence on the Retirement and Depreciation of Machine Tools［J］. Economic Inquiry，1996（34）：57－77.

[15] Pupazan G，Csaszar T，Andris A. Particularities Regarding the Evaluation of Large Equipment for Explosive Atmospheres［J］. MATEC Web of Conferences，2020（1）：305.

评估定价准确性与企业并购重组耗时*

——基于661家上市公司面板数据的实证研究

赖　玥　蒋雨见**

内容提要： 并购重组过程耗费的时间增加了并购重组的不确定性和机会成本，是企业并购重组上市中的重要考量，而评估中介机构评估定价准确性的降低可能会对并购重组的耗时带来影响，称之为并购重组中的“非准确评估效应”。本文基于661家上市公司包含并购重组交易和财务指标的面板数据进行计量分析，结果表明并购重组中的确存在非准确评估效应，即评估定价准确性越低，企业并购重组耗时越长。进一步地分样本异质性分析发现，是否关联交易、是否使用现金支付、使用不同的资产评估方法，以及政策新规前后的非准确评估效应都表现出极大差异；分行业异质性分析也发现，显著的非准确评估效应主要出现在工业能源行业中。

一、引　言

并购重组是经济发展的助力器，在国家政策部门调控经济结构中发挥重要作用，同时也是企业实现规模经济、资源配置和多元化发展等价值创造的最佳途径之一。因此，并购重组一直以来都是监管层、学术界和实务领域讨论的热点话题。

资产评估是企业并购重组的重要步骤，随着我国国民经济的高速发展以及产权市场的不断完善，企业并购重组活动日益增多，资产评估定价作为并购重组交易的重要定价依据愈发受到重视。准确规范的资产评估对企业并购重组活动的顺利进行十分关键，评估定价的准确性对于规范并购重组市场、加快市场化改革、激发市场活力，都具有重大意义。

现有研究对评估定价准确性的意义及差异结果的研究多从市场接受程度

---

* 基金项目：广西科技大学经济与管理学院研究生创新创业项目“评估定价准确性与企业并购重组耗时：基于上市公司面板数据的实证研究”。

** 赖玥，经济学博士、硕士生导师、副教授，广西科技大学广西工业高质量发展研究中心、经济与管理学院经济金融系，研究方向：贫困、不平等与经济增长，实验及行为经济学，博弈论及其应用等；蒋雨见，广西科技大学经济与管理学院2019级资产评估专业硕士研究生。

的角度入手（马小琪，2004；陈高明，2003），少数文献谈到了评估定价准确性对并购绩效的影响（朱景仰等，2015），但现有研究一定程度上忽略了评估定价准确性对企业并购重组实践操作的意义。在并购重组实践操作中，耗时问题是一个重要的研究课题（Bhagwat et al.，2016）。在并购重组过程中存在较大的不确定性，主要体现为经营和决策的不确定性，例如，在并购重组发生期间，若被收购方经营情况在预期外变好，被收购方要求更高的交易价格则不利于收购方；反之，若被收购方经营情况在预期外变坏则不利于被收购方。此外，并购重组期间企业将资源和时间投入到并购重组谈判中具有机会成本，企业如果将这些时间和资源投入经营中会产生收益。很明显，并购重组期间的不确定性和机会成本会随并购重组耗时增加而增大，因此缩减耗时十分必要。国外研究者对投资银行和审计机构在并购重组耗时上有较丰富的研究，例如指出经验丰富的审计人员会减少并购重组的耗时和成本（Chahine et al.，2018），等等。资产评估机构作为在并购重组中与投资银行、审计机构同样重要的中介机构，受到的关注却较少。评估定价的准确性是否会影响企业并购重组耗时？如果是，那么又是通过什么渠道来影响？对这些重要问题，现有研究尚存在一定程度的不足。对这些问题的研究不仅能丰富评估定价准确性理论，更重要的是对企业并购重组实践具有重要的指导意义。基于此，本文运用了661家上市公司的面板数据，针对评估定价的准确性与企业并购重组耗时的关系进行了实证研究。

二、理论机制

评估定价准确性反映了评估专业人员给出的企业价值与并购交易双方认同的企业价值之间的差异。在并购重组实践操作过程中，标的资产的价值评估和交易价格确定是并购双方非常重视的问题，评估结果作为资产定价的参考依据，双方若对评估结果出现意见不和，必然会增加双方洽谈的难度，从而使并购重组耗费更长的时间。那么，评估定价准确性较低在一定程度上就可能造成企业并购重组的进程受阻，导致并购重组耗时增加，进而影响企业的抉择和市场的活力。

本文将评估定价准确性降低导致并购重组耗时增加的效应称为“非准确评估效应”。非准确评估效应有两个可能的传导途径，我们分别称之为“议价传导途径和审批传导途径”。

议价传导途径指的是，当评估定价准确性降低时，并购重组双方讨价还价的时间将会随之增加，从而增加并购重组耗时。一般来说，以达成协议为目的的并购重组双方会很快接受满足双方需求的评估结果即准确的评估值并作为定价参考，反之若评估结果不准确，则双方将会在定价谈判上会耗费更多的时间，从而增加并购重组整体耗时。不过，也有学者如巴瓦特等（Bhagwat et al.，2016）认为市场交易价格往往是评估师评估意见的互动结果，而不是公开市场交易双方的博弈结果。即便如此，评估定价不准确也会增加评估师意见互动的耗时，从而增加并购重组耗时。

审批传导途径指的是，当评估定价准确性降低时，并购重组委审核时间将随之增加，最终导致并购重组耗时增加。马海涛等（2017）分析了 2013 ~ 2015 年并购重组中证监会关于资产评估的反馈意见，发现重大资产重组中定价的公允性、评估中价值类型、评估方法和参数的选用合理性以及条件变动对评估值的影响等方面是证监会审核并购重组关注的重点内容。换言之，评估定价是否准确是并购重组委审核时关注的重点，评估定价不准确会增加监管层审核的时间，并购重组耗时增加。

根据上述两个传导途径推演，我们提出如下待检验假说：

H0（非准确评估效应）：评估定价准确性越低，即并购重组的成交价与评估值差异越大，并购重组耗时越长。

三、研究样本与变量指标选择

我们的样本来自 Wind 中国上市公司并购重组研究数据库。由于企业并购重组在不同时期面临不同规范制度的制约，因此不宜将样本的时间跨度拉得太大，以避免内生性因素的干扰。我们以 2011 年至 2017 年的 A 股上市公司为初始样本，并进行了以下数据筛选和处理：①仅保留并购交易为股权的样本。由于以机器设备等资产为交易标的样本存在资产内部转移及报废资产处置等情况，披露交易价格为 1，影响了评估定价准确性的度量，因此需要剔除。②剔除没有披露评估值的样本，原因在于无法度量评估准确性。③剔除交易不成功的样本，原因同样在于交易不成功的样本无法度量评估准确性。④剔除评估值与交易定价差异为零的样本。从资产评估的角度来看，真实差异为零的概率不会太大，零差异更可能是一种妥协的结果。双方为了增强合作信任，或者为了将来的共同利益，选择直接将评估值定为交易价格，以达到合作共赢的目的。因此，零差异样本无法真实表达评估定价准确性带来的影响，包含这些样本可能会导致评估差异与并购重组耗时之间的统计关系变得不够明朗，需要予以剔除。综上所述，共保留有效样本 661 个。另外，实证分析需要控制各上市公司的财务指标及公司治理情况相关变量，财务指标及公司治理情况数据从 CSMAR 数据库中获取，并手工整理汇总而成。

相关变量及描述性统计信息见表 1。表 1 中，企业并购重组耗时（TIME）为目标变量。企业并购重组可以分为初步接触阶段，收购协议阶段和实施重组阶段，其中主要步骤包括目标选择和分析、初步洽谈草签股权转让意向、正式洽谈、交易定价、签订股权转让协议、监管部门报批等。由于以评估结果为参考的交易定价主要发生在收购协议阶段，因此，拟选取评估报告出具日时点至股权转让日时点期间的时长作为并购重组耗时（TIME）的指标。

主要解释变量为评估定价准确性（DIFF）。由于评估结果的准确性很难直观体现，也没有相关指标来表示，本文沿用了严绍兵等（2008）、王竞达（2012）和阳黎军等（2014）等国内学者的研究方法，用评估定价差异，即评估值与最终交易价格的差异来表现评估定价准确性，差异越大，评估定价准确性越低，计算公式为：

$$\text{评估定价准确性（DIFF）}=\text{评估定价差异}=\left|\frac{\text{评估值}-\text{交易价格}}{\text{交易价格}}\right| \quad (1)$$

其他控制变量考虑了是否关联交易（RELATED）、是否现金支付交易对价（CASH）、评估方法（METHOD）三类异质性虚拟变量，每股收益（EPS）、公司营业收入增长率（GROWTH）、净资产收益率（ROA）、流动比率（SLACK）、企业自由现金流（FCFPS）等相关财务指标变量，还有年份虚拟变量（YEAR）和行业虚拟变量（INDUS）。

表1　变量描述性统计表

变量	变量定义	样本量	均值	中位数	标准差	最大值	最小值
TIME	并购重组耗时，用评估报告日至股权交割日期间耗时衡量，单位：天	661	168.508	165	83.397	546	7
DIFF	评估定价非准确性，用交易定价和评估值的差异衡量，为（评估价值－交易价格）/交易价格的绝对值	661	0.041	0.004	0.168	3.65	0
RELATED	是否为关联交易，是＝1	661	0.486	0	0.5	1	0
CASH	是否现金支付交易对价，是＝1	661	0.717	1	0.5	1	0
METHOD	评估方法虚拟变量，收益法＝1，其他方法＝0	661	0.831	1	0.5	1	0
EPS	每股收益，单位：元	661	0.306	0.214	0.891	16.539	－1.325
GROWTH	营业收入增长率	661	0.868	0.147	6.672	153.347	－0.784
ROA	净资产收益率＝每股收益/每股净资产	661	0.051	0.035	0.284	7.109	－0.705
SLACK	流动比率＝流动资产/流动负债	661	2.905	1.843	4.264	54.373	－5.132
FCFPS	企业自由现金流，单位：亿元	661	－2.536	0.138	27.769	46.628	－448.109
YEAR	年份虚拟变量，交易发生在2015年后＝1	661	0.705	1	0.456	1	0
INDUS	行业虚拟变量，工业及能源行业＝1，消费品及零售行业＝2，金融地产业＝3，医疗行业＝4，科技行业＝5						

从描述性统计来看，TIME 的均值为 168.508，中位数为 165，均值略高于中位数说明样本呈偏态分布，追加样本可趋向正态分布。RELATED 的均值为 0.486，说明样本中 48.6% 的样本属于关联交易。CASH 的均值为 0.717，说明样本中 71.7% 的样本交易支付对价方式选择了现金交易。METHOD 的均值为 0.831，说明样本中 83.1% 的样本对标的资产评估时选择的评估方法为收益法。YEAR 的均值为 0.705，说明样本中 70.5% 的样本交易发生在 2015 年之后。

四、基准实证分析：非准确评估效应的存在

我们采用如式（2）的线性回归模型检验我们的理论假设：

$$TIME_{i,j} = \beta_0 + \beta_1 DIFF_{i,j} + \sum_{n=2}^{N} \beta_n X_{i,j} + \varepsilon_{i,j} \quad (2)$$

式（2）中，$X_{i,j}$为一系列控制变量的集合，估计系数 β_0 为主要观察结果，若 β_0 显著为正，表明假设 H0 得到了验证，即“非准确评估效应”存在。基准实证回归的结果如表 2 所示。

表 2　　基准实证回归结果

被解释变量：TIME						
变量	(1) 基准	(2) 基准	(3) 缩尾	(4) 减尾	(5) 年份固定	(6) 滞后项
DIFF	0.034*** (0.02)	0.037* (0.021)	0.037* (0.02)	0.037** (0.019)	0.04** (0.02)	0.032* (0.02)
RELATED	0.033*** (0.007)	0.0334*** (0.007)	0.031*** (0.006)	0.027*** (0.006)	0.327*** (0.007)	0.032*** (0.007)
CASH	-0.014*** (0.007)	-0.016** (0.008)	-0.015** (0.007)	-0.013* (0.007)	-0.013* (0.008)	-0.013* (0.008)
METHOD	0.025*** (0.009)	0.024** (0.009)	0.022** (0.009)	0.015* (0.009)	0.024*** (0.009)	0.024*** (0.009)
GROWTH		0.000 (0.000)	0.000 (0.000)	0.000 (0.000)	-0.000 (0.001)	
GROWTH_1						0.000 (0.000)
ROA		-0.005 (0.012)	-0.005 (0.011)	-0.005 (0.01)	-0.005 (0.012)	

续表

被解释变量：TIME						
变量	(1) 基准	(2) 基准	(3) 缩尾	(4) 减尾	(5) 年份固定	(6) 滞后项
ROA_1						0.006 (0.039)
SLACK		0.000 (0.000)	0.000 (0.000)	0.000 (0.000)	0.000 (0.001)	
SLACK－1						0.000 (0.002)
FCFPS		0.000 (0.000)	0.000 (0.000)	0.000 (0.000)	0.000 (0.000)	
FCFPS_1						－0.000 (0.000)
YEAR		－0.035 *** (0.007)	－0.034 *** (0.007)	－0.03 *** (0.007)		
年份效应	控制	无	无	无	控制	控制
行业效应	控制	控制	控制	控制	控制	控制
常数项	0.306 *** (0.036)	0.187 *** (0.015)	0.170 *** (0.015)	0.171 *** (0.015)	0.247 *** (0.026)	0.3 *** (0.037)
样本量	660	660	660	648	660	660
R^2	0.109	0.072	0.072	0.075	0.099	0.108

注：参数上方的＊、＊＊与＊＊＊分别表示10%、5%及1%的统计显著性。括号中为稳健标准误。

表2检验了评估定价准确性对并购重组耗时的影响的线性回归结果。第（1）~第（2）列为初始样本的回归结果，可以看出，评估准确性对并购重组交易定价耗时的影响在10%的水平上显著为正，说明资产评估中介机构给出的定价准确性越低，企业并购重组从评估报告提交日到股权转让日期间耗费时间越长，证明了待检验假说H0，“非准确评估效应”的确存在。同时，我们通过变量的变化检验了模型（1）的稳定性。首先，在第（3）、第（4）列中分别对变量TIME进行缩尾和剪尾处理进行回归，第（3）列将变量TIME值域中处于1%至99%以外的取值用1%和99%的边缘值代替，第（4）列将变量TIME值域中处于1%至99%以外的样本删除，我们发现回归结果DIFF依然是显著正的，即模型（1）的结论依然成立，同时，缩尾处理后DIFF对TIME的影响显著水平提高至5%，表明我们的样本在删除可能存在异常值的

边缘样本后，非准确评估效应更加明显。其次，我们在第（5）列中加入年份固定效应，在第（6）列中添加了控制变量的滞后项。最终的回归结果我们发现 DIFF 对 TIME 都存在显著的正向影响，说明我们所得的结论较为稳健，非准确评估效应确实地存在于企业并购重组当中。

五、非准确评估效应的异质性分析

在异质性分析中，我们考虑了关联交易、现金支付、评估方法、政策效应和行业差异五种异质性情形，并分别进行分样本回归。表 3、表 4 进行了总结。

（一）关联交易

企业并购重组中，是否关联交易会极大地影响并购重组进程的耗时，一般来说关联交易的并购重组耗时更短。另外，是否关联交易也可能会影响到评估定价的准确性。

从表 3 可以发现，在不包含关联交易的样本中，DIFF 在 5% 的水平上显著为正，非准确评估效应存在。而在全为关联交易的样本中，DIFF 在 10% 的水平显著为负，非准确评估效应不再存在。说明企业间不存在关联交易时，评估定价准确性越低，并购重组耗时越长，而存在关联交易时，这种关系不再存在。一个可能的解释是：当并购重组双方属于关联方，由于利益的一致性，双方不会花费较多的时间在定价和谈判上，作为定价依据的评估结果是否准确对谈判耗时没有较大影响。关联交易的回归结果一定程度上反映了非准确评估效应的议价传导途径，即非关联方会花费更多的时间在交易定价上，造成并购重组耗时增加。

（二）现金支付

表 3 的分样本回归结果表明，在企业并购重组中，非准确评估效应只在使用非现金支付的交易中存在，而使用现金支付时，这种关系不再存在。造成这种影响的原因可能在于，大多数情况下合作时间不长的买卖双方并不欢迎现金方式支付对价，加之资产定价会对新公司股东权益和资本增益产生重大影响，因此资产评估的准确性差异会影响双方的谈判时间长短。对于使用现金支付的交易，大多发生在长期合作的买卖双方之间，双方了解程度深，因此资产评估定价的准确性对并购重组进程的影响并不显著。

（三）评估方法

在中介机构对待并购重组企业进行评估时，选择不同的评估方法可能会影响评估定价的准确性。收益法是最常用的评估方法，不过有学者提出在企业并购中使用收益法评估企业价值可能导致较大误差（程凤朝等，2013），因此我们需要考察使用收益法或其他方法对非准确评估效应有何差异。从表3结果来看，在使用收益法的样本中DIFF在5%的水平上显著为负，而在使用其他方法的样本中DIFF在5%的水平显著为正。在使用不同评估方法的样本中，非准确评估效应迥异。一个合理的解释是：当使用非收益法的评估结果作为定价依据时，由于评估方法易于常规操作，双方会更为在意评估的准确性，准确性越低，在议价上会花费更多的时间，表现出显著的非准确评估效应。

表3　关联交易、现金支付、评估方法和政策效应的差异

项目	因变量：TIME							
	关联交易		现金支付		评估方法		政策效应	
	是	否	是	否	收益法	其他	2015年后	2015年前
DIFF	-0.113** (0.044)	0.06** (0.027)	-0.124* (0.065)	0.049** (0.021)	-0.139** (0.064)	0.053** (0.026)	0.043** (0.021)	-0.204 (0.152)
RELATED	0.037*** (0.007)	0.019 (0.015)			0.034*** (0.007)	0.015 (0.019)	0.032*** (0.008)	0.033** (0.014)
CASH			-0.003 (0.011)	-0.03*** (0.011)	-0.003 (0.008)	0.066*** (0.02)	-0.013 (0.009)	-0.02 (0.014)
METHOD	0.039*** (0.012)	-0.013 (0.017)	0.022 (0.015)	0.019 (0.013)			0.031*** (0.011)	-0.007 (0.019)
GROWTH	0.000 (0.000)	-0.002 (0.002)	0.000 (0.001)	-0.000 (0.001)	-0.004 (0.002)	0.001 (0.001)	-0.001 (0.001)	0.000 (0.001)
ROA	-0.011 (0.063)	-0.008 (0.014)	-0.003 (0.012)	-0.033 (0.072)	-0.000 (0.011)	-0.163 (0.119)	-0.018 (0.052)	-0.003 (0.012)
SLACK	0.001 (0.001)	-0.002 (0.002)	0.000 (0.001)	0.000 (0.001)	0.001 (0.001)	-0.000 (0.001)	-0.001 (0.001)	0.001 (0.001)
FCFPS	-0.000 (0.000)	-0.001 (0.001)	-0.000 (0.000)	0.000 (0.000)	0.001 (0.000)	0.000 (0.000)	0.000 (0.000)	0.000 (0.001)
YEAR	0.028*** (0.008)	0.043*** (0.015)	0.039*** (0.012)	0.033*** (0.01)	0.027*** (0.008)	-0.053** (0.022)		
行业效应	控制							
常数项	0.133 (0.02)	0.231 (0.027)	0.251 (0.024)	0.176 (0.02)	0.189 (0.018)	0.218 (0.065)	0.127 (0.019)	0.174 (0.032)
样本量	474	186	321	339	428	112	466	194
R^2	0.077	0.096	0.086	0.08	0.08	0.095	0.084	0.085

注：参数上方的*、**与***分别表示10%、5%及1%的统计显著性。括号中为稳健标准误值。

（四）政策效应

随着时间的推移，国内资本市场逐渐变得成熟，评估理论和实践不断发展，评估结果作为定价参考依据被认可和接受程度提高，并购重组双方以评估值为基础谈判议价花费的时间相对减少。同时，政策变动也带来了重要影响。2015 年，中国证监会发布了《上市公司重大资产重组管理办法》和《上市公司收购管理办法》，两个办法中均提到要进一步压缩上市公司并购重组全过程时间。这使得企业并购重组中受到的非市场干扰大大降低。为考察 2015 年政策变动的影响，我们以 2015 年为界进行了分样本回归。如表 3 所示，2015 年之前，非准确评估效应并不显著，可能由于资产评估理论和实践并不够成熟，同时企业并购重组耗时受其他非市场因素干扰较多。2015 年之后，非准确评估效应显著为正，可见随着政策的影响，公司并购重组的非市场干扰减少，资产评估定价的重要性增加，评估定价准确性与企业并购重组耗时之间的关系变得更为显著。

（五）行业差异

不同行业的企业拥有的资产类型和结构存在差异，不同资产类型会造成评估值与交易价格差异即评估准确性的不同（陈高明，2003；王竞达，2015），进而对并购重组耗时产生不同影响。我们将不同行业的样本划分进行回归分析，验证不同行业间评估定价准确性对企业并购重组耗时的影响，见表 4。

表 4　准确评估效应的行业差异

变量	因变量：TIME				
	工业及能源行业	消费品及零售行业	金融及地产行业	医疗行业	科技行业
DIFF	0.07*** (0.025)	-0.263*** (0.132)	-3.22 (0.284)	-0.047 (0.284)	-0.072 (0.061)
RELATED	0.038*** (0.013)	0.017 (0.013)	0.073** (0.027)	0.084** (0.027)	0.019* (0.011)
CASH	-0.01 (0.014)	-0.032** (0.015)	0.015 (0.029)	-0.032 (0.029)	-0.013 (0.014)
METHOD	0.017 (0.017)	0.01 (0.018)	0.032 (0.061)	-0.008 (0.061)	0.056*** (0.021)
GROWTH	-0.001 (0.002)	0.000 (0.000)	-0.006 (0.015)	0.008 (0.015)	-0.005 (0.004)

续表

变量	因变量：TIME				
	工业及能源行业	消费品及零售行业	金融及地产行业	医疗行业	科技行业
ROA	-0.116 (0.11)	-0.008 (0.011)	0.443** (0.206)	-0.104 (0.206)	0.109 (0.079)
SLACK	0.003 (0.002)	-0.001 (0.001)	0.000 (0.002)	0.002 (0.002)	0.002 (0.002)
FCFPS	0.000 (0.001)	-0.001 (0.001)	0.002 (0.003)	0.000 (0.003)	-0.000 (0.001)
YEAR	-0.046*** (0.015)	-0.032** (0.014)	-0.01 (0.028)	-0.048 (0.028)	-0.021 (0.013)
常数项	0.176 (0.021)	0.196 (0.022)	0.085 (0.07)	0.202 (0.07)	-0.13 (0.027)
样本量	230	143	55	48	184
R^2	0.082	0.074	0.092	0.098	0.073

注：参数上方的*、**与***分别表示10%、5%及1%的统计显著性。括号中为稳健标准误。

表4可见，工业及能源行业中，DIFF对TIME的影响在1%的水平上显著为正，体现出显著的非准确评估效应。除了消费品及零售行业显著为负之外，其他行业均不显著。表明在工业及能源行业企业中，企业并购重组耗时受到资产评估准确性的影响最为显著。

六、结论与启示

资产评估行业的发展迅速使得资产评估定价在企业并购重组过程中起到重要作用。相较于对企业并购重组前后的研究，例如并购重组时机的选择和并购重组后企业的经营效率等，针对并购重组本身发生的过程研究相对较少。尽管没有确切的文献来说明更快完成并购重组是否优于支出更多的时间用于尽职调查（一方面，并购双方受到来自利益相关方的压力，要求尽快完成交易获取协同效应；另一方面，并购双方可能需要更多的尽调时间以降低风险）（Chahine et al.，2018），但并购过程中的不确定性和机会成本是确实存在且对并购双方都有不利影响。基于此，本文研究了评估定价准确性对企业并购重组耗时的影响。

本文实证研究结果发现评估准确性越低，企业并购重组耗时越长，我们把这种关系称为企业并购重组中的非准确评估效应。进一步的异质性分析发现显著的非准确评估效应主要发生在以下五类情形中：（1）非关联交易企业并购重组；（2）非现金支付的并购重组交易；（3）以除收益法以外的其他资产评估方法来评估的并购重组交易；（4）2015 年中国证监会发布《上市公司重大资产重组管理办法》和《上市公司收购管理办法》后完成的并购重组交易；（5）工业及能源行业中的并购重组交易。

本文的研究结论对我国目前的资产评估行业发展和企业并购重组实践操作具有很强的政策启示。研究结果表明，资产评估定价准确性对缩短企业并购重组耗时具有显著的影响，定价准确度越低，企业并购重组耗时越长。因此应该进一步加强和规范资产评估行业，提高资产评估的准确性，减少非准确评估效应，从而进一步精减企业并购重组过程的成本，提高经济效率。同时，研究结果也指出，准确评估效应在存在关联交易、现金支付方式交易、以收益法来评估资产以及除工业及能源行业的其他行业中并不显著，说明有很多现实因素在阻碍准确评估效应，应该尽快出台和完善相关办法来移除这些现实阻碍，以便资产评估定价更好的发挥它的作用。

参考文献

[1] 陈明高．资产评估价值的合理性分析［J］．中国资产评估，2003（4）：24－26，5.

[2] 程凤朝，刘旭，温馨．上市公司并购重组标的资产价值评估与交易定价关系研究［J］．会计研究，2013（8）：40－46.

[3] 马海涛，李小荣，张帆．资产评估机构声誉与公司并购重组定价［J］．企业管理与项目管理．2017（5）：5－18.

[4] 马小琪，李汉铃．国外资产评估准确性研究综述［J］．哈尔滨工业大学学报（社会科学版），2004（2）：72－76.

[5] 王竞达．上市公司资产评估与交易定价关系研究——基于 2010 年上市公司数据分析［J］．经济与管理研究，2012（5）：107－114.

[6] 严绍兵，王莉莹，仲崇敬，吕文杰．中国上市公司资产交易中评估结果与交易价格之间差异的研究［J］．中国资产评估，2008（5）：34－39.

[7] 阳黎军，王志宏，李敏．论资产交易定价与评估值差异［J］．行政事业资产与财务，2014（34）：74，37.

[8] 朱景仰．我国上市公司并购定价问题研究［J］．国际商务财会，2015（6）：40－43.

[9] Bhagwat, V., Dam, R. A., and Harford, J. The Real Effects of Uncertainty on Merger Activity [J]. *Review of Financial Studies*, 2016 (11): 3000－3034.

[10] Chahine, S., Hasan, I., and Mazboudi, M. The Role of Auditors in Merger and Acquisition Completion Time [J]. *International Journal of Auditing*, 2018 (3): 568－582.

重工业地区绿色创新效率时空演进及影响因素研究[*]

——以内蒙古为例

黄思敏　殷文曌　杨嘉娜　孙　晶[**]

内容提要： 基于 2009 ~2019 年内蒙古 9 个地级市的面板数据，构建绿色创新效率评价体系，采用 Super－SBM 模型测度内蒙古各城市、各区域的静态绿色创新效率；运用 GML 指数、Dagum 基尼系数探究效率的时空演进特征、分解空间差距并考察空间收敛效应；采用面板 Tobit 模型分析其影响因素。结果表明：内蒙古整体绿色创新效率水平较低，各城市、各区域之间效率水平存在差异；绿色创新发展不均衡，蒙中与蒙东地区呈上升趋势，蒙西地区呈下降趋势；技术进步是绿色创新效率变化的根源，地区间差异是造成空间差距的主要原因，存在空间收敛效应；经济水平、环境规制强度和地区教育水平显著影响绿色创新效率，经济水平对效率呈抑制作用，环境规制强度和地区教育水平对效率呈促进作用。

一、引　言

重工业地区以能源密集产业为主导，经济发展依赖于能源材料的消耗，是能源消费和碳排放增长最快的地区。中国正处于经济体系转型、实现“双碳”目标的关键时期，以重工业为主的经济发展模式不利于构建绿色低碳循环发展的经济体系，是碳减排工作的主要攻克目标。如何加速转换重工业地区发展动能，实现经济与环境的和谐共赢，引起学术界和实业界的广泛关注。

内蒙古是典型的重工业主导型省份，自我国执行发展循环经济战略以来，内蒙古逐步建立循环发展产业体系、落实政策保障，取得一定成效。受产业和能源结构的制约，内蒙古长期以粗放型、外延式的发展模式推动经济增长，带来了高能耗、高污染和低能源转化效率。2018 年内蒙古碳排放量高达

* 基金项目：内蒙古自然科学基金面上项目（2020MS07013）。

** 黄思敏，内蒙古财经大学财政税务学院，硕士生，研究方向：生态经济；殷文曌，内蒙古财经大学财政税务学院，硕士生，研究方向：产业经济；杨嘉娜，内蒙古财经大学财政税务学院，硕士生，研究方向：计量经济；孙晶，内蒙古财经大学财政税务学院，副教授，研究方向：区域经济。

7.236亿吨，是中国碳排放量比重最高的四大省份之一（曲越等，2022），这不仅制约了新时代中国经济发展模式的演进和新发展理念下的格局重构，还进一步阻碍了碳达峰、碳中和目标的实现。

绿色创新是将绿色科技与传统创新相结合，以节能、环保和创新为核心的新发展模式，能实现经济、环境与社会效益的平衡（吕承超等，2020；王佳和梁锦锦，2022）。发展绿色创新是推动产业转型升级、发展低碳经济的重要途径。以内蒙古为例，研究绿色创新效率的时空演进特征及效率的影响因素，是对传统绿色创新研究的有益补充。为制定因地制宜的区域绿色创新政策提供有效支撑，推动全国整体绿色创新水平提升，对深入实施区域协调发展战略、助力经济体系转型和实现“双碳”目标具有重大意义。

本文的主要创新点和边际贡献有：第一，基于城市单元，丰富了重工业地区的绿色创新研究；第二，从静态、时序、时空三维度全面考察了内蒙古绿色创新效率的演变规律，系统分析效率变化的内在原因与驱动机制；第三，挖掘内蒙古产生绿色创新效率空间差距的深层原因，检验绿色创新的空间收敛效应。

二、文献综述

绿色创新相关研究从20世纪90年代开启，其概念尚未在学界达成统一，不同的学科背景研究引申出不同的定义。绿色创新的概念首次由弗斯勒和詹姆斯（Fussler and James，1996）提出，也常被称为“生态创新”“环境创新”“可持续创新”（Rennings，2000；金基瑶等，2021；Amendolangine et al.，2021）。虽然这些概念在描述上有一定差异，但都具备创新活动的属性，即实现经济收益的同时能优化能源结构、改善环境。因此，本文将绿色创新界定为具备创新和绿色双重特征，能实现科技进步、经济增收和环境优化，进而促进绿色经济体系转型发展的创新性活动。既有文献主要集中在绿色创新效率测度和空间分异特征两方面，部分研究在效率评价的基础上进一步分析其影响因素。

绿色创新效率测度是分析绿色创新水平的有效手段。就研究对象而言，现有文献主要针对国家、省域、行业和企业四个层面展开研究。如付帼等（2016）对中国30个省（区、市）的绿色创新效率和空间格局进行深入分析；王惠等（2016）基于中国高技术产业进行效率测度，且进一步探究R&D投入强度对效率的影响。就研究方法而言，常采用随机前沿分析法（SFA）和数据包络分析法（DEA）进行效率测度。如肖黎明和张仙鹏（2019）运用SFA模型测算中国各省的绿色创新效率，分析其与生态福利绩效之间耦合作用。但SFA存在单一产出局限和模型设定误差的缺陷，DEA方法相对而言适用性更强，故在绿色创新研究中应用更为广泛。结合GML指数方法，DEA

方法常用于评价区域静态和动态两方面的绿色创新效率。严翔等（2021）采用超效率模型与 SBM - GML 指数研究黄河流域绿色创新效率的空间关联网络。

基于效率测度的结果，进一步对影响因素进行分析能更准确地明晰现状并提出有效建议。区域与行业绿色创新效率研究以外部环境因素为主，企业绿色创新效率研究以内部驱动因素为主。外部环境包括环境规制、经济发展、地区开放程度及教育水平等方面，余淑均等（2017）研究不同环境规制模式对长江经济带绿色创新效率的影响；彭文斌等（2019）、许玉洁和刘曙光（2022）分析绿色创新效率的影响因素，均得出经济发展和教育水平将显著提升绿色创新效率的结论，而李晓阳等（2018）经济发展水平对效率可能产生负面作用；龚新蜀等（2017）、聂名华和齐昊（2019）分别采用联立方程组和空间计量模型检验对外直接投资水平对中国工业绿色创新效率的作用，发现对外直接投资对效率发挥了正向促进作用。内部驱动因素即创新企业的内部特征，包括企业战略和企业管理等，阿莫尔等（Amore et al.，2016）通过对公司治理与绿色创新关系的研究发现，公司治理能力与绿色创新呈正相关关系。

上述研究内容多数基于时序视角，而近年来兴起的空间计量方法又拓展了绿色创新在空间视角下的研究。相关文献主要采用探索性空间数据分析法（ESDA）进行空间自相关分析、运用空间杜宾模型探究区域绿色创新效率的溢出效应。如董会忠等（2021）采用 Super - SBM 模型、ESDA 法和空间杜宾模型，考察了粤港澳大湾区绿色创新效率的空间演化、驱动因素以及空间溢出效应。

现有研究较为丰富、翔实，从时序和空间两种视角对绿色创新进行研究，为本研究奠定了扎实的基础，尚存在以下发展空间：第一，城市视域下的重工业地区绿色创新研究不够充分。绿色创新的研究尺度侧重于国家、省域等宏观范畴，对城市群等中、微观层面的研究并不充分；第二，时空视角下的效率演变规律及原因研究有待深入，现有探讨绿色创新效率演进的文献中，鲜有全面分析静态效率、动态时空演变规律，同时分析演变原因的研究；第三，对绿色创新效率的空间差距及来源分解研究相对缺乏，绿色创新效率结合空间计量方法，能探究研究对象的空间依赖性与异质性，讨论其空间溢出效应，但难以量化绿色创新效率的区域差距，无法精准定位空间差异的来源。因此，本研究聚焦于城市视域，测度 2009 ~ 2019 年内蒙古 9 个地级市的静态绿色创新效率，并考察效率的时空变化趋势、分解空间差距来源，准确研判演变规律，同时分析效率的影响因素并提出针对性建议，以期为实现重工业地区经济高质量发展和“双碳”目标提供一定的参考。

三、内蒙古绿色创新效率时空演进分析

（一）研究方法

1. Super－SBM 模型

SBM 模型是数据包络分析法（DEA）中能解决投入产出的“松弛”问题，并消除由此产生的测度偏差影响的效率测度方法。托恩（Tone，2002）构建了 Super－SBM 模型，测度投入、期望产出的转换效率。然而，绿色创新活动必然会产出污染物，因此有必要将其纳入效率评价模型。基于托恩和萨胡（Tone and Sahoo，2003）及李虹等（Hong Li et al.，2013）的研究，本文采用考虑非期望产出的 Super－SBM 模型测度绿色创新效率（GIE）。公式如下：

$$\eta_k^* = \min \frac{\frac{1}{m}\sum_{i=1}^{m}\frac{\overline{x_i}}{x_{ik}}}{\frac{1}{w_1+w_2}\left(\sum_{r=1}^{w_1}\frac{\overline{y_r^g}}{y_{rk}^g}+\sum_{t=1}^{w_2}\frac{\overline{y_t^b}}{y_{tk}^b}\right)}$$

$$\text{s.t.}\begin{cases}\bar{x} \geqslant \sum_{j=1,\neq k}^{n}\lambda_j x_j \\ \overline{y^g} \leqslant \sum_{j=1,\neq k}^{n}\lambda_j y_j^g \\ \overline{y^b} \geqslant \sum_{j=1,\neq k}^{n}\lambda_j y_j^b \\ \bar{x} \geqslant x_k,\ \overline{y^g} \leqslant y_k^g,\ \overline{y^b} \geqslant y_k^b \\ \lambda,\ \overline{x_i},\ \overline{y_r^g},\ \overline{y^b} \geqslant 0\end{cases} \tag{1}$$

式（1）中，η_k^* 为第 k 个城市的目标效率值，j 为城市；x、y^g、y^b 分别为投入、期望产出和非期望产出；m、w_1、w_2 分别为投入、期望产出指标和非期望产出个数；i、r、t 分别为投入、期望产出和非期望产出的决策单元；$\bar{x}$、$\overline{y^g}$、$\overline{y^b}$分别为投入、期望产出和非期望产出的松弛量；λ 为权重向量。$\eta_k^* \geqslant 1$ 时，决策单元相对有效，且 η_k^* 越大说明效率越高；$0 < \eta_k^* < 1$ 时，决策单元相对无效，存在资源浪费，可以优化投入产出量来改善绿色创新效率。

2. GML 指数

Super－SBM 模型对绿色创新效率的测度只是一种静态的分析，城市绿色创新效率具有时间效应，河（OH，2010）提出了具有传递性的 GML 指数，

能进一步反映绿色创新效率的动态时空演进特征。本文采用 GML 指数方法，计算绿色创新效率的变化率，并将其分解为技术效率指数（GEC）和技术进步指数（GTC），探究各城市效率变动的原因。公式如下：

$$\begin{aligned}&GML^{t,t+1}(x^t, y_g^t, y_b^t; x^{t+1}, y_g^{t+1}, y_b^{t+1})\\&=\frac{1+D^G(x^t, y_g^t, y_b^t)}{1+D^G(x^{t+1}, y_g^{t+1}, y_b^{t+1})}\\&=\frac{1+D^t(x^t, y_g^t, y_b^t)}{1+D^{t+1}(x^{t+1}, y_g^{t+1}, y_b^{t+1})}\times\frac{(1+D^G(x^t, y_g^t, y_b^t))/(1+D^t(x^t, y_g^t, y_b^t))}{(1+D^G(x^{t+1}, y_g^{t+1}, y_b^{t+1}))/1+D^{t+1}(x^{t+1}, y_g^{t+1}, y_b^{t+1})}\\&=GEC^{t,t+1}\times GTC^{t,t+1}\end{aligned}\tag{2}$$

式（2）中，$GML^{t,t+1}$、$GEC^{t,t+1}$、$GTC^{t,t+1}$分别为第 t+1 期对于第 t 期的绿色创新效率变化率、技术效率变化率，技术变化率；$D^G(x^t, y_g^t, y_b^t)$ 为全局方向距离函数；x^t，y_g^t，y_b^t 为第 t 期的投入产出关系。$GML^{t,t+1}$、$GEC^{t,t+1}$、$GTC^{t,t+1}>1$ 时，绿色创新效率和技术效率提升，技术进步；$GML^{t,t+1}$、$GEC^{t,t+1}$、$GTC^{t,t+1}\leqslant 1$，绿色创新效率、技术效率降低或不变，技术停滞或退步。

3. 达古姆（Dagum）基尼系数及分解方法

达古姆（Dagum，1997）提出的基尼系数及分解方法能衡量内蒙古绿色创新效率的空间差距，通过分解基尼系数为地区内差异（G_w）、地区间差异（G_b）和超变密度（G_t），进一步挖掘挖造成空间差距的原因。本文将内蒙古划分为蒙东、蒙中、蒙西三大地区①，测算内蒙古整体、各地区内部和各地区之间的绿色创新效率区域差异，探究造成差距的来源。公式如下：

$$\begin{aligned}G_0&=\frac{\sum_{j=1}^{q}\sum_{h=1}^{q}\sum_{k_1=1}^{n_j}\sum_{k_2=1}^{n_h}|y_{jk_1}-y_{hk_2}|}{2n^2\mu}=G_w+G_b+G_t\\G_w&=\sum_{j=1}^{q}G_{jj}p_j\pi_j\\G_b&=\sum_{j=2}^{q}\sum_{h=1}^{j-1}G_{jh}D_{jh}(p_j\pi_h+p_h\pi_j)\\G_t&=\sum_{j=2}^{q}\sum_{h=1}^{j-1}G_{jh}(1-D_{jh})(p_j\pi_h+p_h\pi_j)\end{aligned}\tag{3}$$

式（3）中，G_0、G_{jj}和 G_{jh}分别为内蒙古整体、各地区内部和各地区之间绿色创新效率的基尼系数；G_w、G_b、G_t 分别为地区内差异、地区间差异和超变密度；q 为区域划分个数，n 为所有城市的数量；μ 为所有城市 GIE 的均值；j 和 h 为地区；k 为地区内的城市；p_j 为地区 j 城市数量占总城市数量的

① 蒙中地区包括鄂尔多斯市、包头市、呼和浩特市和乌兰察布市；蒙东地区包括赤峰市、通辽市和呼伦贝尔市；蒙西地区包括巴彦淖尔市和乌海市。

比例；π_j 为地区 j 内总 GIE 占全部 GIE 的比重；D_{jh} 为地区 j 和 h 之间 GIE 增长的相互影响。基尼系数越大，表示地区内 GIE 的空间差距越大。

（二）指标与数据来源

绿色创新以经济、环境和社会效益作为发展目标（程鹤，2019），效率测度指标应包括创新和能源投入，创新、经济和环境的产出。同时，为了保障 DEA 方法下测度结果的精度，指标体系构建应满足投入产出指标数量之和小于决策单元数量。本研究对绿色创新效率的测度指标体系如表 1 所示。

表 1　　内蒙古绿色创新效率测度指标

项目	评价指标	具体指标	单位
投入	资本投入	R&D 经费内部支出	万元
	人力投入	R&D 人员全时当量	人年
	能源投入	能源消费总量	万吨标准煤
产出	期望产出	专利授权数	件
		技术合同成交额	亿元
	非期望产出	无效专利申请数	件
		综合污染排放	—

1. 投入变量

内蒙古以重工业为主导，经济发展主要依赖于能源和工业产业，因此本文选取工业企业数据作为衡量内蒙古绿色创新效率的指标。①创新投入：参照大多数研究的做法，采用 R&D 人员全时当量和 R&D 经费内部支出分别作为人力和资本投入。相比于 R&D 人员和 R&D 经费支出，该指标更贴近实际的创新投入（赖红波和施浩，2021）。②能源投入：能源和工业产业在绿色创新活动中离不开能源投入。因此，采用能源消耗总量作为能源投入。

2. 产出变量

绿色创新活动的产出为科技进步和经济增长，以及污染排放和创新资源浪费。①期望产出：采用专利申请授权数作为科技成果产出，技术市场成交额作为创新经济产出。许多研究采用专利申请数作为创新成果产出，但并非所有申请专利都能被授权，采用专利申请数会造成绿色创新效率值虚高，专利授权数更能代表真实的创新产出。同时，根据华振（2011）的研究，技术市场成交额反映了技术的市场价值，代表科技成果转化的经济价值。②非期望产出：采用无效专利申请数和综合污染排放作为创新资源浪费和环境污染指标。专利申请受理数与授权数的差距反映了创新资源浪费，应当作为绿色创新活动的非期望产出一并衡量（崔蓉，2019）。综合污染排放则为工业废水排放量、工业二氧化硫排放量和工业烟（粉）尘排放量的综合指标。

由于内蒙古阿拉善盟、兴安盟与锡林郭勒盟的数据大部分缺失，本文以2009～2019年内蒙古9个地级市（除去阿拉善盟、兴安盟与锡林郭勒盟）作为研究对象，测算11年各盟市的绿色创新效率，基于此进一步探索时空演变规律和空间差距来源。其中，各指标数据来源2010～2020年《中国城市统计年鉴》、各地级市的统计年鉴及统计公报；缺失值采用插值法进行补充。

（三）研究结果

1. 绿色创新效率测算结果分析

内蒙古9个地级市11年来的绿色创新效率值如表2所示。

表2　2009～2019年内蒙古各地级市绿色创新效率测算结果

地区	2009年	2010年	2011年	2012年	2013年	2014年	2015年	2016年	2017年	2018年	2019年	均值	排名
呼和浩特	1.33	1.64	1.76	1.26	1.35	1.65	1.47	1.36	1.56	1.60	1.69	1.51	1
包头	0.04	0.12	0.17	0.06	0.13	1.03	1.04	0.23	1.04	0.12	1.03	0.46	8
乌海	1.32	1.52	1.86	1.48	1.30	1.27	1.05	0.01	0.01	1.01	0.21	1.00	4
赤峰	1.13	1.24	1.29	1.11	1.06	1.11	1.10	1.04	0.48	1.11	1.14	1.07	3
通辽	1.10	0.10	0.03	0.01	1.02	1.04	1.09	0.05	1.48	0.28	1.10	0.66	7
鄂尔多斯	0.00	0.00	0.00	0.00	0.00	0.02	0.06	1.03	1.00	1.23	0.18	0.32	9
呼伦贝尔	0.12	0.33	1.24	1.05	1.01	1.41	1.45	1.49	1.05	1.31	1.24	1.06	2
巴彦淖尔	1.24	1.11	0.30	0.08	0.69	1.05	0.56	0.51	1.03	1.15	1.04	0.80	6
乌兰察布	0.06	0.05	0.11	1.26	1.18	1.13	1.17	1.15	1.14	1.18	1.12	0.87	5
蒙中地区	0.36	0.45	0.51	0.65	0.66	0.96	0.93	0.94	1.19	1.03	1.01	0.79	3
蒙西地区	1.28	1.32	1.08	0.78	0.99	1.16	0.81	0.26	0.52	1.08	0.63	0.90	2
蒙东地区	0.78	0.56	0.85	0.72	1.03	1.19	1.21	0.86	1.00	0.90	1.16	0.93	1
均值	0.70	0.68	0.75	0.70	0.86	1.08	1.00	0.76	0.98	1.00	0.97	0.86	—

内蒙古各地级市的效率均值最小为0.68，最大为1.08，总体上升趋势不明显。各个城市的绿色创新的平均效率在2014年达到最高，而后又有所回落。2014～2019年绿色创新效率呈现出一定的下降趋势，但总体保持稳定。

从区域空间格局来看，蒙中与蒙西东地区2009～2019年其绿色创新效率呈现出上升的趋势，其创新效率在2017年达到最高值1.18。蒙西地区创新效率呈现出V字型结构，在2016年达到最低值0.2。三大区域中以蒙中地区创新效率值增长最明显，这主要在于以呼和浩特市为首的经济圈经济发展水平相对于其他地区而言较高，具备一定的生态环境投资建设能力，能够为蒙中地区绿色发展提供更优质的条件。

从城市角度来看，内蒙古9个地级市的绿色发展的差异较大。如图1所示，9个城市中只有乌海、赤峰、呼伦贝尔以及呼和浩特4个城市绿色创新效率均值大于1，其中呼和浩特的均值远大于1，这表明呼和浩特市在生态环境管理、环境投入，以及经济可持续发展等方面表现优异，而乌海、赤峰、呼伦贝尔3座城市的绿色创新效率均值与1相差不远，表明这几座城市近几年在一定程度上在环境治理、改善经济结构、改变经济发展模式等方面作出了努力；除此之外，包头、通辽、鄂尔多斯3市的绿色创新效率远低于1，这表明在这3座城市在绿色创新发展上严重不足，可能存在资源浪费、环境污染等现象，缺乏生态环境治理。

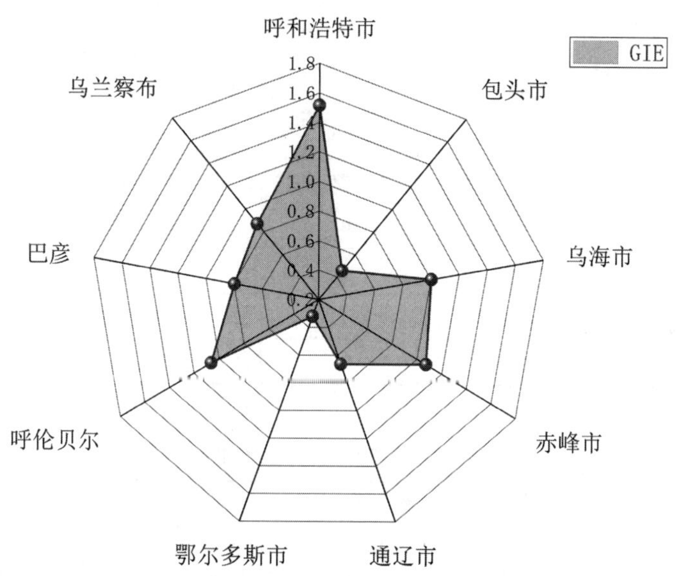

图1 2009～2019年内蒙古各地级市绿色创新效率均值

2. 绿色创新效率分解结果分析

2009～2019年内蒙古绿色创新效率GML指数分解及测算结果分别如表3、表4所示。从总体上看，内蒙古2009～2010年与2009～2019年的GML指数分别为0.96和0.93，表明内蒙古近年绿色创新效率并未有明显增长，可能在于内蒙古地区在绿色创新投入见效甚微，或者内蒙古在支持全区进行绿色创新等方面还需要进一步加强。呼和浩特、包头、呼伦贝尔、通辽、鄂尔多斯、巴彦淖尔、乌兰察布的GML值大于1，这表明这些城市在绿色创新效率保持上升趋势；而乌海、赤峰两个城市的GML指数均值小于1，说明乌海、赤峰两座城市在绿色创新上有一定程度的退步。

从区域空间格局来看，蒙中、蒙东二者的趋势与全区总体趋势保持一致，较为平缓，而蒙西地区则有一定的波动。三者的 GML 值年均增长率分别为 2.3%、0.25%、5%，蒙西地区绿色创新效率最高，蒙东地区绿色创新效率最低。从 GML 指数分解结果来看，蒙东、蒙西地区技术效率和技术水平均有进步；而蒙中地区呈现出一定程度的技术退步。同时，表 4 结果显示，蒙西地区 GML 指数在初始年份便有一定的增长，而蒙东、蒙中地区 GML 指数保持一定的增长。三大区域的技术进步变化与全区技术进步变化态势基本一致，内蒙古绿色创新效率区域差异较为显著，绿色创新发展不均衡。

表 3　　内蒙古各地级市 2009～2019 年 GML 指数及分解平均值

地区	GML	EC	TC	排名
呼和浩特	1.00	1.00	1.00	7
包头	1.05	1.06	1.01	2
乌海	0.99	1.01	0.99	9
赤峰	0.98	1.00	0.98	8
通辽	1.05	1.02	1.05	3
鄂尔多斯	1.06	1.07	1.00	1
呼伦贝尔	1.05	1.02	1.03	4
巴彦淖尔	1.02	1.00	1.02	6
乌兰察布	1.04	1.00	1.04	5

表 4　　2009～2019 各区 GML 指数测算结果

年份	全区			蒙东地区			蒙中地区			蒙西地区		
	GML	EC	TC	GML	EC	TC	GML	EC	TC	GML	EC	TC
2009～2010	0.96	1.01	0.95	1.1	0.96	1.15	0.9	1.06	0.84	0.85	1	0.85
2010～2011	1.02	1.07	0.96	0.94	1.13	0.85	0.98	1.06	0.93	1.2	1	1.2
2011～2012	1.05	1.03	1.02	0.97	1	0.97	1.24	1.07	1.18	0.79	1	0.79
2012～2013	0.91	1.01	0.91	0.87	1	0.87	0.96	1.03	0.96	0.88	1	0.88
2013～2014	1.02	1.04	0.99	1.08	1	1.08	1	1.08	0.93	0.98	1	0.98
2014～2015	1.07	0.99	1.08	1.08	1	1.08	1.06	0.98	1.08	1.07	1	1.07
2015～2016	1.01	0.99	1.03	0.96	1	0.96	1.09	1.04	1.05	0.95	0.88	1.1
2016～2017	1.08	1.04	1.06	1.14	0.99	1.15	1.02	1.01	1.01	1.13	1.16	1
2017～2018	1.21	0.97	1.25	1.18	0.94	1.25	1.15	0.98	1.17	1.39	1	1.39
2018～2019	0.93	1.03	0.9	0.94	1.08	0.86	1	1.01	0.99	0.79	1	0.79

从城市角度来看，内蒙古各地级市的绿色创新效率演化趋势存在显著差异，图2显示，技术进步显著影响绿色创新效率。巴彦淖尔、乌兰察布以及通辽市的绿色创新效率平均增长率高于6%，可得绿色创新增长率增速较快；而呼和浩特、包头、乌海、鄂尔多斯、呼伦贝尔的年均增长率在0～2%，其增长速度相对较慢；除此之外，仅赤峰一市绿色创新变动为负值。从指数分解结果上来看，呼伦贝尔、鄂尔多斯、呼和浩特、巴彦淖尔、乌兰察布的GML指数增长得益于技术效率变化指数的增幅；通辽市的GML指数增长得益于技术进步变化指数的增幅；包头、乌海的绿色创新效率提升在于技术效率变化指数与技术进步变化指数具有趋同效应；而赤峰市绿色创新效率增幅为负的原因在于技术进步变化指数下降。内蒙古各市绿色创新演化趋势存在明显差异，各地技术水平不一、生态环境管理水平不足、过度追求经济增长是造成绿色创新效率下降的主要原因。综上而言，内蒙古各市总体绿色全要素生产率发展水平一般，存在明显差异，技术进步变化是使其产生变动的主要原因。

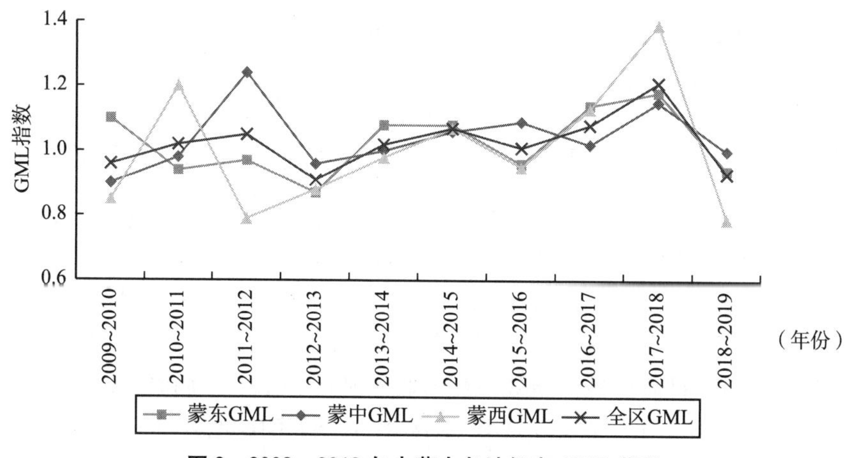

图2　2009～2019年内蒙古各地级市GML指数

3. 绿色创新效率空间差距及分解

（1）Dagum基尼系数分解及分周期分解

2009～2019年蒙东、蒙中和蒙西地区的绿色创新效率基尼系数的分解结果如表5、表6所示。内蒙古基尼系数总体上呈现下降趋势，周期3相比于周期1绿色创新效率基尼系数下降了0.24，即内蒙古整体绿色创新效率空间差距不断下降。

表 5 **内蒙古绿色创新效率基尼系数测算结果**

年份	G_0	地区内基尼系数 G_{jj}			地区间基尼系数 G_{jh}		
		东部	中部	西部	东—中	东—西	中—西
2009	0.4395	0.016	0.2882	0.7006	0.2423	0.5785	0.613
2010	0.5179	0.0785	0.457	0.6882	0.4291	0.5795	0.6431
2011	0.5274	0.3602	0.3277	0.6539	0.4495	0.5869	0.6108
2012	0.4606	0.4462	0.34	0.4815	0.4804	0.5066	0.455
周期 1	0.4863	0.2253	0.3532	0.6311	0.4003	0.5629	0.5805
2013	0.2857	0.0114	0.1541	0.4801	0.151	0.3536	0.3805
2014	0.1877	0.0695	0.0486	0.3254	0.0688	0.2232	0.2208
2015	0.2125	0.067	0.2915	0.1514	0.2012	0.1996	0.2884
2016	0.3952	0.2331	0.3717	0.4858	0.3238	0.6251	0.6716
周期 2	0.2703	0.0953	0.2165	0.3607	0.1862	0.3504	0.3903
2017	0.2405	0.0934	0.2231	0.4916	0.184	0.3945	0.4383
2018	0.2363	0.0325	0.2718	0.2557	0.2065	0.1862	0.2894
2019	0.2394	0.0268	0.2875	0.3307	0.1957	0.2996	0.3707
周期 3	0.2387	0.0509	0.2608	0.3593	0.1954	0.2934	0.3661

具体而言，将绿色创新效率基尼系数的变化分为两阶段。第一阶段为周期 1，这一阶段基尼系数稳定在 0.47 左右；第二阶段为周期 2 和周期 3，基尼系数保持在 0.2 左右，11 年间总体呈现出下降的趋势。该结果印证了内蒙古绿色创新收敛效应的存在，内蒙古整体及拆分的三大区域空间差距随时间推移逐年降低，即各区域创新效率逐渐收敛到同一水平。同时，结合 GIE 与 GML 指数的测度结果，发现低 GIE 地区相较于高 GIE 地区具有更高的 GML 指数，即效率水平低的地区增长表现更好，符合空间收敛效应特征。

表 6 **内蒙古绿色创新发展空间差距及来源**

年份	区域内		区域间		超变密度	
	G_w	贡献率（%）	G_b	贡献率（%）	G_t	贡献率（%）
2009	0.1071	24.3598	0.2721	61.9019	0.0604	13.7384
2010	0.1396	26.9561	0.2316	44.7191	0.1467	28.3247
2011	0.1547	29.34	0.1646	31.2145	0.208	39.4455
2012	0.151	32.7854	0.0415	9.0186	0.268	58.196
周期 1	0.1381	28.3603	0.1775	36.7135	0.1708	34.9262

续表

年份	区域内		区域间		超变密度	
	G_w	贡献率（%）	G_b	贡献率（%）	G_t	贡献率（%）
2013	0.0836	29.2541	0.1046	36.6014	0.0975	34.1445
2014	0.0681	36.2804	0.0524	27.943	0.0671	35.7767
2015	0.0689	32.4018	0.0837	39.3929	0.0599	28.2053
2016	0.1115	28.2266	0.162	41.0021	0.1216	30.7713
周期2	0.083	31.5407	0.1007	36.2349	0.0865	32.2245
2017	0.0608	25.2701	0.1315	54.6658	0.0483	20.0641
2018	0.0829	35.0911	0.0376	15.921	0.1158	48.9879
2019	0.0727	30.368	0.1031	43.0646	0.0636	26.5673
周期3	0.0721	30.2431	0.0907	37.8838	0.0759	31.8731

（2）东中西区域差距变化及来源分解

从区域内差异来看，由图3可知，内蒙古总体上绿色创新空间差距呈下降趋势，年均增长率为-0.57%，2011年之后开始逐年下降，直到2014年停止到达最低点，降幅达180%，之后开始缓慢回升。蒙中、蒙西、蒙东的绿色创新效率有一定的提升，年均增长率分别为42.5%、8.43%以及128.6%。以蒙东的绿色效率空间涨幅最大，其原因在于蒙东地区自然资源再利用率较高，有良好的生态环境支持绿色创新。涨幅最低的是蒙西地区，而且在2009~2019年绿色创新空间差距均值而言蒙西地区也是最低，仅为0.13，可见蒙西地区在绿色创新投入、环境政策等方面仍需做进一步的加强。

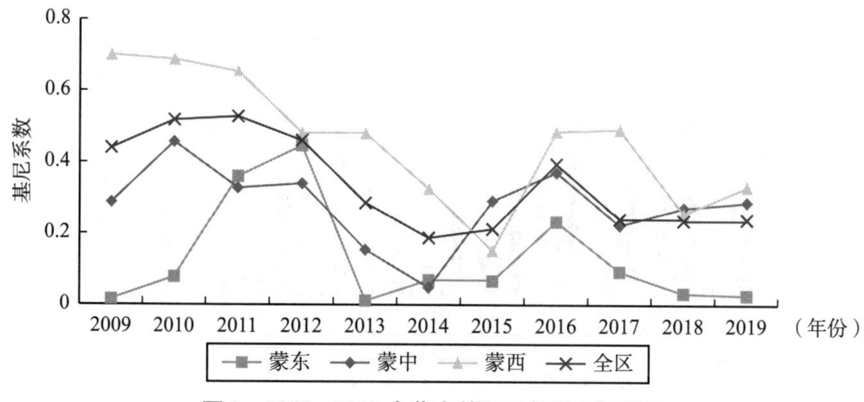

图3　2009~2019内蒙古基尼系数及分解结果

从区域间差距来看，由图4可知，区域间差距呈现出“平缓—下降—回升—平缓”的趋势，且东—中、东—西、中—西三者之间的地区间差距均值分别为0.26、0.41、0.45，可见东部和中部的差距并不大，而中部与西部、东部与西部之间的差距要远高于东部和中部。这反映出东部和中部在经济发展环境、绿色创新意识、绿色基础设施等方面要远高于西部地区，而西部地区受限于地理环境、经济水平、融资环境等各方面的影响，绿色创新水平低于中部和东部地区。

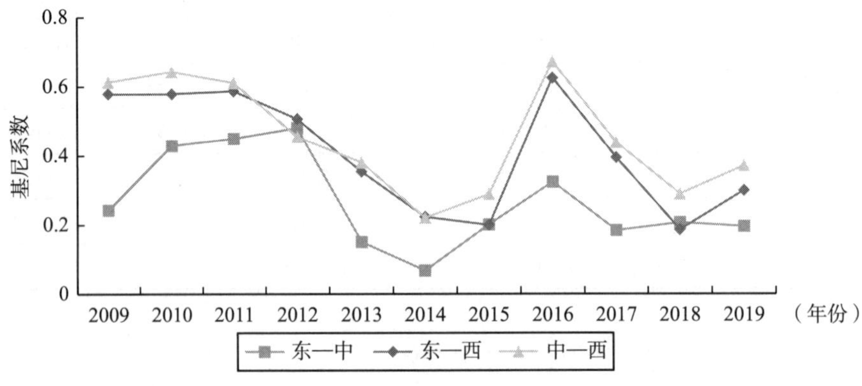

图4 2009～2019年内蒙古各区基尼系数

从空间差距来源和贡献率来看，由图5可知，2009～2016年空间差距的主要来源是地区间差距。2017～2019年地区间差距、超变密度都在相同的程度上影响了空间差距。地区内差距逐渐上升，地区间差距则表现出先下降后上升，变化波动较大，而超变密度总体呈上升趋势，与2009～2012年相比较，2017～2019年地区内与地区间分别上升了1.8%与1.5%，而超变密度下降了3.3%。

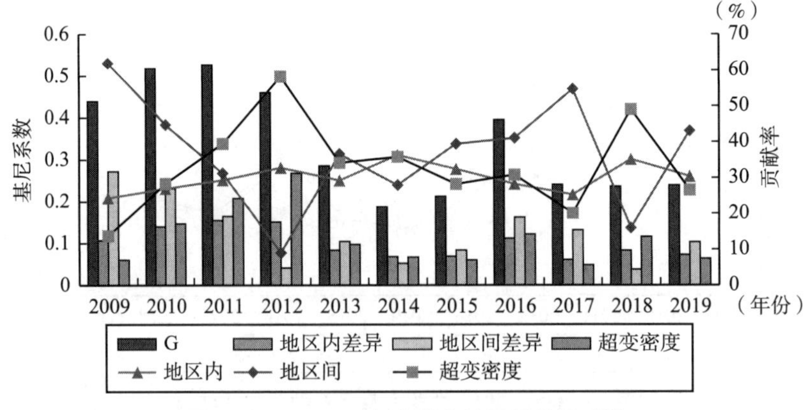

图5 2009～2019年内蒙古地区间基尼系数

四、内蒙古城市绿色创新效率影响因素分析

（一）研究方法——Tobit 回归模型

Tobin（1958）针对因变量受限情形提出了 Tobit 回归模型。具体公式如下：

$$Y_{kt}=\beta_k+\beta_1X_1+\cdots+\beta_nX_n+\varepsilon_k$$
$$k=1,\ 2,\ \cdots,\ 9;\ t=1,\ 2,\ \cdots,\ 11 \qquad (4)$$

式（4）中，Y_{kt}为第 k 个城市第 t 年的 GIE 值；x_n 为影响因素；μ_k 为第 k 个城市的个体效应；β_k 在面板 Tobit 混合效应模型中为截距项，在面板 Tobit 随机效应模型和面板固定效应模型下为第 k 个城市的个体效应；ε_k 为误差项。

（二）指标选取

城市绿色创新效率主要受到经济、科技和制度三方面因素影响（许玉洁等，2022）。借鉴杨树旺等（2018）、彭文斌等（2019）、陆菊春和王新怡（2021）的研究，结合内蒙古绿色创新活动情况，本文从经济水平、环境规制强度、区域开放程度、地区教育水平和产业结构五个方面分析其对内蒙古绿色创新效率的影响。

经济水平（ED）。经济是开展绿色创新活动的物质基础，是研发新技术、改善投入资源结构、提升环境治理水平的动力源泉。经济较发达地区，居民对生活环境更为重视，消费选择也更倾向于环境友好产品（陆菊春和王新怡，2021），可能会促进区域绿色创新活动的发展。但内蒙古部分地区为资源型城市，具有粗放型增长的经济发展特征。为了达成经济增长目标，相比于周期长、风险大且回报不确定的绿色技术项目，企业或政府更倾向于投资耗时短、利润高的固定资产或传统技术创新项目。因此，经济水平对于区域绿色创新效率的预计作用方向具有不确定性，本文选择人均 GDP 来表征地区经济水平。

环境规制强度（ER）。环境规制一般指外部政策带来的企业活动规制，“波特假说”认为适当环境规制能刺激企业技术创新。根据李玲和夏晓华（2018）、彭文斌和尹勇（2020）的研究，短期内实施环境规制政策可能会导致企业成本增加，效率降低。但长期来看，环境规制能带来“创新补偿”，显著提高绿色创新水平。环境规制对于区域绿色创新效率的预计作用方向具有不确定性，本文借鉴李金滟等（2017）的做法，选择人均可支配收入来表征环境规制强度。

区域开放程度（FC）。对外开放能吸引外资和人才，直接提高地区创新水平。同时，外资企业还能驱使区域内企业进行绿色技术的研发，间接促进

自身创新能力的提升。“双缺口”理论认为FDI能有效提高区域绿色技术创新水平，而“污染天堂假说”提出，较弱的环境规制下地区对外开放可能会带来更严重的环境污染。根据以往研究，FDI对绿色创新效率的影响可能是正向的，也可能是负向的或影响不显著（田红彬和郝雯雯，2020），本文选择当年实际使用外资金额占GDP比重来表征区域开放程度。

产业结构（IS）。第二产业通常会带来高能耗、高污染，对绿色创新发展有抑制作用。且内蒙古能源结构偏煤，第二产业的发展必然会造成负面环境效益。第三产业具有环境友好的特点，服务业不需要付出环境成本来带动经济增长，其中，科学研究与技术服务业是绿色技术发展的重要支撑。本文选择第三产业增加值占GDP比重来表征产业结构，对绿色创新效率的预计作用方向为正。

地区教育水平（EL）。科技进步推动绿色创新发展，而高等教育是科技进步的重要动力。具有丰富知识储备的高等教育人才是科技创新的重要保障，对提升区域知识水平、改善区域绿色创新能力具有突出作用。此外，地区受教育水平越高，可持续发展和环境保护意识越强，倒逼当地产业进行绿色创新改革。本文选择高校毕业生表征地区教育水平，对绿色创新效率的预计作用方向为正。

绿色创新效率的影响因素及预计作用方向如表7所示。各指标数据来源2010～2020年《中国城市统计年鉴》。

表7　　内蒙古绿色创新效率影响因素

变量	简称	变量含义	单位	预计作用方向
经济水平	ED	人均GDP	元	+/-
环境规制	ER	人均可支配收入	元	+/-
区域开放程度	FC	当年实际使用的外资金额占GDP比重	%	+
产业结构	IS	第三产业增加值占GDP比重	%	+
地区教育水平	EL	万人在校大学生人数	人	+

（三）研究结果

本文选用Tobit回归模型分析内蒙古绿色创新效率的影响因素，被解释变量为绿色创新效率，解释变量为影响因素指标。分别使用面板Tobit混合效应模型、面板固定效应模型、面板Tobit随机效应模型进行估计，经LR检验和豪斯曼检验后，选取Tobit回归随机效应模型分析内蒙古城市绿色创新效率的影响因素。随机效应模型回归结果如表8所示。

表 8　　**内蒙古绿色创新效率 Tobit 模型回归结果**

解释变量	面板 Tobit 混合效应模型		面板固定效应模型		面板 Tobit 随机效应模型	
	系数	t 值	系数	z 值	系数	z 值
ED	-0.00000481***	-2.8	-0.00000241	-1.23	-0.00000502**	-2.43
ER	0.000017	1.34	0.000305**	2.26	0.0000251***	2.61
FC	-0.636858	-0.79	0.0539988	1.07	0.0079	0.14
IS	-0.0042	-0.35	-0.166473	-1.23	-0.0117	-1.14
EL	0.00074**	2.36	0.0013958	0.58	0.0008203**	2.01
常数	0.8615	2.06	—	—	0.8577	2.95
随机效应 vs 混合效应	LR 检验		p = 0.000		显著，拒绝原假设	
固定效应 vs 随机效应	豪斯曼检验		p = 0.8166		不显著，不拒绝原假设	

注：***、**、* 分别表示在 1%、5%、10% 的水平显著。

根据回归结果，得到以下结论：

第一，经济水平的回归系数为 -5.02×10^{-6}，P 值为 0.015，通过 5% 的显著性水平检验，即随着经济水平的提高，绿色创新效率值会下降。根据 2009～2019 年各盟市人均 GDP 平均值，以 10 万元作为划分点，将内蒙古划分为高 GDP 地区和中低 GDP 地区。其中，包头市和鄂尔多斯市属于高 GDP 地区，其余盟市均为中低 GDP 地区。分别作出高、中低 GDP 地区，内蒙古整体与对应 GIE 的散点图，如图 6 所示，高 GDP 地区的人均 GDP 对绿色创新效率为负向作用，低 GDP 地区的人均 GDP 对绿色创新效率呈正向作用，但内蒙古整体人均 GDP 却对绿色创新效率呈负向作用，这是“辛普森悖论”的特征表现。高 GDP 地区对粗放型发展模式产生了严重的路径依赖，2009～2019 年包头市和鄂尔多斯的绿色创新能力持续表现不佳，拉低了内蒙古整体绿色创新效率水平，导致“辛普森悖论”现象的产生。

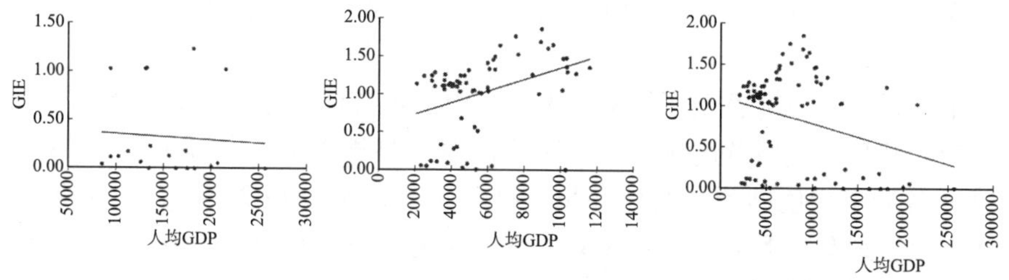

图 6　高、中低 GDP 区域，内蒙古整体经济发展与 GIE 的关系

第二，环境规制强度的回归系数为 2.51×10^{-5}，P 值为 0.009，通过 1% 的显著性水平检验，即随着环境规制强度的提高，绿色创新效率值会上升，验证了“波特假说”。本文将人均可支配收入作为代理变量来解释环境规制强度，尽管在较短的时间内，加强环境规制会产生一定的治理成本，但从长期来看，环境得到改善和创新产出增加，会获取超额的经济效益和环境效益。这说明政府的环境规制行为对保护环境、减少环境污染起到了积极的作用。因此，政府应当更加注重对环境的治理，完善相关法律法规，加大环境规制投入，加强环境监督，以此达到环境治理成本下降和实现建设一个良好环境的目标。

第三，区域开放程度的回归系数为 7.96×10^{-3}，P 值为 0.892，未通过显著性水平检验，这表明区域开放程度对内蒙古城市绿色创新效率的作用不明显，技术溢出效应具有一定的滞后性。可能原因是尽管城市通过对外开放借鉴了其他区域的先进技术，但引进先进技术水平的条件未必具备，更多企业进入新兴行业也存在较大壁垒，促使城市绿色创新效率的提升无法得到有效保障。

第四，产业结构的回归系数为 -1.18×10^{-2}，P 值为 0.254，未通过显著性水平检验，这表明产业结构变化对内蒙古城市绿色创新效率关联度不高，可能原因是第三产业中的科学研究、技术服务等产业在内蒙古地区分布较少，无法为绿色创新效率的提高提供有效支撑。

第五，地区教育水平的回归系数为 8.203×10^{-4}，P 值为 0.045，通过 5% 的显著性水平检验，即随着地区教育水平的上升，绿色创新效率值会上升。结合杨明海等（2021）的研究，技术创新的根本是人才，人才的质量影响创新的高度与深度，高层次人才显著促进绿色创新水平的提升。

五、结论与建议

本文选取 2009 ~ 2019 年内蒙古 9 个地级市的面板数据，采用 Super - SBM 模型对内蒙古各城市、各区域的静态绿色创新效率进行测度和比较，并利用 GML 指数和 Dagum 基尼系数分析内蒙古绿色创新效率时空演进规律和空间差距来源，最后构建 Tobit 回归模型探究影响绿色创新效率的关键因素，得出以下结论：

第一，从静态绿色创新效率值来看，内蒙古整体绿色创新效率水平较低，呈微弱上升趋势，但各区域、各城市之间存在显著差异。总体而言，2009 ~ 2014 年各城市绿色创新平均效率呈现波动上升趋势，在 2014 年达到最高值 1.08，而后又有所下降，表明内蒙古整体绿色创新效率不高，在 2009 ~ 2019 年存在一定程度的资源浪费。具体又将内蒙古各地级市分为蒙中、蒙东、蒙西三大区域，其中蒙中与蒙东地区呈现出上升的趋势，而蒙西地区创新效率呈现下降趋势，三大区域中蒙中地区创新效率增长最为明显。具体到各个城市，2009 ~ 2019 年呼和浩特、赤峰、呼伦贝尔、乌海的创新效率值较高，其余城市的绿色创新效率较低。

第二，从绿色效率演化趋势来看，绿色创新发展存在非均衡现象，蒙中与蒙东地区呈上升趋势，而蒙西地区呈下降趋势。从区域上看，蒙中、蒙东地区呈平缓趋势，而蒙西地区有较大幅度的波动，除蒙西地区，即乌海和赤峰的 GML 指数小于 1，其他地区的绿色创新效率都在提升。

第三，从绿色创新效率的空间差距及其分解差距来看，地区间差异是造成绿色创新效率空间差距的主要原因，地区存在空间收敛效应。技术进步的变化基本上主导了绿色创新效率的变化趋势。技术效率变化在大部分年间大于 1，表明技术效率在渐渐提升，但技术进步变化较大，2018 年达到峰值后极速下降，这可能是因为技术投入具有很大的不确定性，在 2014 年以后技术投入才显现出成效，2018 年后又难以得出新的成果，使其绿色创新效率很难得到提升。这说明了地区资源、水平的不均衡影响了空间差距。2011 年后，绿色创新效率值差距逐步缩减，表明原本效率低的地区在此期间逐步提升效率，而原本效率高的地区绿色创新发展缓慢，验证了空间收敛效应的存在。

针对研究结论，提出以下建议：

第一，搭建跨省技术借鉴平台，缩小地区间绿色创新效率差距。针对自治区绿色创新效率整体表现一般的状况，可以促进与绿色技术先进的省份合作，使绿色创新效率高的省份向周边城市溢出绿色因子，以带动内蒙古绿色创新效率的提升。针对三大区域绿色创新发展不协同的现状，蒙东、蒙中地区可以加快与蒙西地区间的经济来往，进行技术交流。针对城市绿色创新效率的高低不一，呼和浩特、赤峰、呼伦贝尔、乌海这些创新效率值较高的城市，应积极带动其余城市在确保绿色发展的前提下提高创新能力。

第二，发挥政府职能，针对不同地区实施有弹性的环境规制政策，打破地区间不均衡的发展趋势。在适度的范围内实行环境规制强度，将内蒙古各城市的环境质量作为当地绩效考核的一部分。对于蒙西地区，政府可适当考虑征收环境税、污染费。当环境规制增大至一定强度会抑制绿色创新时，政府可制定一些补贴政策来弥补由于环境规制的实行而引起的资金空缺。

第三，优化人才政策、加强教育经费投入，引进并培育高质量人力资本，从供给侧推动全区技术进步。高质量的人力资本是促使技术进步、提升技术效率的关键。内蒙古各地区政府应制定相应的人才引进政策，提供财政补贴，以保障企业技术创新推进，吸引高层次人才聚集、避免人才流失。其中，蒙西地区各城市应加大政策优化力度，缩小科技人才数量的差距，为实现绿色创新效率进一步突破提供有效支撑。此外，加大教育经费投入，充分利用互联网、大数据等平台，提升教育水平，着重培养技术型人才。

参考文献

[1] 白俊红，蒋伏心．协同创新、空间关联与区域创新绩效［J］．经济研究，2015，

50 (7): 174 - 187.

[2] 程鹤. 资源型城市绿色创新能力评价指标体系的构建 [J]. 科技管理研究, 2019, 39 (19): 90 - 97.

[3] 崔蓉, 费锦华, 孙亚男. 中国省际绿色创新生产率的变动及其空间溢出效应研究 [J]. 宏观经济研究, 2019 (6): 132 - 145.

[4] 董会忠, 李旋, 张仁杰. 粤港澳大湾区绿色创新效率时空特征及驱动因素分析 [J]. 经济地理, 2021, 41 (5): 134 - 144.

[5] 付帼, 卢小丽, 武春友. 中国省域绿色创新空间格局演化研究 [J]. 中国软科学, 2016 (7): 89 - 99.

[6] 龚新蜀, 李梦洁, 张洪振. OFDI是否提升了中国的工业绿色创新效率——基于集聚经济效应的实证研究 [J]. 国际贸易问题, 2017 (11): 127 - 137.

[7] 华振. 我国绿色创新能力评价及其影响因素的实证分析——基于DEA - Malmquist生产率指数分析法 [J]. 技术经济, 2011, 30 (9): 36 - 41, 69.

[8] 金基瑶, 杜建国. 中国FDI企业环境绩效的影响机理研究——不同环境创新行为的双重中介模型 [J]. 管理评论, 2021, 33 (01): 68 - 79.

[9] 赖红波, 施浩. 技术体制与医药制造业创新效率研究 [J]. 科研管理, 2021, 42 (11): 16 - 24.

[10] 李健, 李宁宁, 苑清敏. 高新技术产业绿色创新效率时空分异及影响因素研究 [J]. 中国科技论坛, 2021 (4): 92 - 101.

[11] 李金滟, 李超, 李泽宇. 城市绿色创新效率评价及其影响因素分析 [J]. 统计与决策, 2017 (20): 116 - 120.

[12] 李玲, 夏晓华. 污染密集型产业绿色创新效率及影响因素研究 [J]. 中国特色社会主义研究, 2018 (1): 83 - 88.

[13] 李晓阳, 赵宏磊, 林恬竹. 中国工业的绿色创新效率 [J]. 首都经济贸易大学学报, 2018, 20 (3): 41 - 49.

[14] 陆菊春, 王新怡. 长江经济带城市绿色创新效率的时空特征及影响因素 [J]. 科技管理研究, 2021, 41 (20): 224 - 232.

[15] 吕承超, 邵长花, 崔悦. 中国绿色创新效率的时空演进规律及影响因素研究 [J]. 财经问题研究, 2020 (12): 50 - 57.

[16] 聂名华, 齐昊. 对外直接投资能否提升中国工业绿色创新效率?: 基于创新价值链与空间关联的视角 [J]. 世界经济研究, 2019 (2): 111 - 122, 137.

[17] 彭文斌, 文泽宙, 邝嫦娥. 中国城市绿色创新空间格局及其影响因素 [J]. 广东财经大学学报, 2019 (1): 25 - 37.

[18] 彭文斌, 尹勇. 环境规制、绿色创新与空间效应——基于281个地级市面板数据的实证研究 [J]. 湘潭大学学报 (哲学社会科学版), 2020, 44 (5): 86 - 91.

[19] 曲越, 秦晓钰, 黄海刚, 等. 碳达峰碳中和的区域协调: 实证与路径 [J]. 财经科学, 2022 (1): 55 - 70.

[20] 滕堂伟, 瞿丛艺, 胡森林, 等. 长三角城市群绿色创新效率格局分异及空间关联特征 [J]. 华东师范大学学报 (哲学社会科学版), 2019, 51 (5): 107 - 117, 239 - 240.

[21] 王惠, 王树乔, 苗壮, 等. 研发投入对绿色创新效率的异质门槛效应——基于

中国高技术产业的经验研究 [J]. 科研管理，2016，37 (2)：63－71.

[22] 王佳，梁锦锦. 企业绿色创新投资的平滑机制研究——基于供应链集成的调节作用 [J]. 会计之友，2022 (2)：76－84.

[23] 肖黎明，张仙鹏. 强可持续理念下绿色创新效率与生态福利绩效耦合协调的时空特征 [J]. 自然资源学报，2019 (2)：312－324.

[24] 许玉洁，刘曙光. 黄河流域绿色创新效率空间格局演化及其影响因素 [J]. 自然资源学报，2022，37 (3)：627－644.

[25] 严翔，黄永春，柏建成，等. 长江经济带绿色创新效率的空间关联网络结构及驱动因素 [J]. 北京理工大学学报（社会科学版），2021，23 (6)：72－83.

[26] 杨明海，刘凯晴，谢送爽. 教育人力资本、健康人力资本与绿色技术创新——环境规制的调节作用 [J]. 经济与管理评论，2021，37 (2)：138－49.

[27] 杨树旺，吴婷，李梓博. 长江经济带绿色创新效率的时空分异及影响因素研究 [J]. 宏观经济研究，2018 (6)：107－117，132.

[28] 余淑均，李雪松，彭哲远. 环境规制模式与长江经济带绿色创新效率研究——基于38个城市的实证分析 [J]. 江海学刊，2017 (3)：209－214.

[29] Amendolagine V, LEMA R, RABELLOTTI R. Green Foreign Direct Investments and the Deepening of Capabilities for Sustainable Innovation in Multinationals: Insights from renewable energy [J]. Journal of Cleaner Production, 2021, 310 (1): 127381.

[30] Amore M, BENNEDSEN M, 2016. Corporate Governance and Green Innovation [J]. Journal of Environmental Economics & Management, 75 (JAN.): 54－72.

[31] Dagum C. A New Approach to the Decomposition of the Gini Income Inequality Ratio [J]. Empirical Economics, 1997, 22 (4): 515－531.

[32] Fussler C, James P. Driving Eco-innovation: A Breakthrough Discipline for Innovation and Sustainability [M]. Financial Times/Prentice Hall, 1996.

[33] Li H, FANG K, YANG W, et al. Regional Environmental Efficiency Evaluation in China: Analysis Based on the Super－SBM Model with Undesirable Outputs [J]. Mathematical & Computer Modelling,, 2013, 58 (5－6): 1018－1031.

[34] OH D H. A global Malmquist－Luenberger Productivity Index [J]. Journal of Productivity Analysis, 2010, 34 (3): 183－197.

[35] Rennings K. Redefining Innovation—Eco-innovation Research and the Contribution from Ecological Economics, 2000, 32 (2): 319－332.

[36] Tobin, J. Estimation of Relationships for Limited Dependent Variables [J]. Econometrica: Journal of the Econometric Society, 1958, 24－36.

[37] Tone K. A Slacks－Based Measure of Super－Efficiency in Data Envelopment Analysis [J]. European Journal of Operational Research, 2002, 143 (1): 32－41.

[38] Tone K, SAHOO B K. Scale, Indivisibilities and Production Function in Data Envelopment Analysis [J]. International Journal of Production Economics, 2003, 84 (2): 165－192.

第三方环境治理企业的综合绩效评价探索

段 慧 孙红梅*

内容提要： 通过构建多投入与多产出的第三方治理企业综合绩效评价体系，并以2018～2020年的第三方治理企业为研究样本进行检验，在DEA－Malmquist静态与动态结合分析下发现第三方治理企业的综合效率未DEA有效，整体呈现缓慢下降趋势，不同企业之间的综合效率存在一定的差异，多数企业的纯技术效率及规模效率存在提升空间；进一步基于Malmquist指数动态分析发现第三方治理企业的综合绩效呈上升趋势，且综合效率主要受到技术进步的影响，说明我国第三方治理企业的综合效率属于技术进步型。

一、引 言

习近平总书记“两山”理论的提出，实现绿色和低碳可持续发展等经济变革至关重要，基于我国国情的环境污染第三方治理理念应运而生。我国为促进第三方治理企业的发展，从2015年国务院出台《关于推行环境污染第三方治理的意见》，到2019年四部门联合发布的《关于从事污染防治的第三方企业所得税政策问题的公告》，第三方治理企业按15%征收企业所得税；2022年发改委出台《关于加快推进城镇环境基础设施建设的指导意见》，鼓励第三方治理模式的创新，提出建设100家第三方治理示范园区，制定了大量扶持政策。第三方环境治理企业的业务，一方面与政府合作，政府采取购买第三方服务的方式，这类治理项目通常规模大、周期长且回报率低，主要包括委托特许经营、环境绩效合同等；另一方面与污染企业合作，污染企业购买第三方治理的环境服务，不仅缩减了污染企业的减排费用，同时使得监管部门的监管更加集中，缓解了监管压力。第三方治理合作方式如表1所示。

2015～2021年第三方治理企业数量汇总见图1所示。第三方治理企业总体增长较为缓慢，从2015～2021年仅增长了30余家，2019年“双碳”目标提出后，2020～2021年第三方治理企业数量增长较为明显。各地政府也出台相关政策给予扶持，例如河北省的第三方治理企业给予5%的税收优惠；北

* 段慧，上海师范大学商学院，硕士生，研究方向：财务会计；孙红梅，上海师范大学商学院，教授，研究方向：绿色金融与风险控制。

京市对第三方治理企业实行差别化收取水电费等。

表 1　第三方治理合作方式

项目	政企合作			企企合作
	服务外包	特许经营	私有化	环境治理合同
主要模式	政府购买环境服务	BOT、TOT、BTO 等	PUO、BOO 等	委托经营
付费主体	政府	政府与使用者	使用者	企业
应用领域	区域环境治理	市政污水、垃圾	环境公共设施	工业污染治理

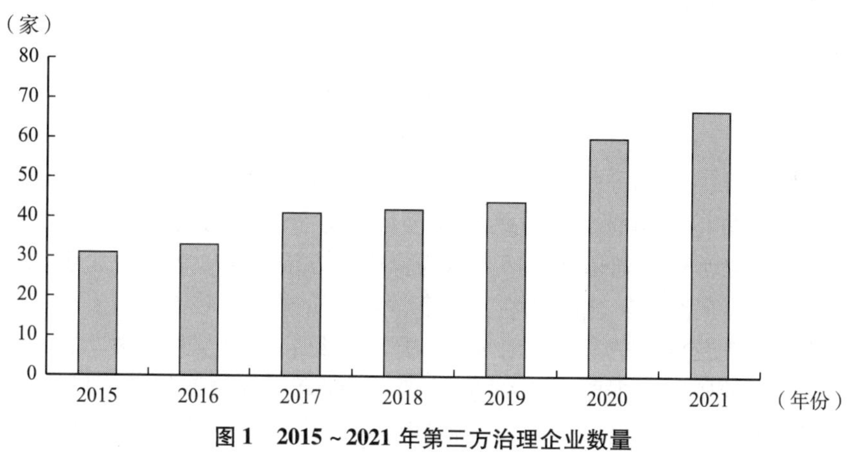

图 1　2015～2021 年第三方治理企业数量

图 2 是 2021 年第三方治理企业的地域分布情况。第三方治理企业较为分散，且呈现出局部集中的特点，主要集中于江苏、北京、广东、浙江、安徽及上海。不难发现第三方治理企业多位于东部地区，这与东部地区经济发展快于中西部地区有关。

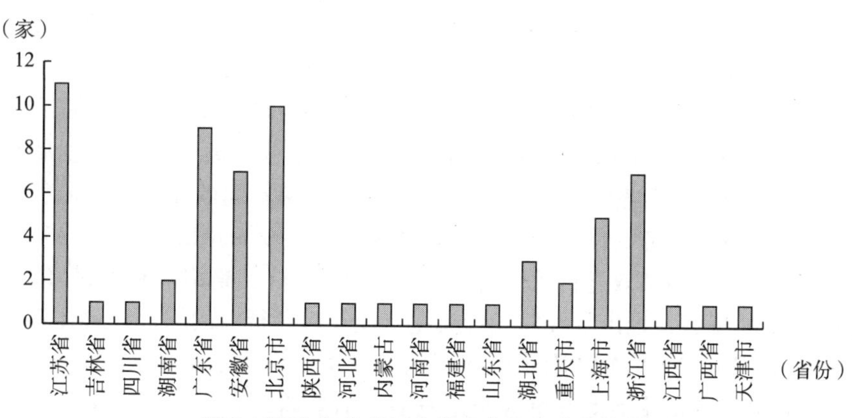

图 2　2021 年各省区市第三方治理企业数量

第三方治理企业发展的同时也出现了许多问题，随着政策的放宽，第三方治理企业门槛逐渐变低，企业管理水平、治污能力良莠不齐。同时，第三方治理企业总体规模较小，缺乏科学合理的第三方评价体系，这也使得政府和排污企业在选择第三方治理企业时，依据较少，同时不乏有第三方治理企业选用低价竞争策略，低质低价中标的现象频频发生。因此，构建第三方治理企业综合绩效评价体系，并进行科学合理的评价尤为重要。

本文的增量共享，是基于第三方治理企业特点，在构建综合绩效评价体系时，加入环境因素，以 2018 ~ 2020 年 18 家上市第三方治理企业为研究样本，通过 DEA – Malmquist 方法量化评价分析第三方治理企业目前存在的优势与不足，为第三方治理企业更长远发展提供新的依据。

二、文献综述

2015 年 1 月，国务院办公厅出台《关于推行环境污染第三方治理的意见》将第三方治理解读为，排污方与环境服务公司签订合约，前者支付费用，后者污染治理。刘超（2015）认为，第三方治理企业的出现是我国环境治理从管制走向互动转化的产物。许多学者从管理学、政治学、经济学等视角认为，污染者付费是第三方治理的本质，最终目标是实现排放达标。对于第三方治理的研究，主要有两个方向：一是从第三方治理的理论机制入手，认为我国第三方治理模式依旧处于初期探索阶段（董战峰等，2016），搭建了科学的第三方治理标准体系（徐秉声等，2017）；二是从现状不足入手，分析不同省市（叶敏和闫兰玲，2016；徐祯彩和孙红梅，2017）、不同行业的第三方治理问题。同时，也有学者认为第三方治理本身存在着许多问题，例如盈利模式不明、融资难（陈阳，2014）、排污治污企业责任难以划分（谢海燕，2014；葛察忠等，2014）、难监管（李雪松等，2016）等问题仍待解决，因此在环境污染治理机制等方面需要格外关注（刘超，2015）。

1993 年，坎贝尔（Campbell，1993）提出绩效是可以被量化的，管理者可以通过量化绩效评价，找到企业目标与实际业绩差距（Halachmi，2003）。企业绩效评价是一个相对复杂的系统，多层次的内容需要不同的指标来衡量（程书华和卜国清，2002）。指标通常需要参考企业战略及现阶段发展形成（张德磊，2018；王晓丽，2019）。国内外学者运用不同的方法对不同行业的绩效评价进行了研究。例如贾卡尔和巴鲁阿（Jakhar and Barua，2014）针对供应商及供应链的绩效进行了评价。颜莉等（2019）、高绍福和王瑾（2018）基于 EVA 的特点，推出了针对光纤光缆行业及医药行业的绩效评价体系。肖峻和杨超（2017）将 APB 因子融入三因素模型，构建了基金业绩评价模式。激烈的竞争使得企业不得不重视长远发展，需要将绿色生态、环境等因素纳入绩效评价体系（Porcher，2014）。温素彬（2010）基于可持续发展观，将生态绩效归入绩效立方体模型。还有学者对绿色经营绩效（唐欣，2012）、绿色供应链综合绩效（方红和祁春节，2013）、环境绩效（高爽，2014）等纳入绩效评价体系进行研究。

针对环保行业的绩效评价研究，理论研究多于实证研究。一部分学者对环保行业的绩效评价只关注财务绩效，例如金宏春和曹芳萍（2016）从财务绩效的四个维度构建了环保行业的绩效评价体系。而另一部分学者还关注了非财务绩效指标，例如李建等（2008）利用平衡计分卡，建立了环保行业的绩效评价体系。

通过以上文献的梳理可知，国内外学者对绩效评价的研究相对丰富，且将绿色生态、环境等可持续发展因素纳入绩效评价体系，更科学合理地对企业现阶段绩效进行评价。对于第三方治理问题，还处于初期探索阶段，已有的研究成果主要针对第三方治理的理论进行研究，依旧缺乏对第三方治理企业实证性研究，因此本文在构建第三方环境治理企业综合绩效评价体系时，加入环境因素，通过量化实证结果验证评价体系的合理性。

三、综合绩效评价指标体系与模型构建

多数学者评价环保行业绩效时评价内容偏向于财务绩效。本文参考金宏春等（2016）、邬娜等（2019）等研究绩效评价的方法，运用 DEA 的基本逻辑对第三方治理企业的综合绩效进行评价。

选用 DEA 中的投入导向 BCC 模型来测算第三方治理企业的综合绩效，模型如下：

$$\min\left[\theta - \varepsilon\left(e_T s^- + e_T s^+\right)\right]$$

$$\text{s. t.}\begin{cases}\sum_{i=1}^{18}\lambda_i y_{ir} - s^+ = y_{0r}\\ \sum_{i=1}^{18}\lambda_i x_{ij} + s^- = \theta x_{0j}\\ \sum_{i=1}^{18}\lambda_i = 1\\ \lambda_i \geqslant 0;\ s^+ \geqslant 0;\ s^- \geqslant 0\\ i = 1, 2, \cdots, 18;\ j = 1, 2, \cdots, 4;\ r = 1, 2, \cdots, 4\end{cases} \tag{1}$$

其中，x_{ij}是第 i 个决策单元的第 j 个投入要素；y_{ir}是第 i 个决策单元的第 j 个产出要素；s 为松弛变量，s^-为投入冗余，s^+为产出不足。

通过 Malmquist 指数可以动态地反映 2018 ~ 2020 年第三方环境治理企业综合绩效的纵向变化趋势，考察其动态变化。

$$M(X^{t+1}, Y^{t+1}, X^t, Y^t) = \left[\frac{D^t(X^{t+1}, Y^{t+1})}{D^t(X^t, Y^t)} \times \frac{D^{t+1}(X^{t+1}, Y^{t+1})}{D^{t+1}(X^t, Y^t)}\right]^{1/2} \tag{2}$$

$$EFC=\frac{D^{t}(X^{t+1},\ Y^{t+1})}{D^{t}(X^{t},\ Y^{t})} \tag{3}$$

$$TEC=\left[\frac{D^{t}(X^{t+1},\ Y^{t+1})}{D^{t+1}(X^{t+1},\ Y^{t+1})}\times\frac{D^{t}(X^{t},\ Y^{t})}{D^{t+1}(X^{t},\ Y^{t})}\right]^{1/2} \tag{4}$$

$$M(X^{t+1},\ Y^{t+1},\ X^{t},\ Y^{t})=EFC\times TEC \tag{5}$$

其中，t 与 t+1 期输出函数为 D^t 与 D^{t+1}，投入与产出为（X^t，Y^t）与（X^{t+1}，Y^{t+1}），EFC 为综合技术效率，TEC 为技术进步。

构建的投入与产出指标体系见表 2 所示：

表 2　　投入与产出指标

<table>
<tr><th>指标类型</th><th colspan="3">指标名称</th><th>指标说明</th></tr>
<tr><td rowspan="4">投入指标</td><td colspan="3">技术人员占比</td><td>技术人员数/员工总数</td></tr>
<tr><td colspan="3">资产负债率</td><td>总负债/总资产</td></tr>
<tr><td colspan="3">研发投入与营业收入之比</td><td>研发投入/营业收入</td></tr>
<tr><td colspan="3">政府补助</td><td>—</td></tr>
<tr><td rowspan="12">产出指标</td><td rowspan="8">财务绩效</td><td rowspan="3">盈利能力</td><td>总资产报酬率</td><td>（利润总额+财务费用）/平均资产总额</td></tr>
<tr><td>净资产收益率</td><td>净利润/股东权益平均余额</td></tr>
<tr><td>投入资本回报率</td><td>（净利润+财务费用）/（总资产－流动负债+应付票据+短期借款+一年内到期的非流动负债）</td></tr>
<tr><td rowspan="3">运营能力</td><td>应收账款周转率</td><td>营业收入/应收账款平均占用额</td></tr>
<tr><td>总资产周转率</td><td>营业收入/平均资产总额</td></tr>
<tr><td>总资产增长率</td><td>（总资产期末值－总资产期初值）/总资产</td></tr>
<tr><td rowspan="2">发展能力</td><td>营业收入增长率</td><td>（营业收入本年金额－营业收入上年金额）/（营业收入上年金额）</td></tr>
<tr><td>可持续增长率</td><td>净资产收益率×收益留存率/（1－净资产收益率×收益留存率）</td></tr>
<tr><td rowspan="2">客户及社会绩效指标</td><td colspan="2">市场占有率</td><td>样本企业营业收入/行业总营业收入</td></tr>
<tr><td colspan="2">大客户收入占比</td><td>前五大客户销售收入/营业收入</td></tr>
<tr><td>创新指标</td><td colspan="2">专利数</td><td>授权专利数</td></tr>
<tr><td>环境管理指标</td><td colspan="2">环境管理认证体系</td><td>拥有 ISO 14000 系列认证为 1，反之为 0</td></tr>
</table>

四、评价指标体系的应用

（一）样本选择与数据来源

本文选择生态保护和环境治理业为样本企业，考虑到样本的完整性，选取 2018 ~2020 年作为区间，同时剔除 ST 企业及样本缺失企业，最终得到 18 家样本企业。数据来源 CSMAR 数据库、企业年报、社会责任报告及全国认证认可信息公共服务平台。

（二）实证结果分析

运用熵值法先对财务绩效、客户及社会绩效指标分别计算综合得分后，通过 DEAP2.1 对 2018 ~2020 年样本企业的投入产出指标进行静态及动态综合绩效评价分析。

1. DEA 模型的静态分析

2018 年与 2020 年横截面样本企业各效率值见表 3 所示。从综合效率值看，2018 年与 2020 年样本企业的综合效率未 DEA 有效，平均值分别为 0.957 和 0.943，整体呈现缓慢下降趋势。不同企业之间的综合效率存在一定的差异，2018 年与 2020 年分别有 15 家和 12 家企业达到了最优状态，其中 10 家企业在两个研究时段内均有效，占比 55.56%，表明这 10 家企业对技术人员、政府补助及公司内部资金等处于最佳配置，在该配置下，企业的研发、盈利及环境管理达到最优效果。2020 年，盈峰环境、东方园林、岭南股份等 6 家企业的综合效率存在提升空间。

表 3　2018 年与 2020 年横截面第三方环境治理企业效率值

企业	2018 年				2020 年			
	crste	vrste	scale	规模收益	crste	vrste	scale	规模收益
中国天楹	1.000	1.000	1.000	—	1.000	1.000	1.000	—
盈峰环境	1.000	1.000	1.000	—	0.819	1.000	0.819	irs
旺能环境	1.000	1.000	1.000	—	1.000	1.000	1.000	—
东方园林	0.908	0.908	1.000		0.894	0.894	1.000	—
清新环境	0.976	0.976	1.000	—	1.000	1.000	1.000	—
岭南股份	1.000	1.000	1.000	—	0.981	0.994	0.988	irs
碧水源	1.000	1.000	1.000	—	1.000	1.000	1.000	—
达刚控股	1.000	1.000	1.000	—	1.000	1.000	1.000	—
科融环境	0.347	0.687	0.505	irs	1.000	1.000	1.000	—
中电环保	1.000	1.000	1.000	—	1.000	1.000	1.000	—
永清环保	1.000	1.000	1.000	—	1.000	1.000	1.000	—
节能铁汉	1.000	1.000	1.000	—	0.822	0.822	1.000	—
巴安水务	1.000	1.000	1.000	—	1.000	1.000	1.000	—
兴源环境	1.000	1.000	1.000	—	1.000	1.000	1.000	—

续表

企业	2018年				2020年			
	crste	vrste	scale	规模收益	crste	vrste	scale	规模收益
蒙草生态	1.000	1.000	1.000	—	1.000	1.000	1.000	—
节能国祯	1.000	1.000	1.000	—	0.706	0.816	0.866	irs
博世科	1.000	1.000	1.000	—	0.758	0.758	1.000	—
德创环保	1.000	1.000	1.000	—	1.000	1.000	1.000	—
平均值	0.957	0.976	0.973		0.943	0.960	0.982	

由于综合效率是纯技术效率与规模效率的乘积，因此需要进一步分析乘积因子的具体情况。2018年样本企业整体纯技术效率为0.976略高于规模效率，表明投入规模是限制第三方环境治理企业综合效率的主要因素。其中，东方园林、清新环境较低的纯技术效率是综合效率未达到最优状态的主要原因。科融环境则是较低的规模效率是综合效率未达到最优状态的主要原因。2020年样本企业整体的纯技术效率为0.96低于规模效率，表明技术水平是限制第三方环境治理企业综合效率的主要因素。其中，东方园林、节能铁汉、博世科较低的纯技术效率是综合效率未达到最优状态的主要原因。盈峰环境、岭南股份较低的规模效率是综合效率未达到最优状态的主要原因。

从规模收益看，规模报酬递增的企业，例如2018年的科融环境、2020年的盈峰环境、岭南股份及节能国祯，表明企业规模仍处于递增阶段，应加大研发资金、技术人才的投入，扩大规模。

2. Malmquist 指数动态分析

样本企业整体效率变动情况如表4所示。2018~2020年样本企业生产率指数均值为1.089，即平均每年增长8.9%，表明2018~2020年样本企业的综合绩效呈上升趋势。其中，综合技术效率均值为1.001，技术进步平均每年上升8.8%，表明样本企业的全要素生产率主要受到技术进步的影响，综合技术效率的影响次之，即我国第三方治理企业的综合效率属于技术进步型。进一步分析纯技术效率与规模效率可知，纯技术效率为0.992抑制了综合技术效率的上升，而规模效率为1.009促进综合技术效率的提升。反映出第三方环境治理企业规模的不断扩大及技术方面的研发、创新及优化的不断提高是影响全要素生产率的关键，同时对研发投入资金、人才等资源的使用效率也应进一步提高。

分年度看，2018~2019年综合技术效率为0.997，技术进步为1.182，表明技术进步对全要素生产率的影响较大；而2019~2020年综合技术效率则为主要贡献。纯技术效率在各阶段均小于1，表明纯技术效率抑制了综合技术效率的上升；规模效率在各阶段均呈上升趋势，表明规模效率促进了综合技术效率的提高。

表4　　2018～2020年第三方环境治理企业整体Malmquist指数

年份	effch	techch	pech	sech	tfpch
2018～2019	0.997	1.182	0.991	1.006	1.178
2019～2020	1.005	1.001	0.992	1.013	1.006
平均值	1.001	1.088	0.992	1.009	1.089

样本企业效率变化情况见表5所示。除盈峰环境、岭南股份、达刚控股、博世科、德创环保的全要素生产率小于1外，其余13家企业的全要素生产率均大于1，说明2018～2020年多数第三方环境治理企业的综合效率在不断提升。其中中国天楹与科融环境表现较好，平均年增长率分别达到了72.6%与97.3%，表明上述企业正处于高速发展期。中国天楹得益于技术进步带来的优势，而科融环境高全要素生产率则是综合技术效率和技术进步协同发展的结果。

分解指标后分析，清新环境、岭南股份、达刚控股、德创环保4家企业的技术进步小于1，表明这4家企业提升全要素生产率主要凭借较高的综合技术效率。而盈峰环境、东方园林、节能铁汉、节能国祯、博世科5家企业全要素生产率的提高源自技术的进步与提高。也有部分企业的综合技术效率与技术进步同步变化，表明相关企业通过综合技术效率与技术进步协同作用推动全要素生产率的提高。

表5　　第三方环境治理企业Malmquist指数

企业	effch	techch	pech	sech	tfpch
中国天楹	1.000	1.726	1.000	1.000	1.726
盈峰环境	0.905	1.054	1.000	0.905	0.954
旺能环境	1.000	1.022	1.000	1.000	1.022
东方园林	0.993	1.058	0.993	1.000	1.051
清新环境	1.012	0.993	1.012	1.000	1.005
岭南股份	0.991	0.788	0.997	0.994	0.781
碧水源	1.000	1.098	1.000	1.000	1.098
达刚控股	1.000	0.648	1.000	1.000	0.648
科融环境	1.697	1.162	1.206	1.407	1.973
中电环保	1.000	1.013	1.000	1.000	1.013

续表

企业	effch	techch	pech	sech	tfpch
永清环保	1.000	1.231	1.000	1.000	1.231
节能铁汉	0.907	1.117	0.907	1.000	1.013
巴安水务	1.000	1.063	1.000	1.000	1.063
兴源环境	1.000	1.298	1.000	1.000	1.298
蒙草生态	1.000	1.273	1.000	1.000	1.273
节能国祯	0.840	1.399	0.903	0.930	1.176
博世科	0.871	1.048	0.871	1.000	0.913
德创环保	1.000	0.995	1.000	1.000	0.995
平均值	1.001	1.088	0.992	1.009	1.089

五、结论及建议

本文在参考大量前期学者研究的文献与模型基础上，结合第三方环境治理企业的特点，构建了多投入、多产出的第三方环境治理企业综合绩效评价体系；以 2018 ~ 2020 年 18 家第三方环境治理企业为样本，通过 DEA - Malmquist 方法，静态与动态相结合分析得到如下结论：基于 DEA 静态模型，2018 年与 2020 年样本企业的综合效率未 DEA 有效，整体呈现缓慢下降趋势，不同企业之间的综合效率存在一定的差异，多数企业的纯技术效率及规模效率存在提升空间；基于 Malmquist 指数动态分析可知，2018 ~ 2020 年第三方治理企业的综合绩效呈上升趋势，且综合效率主要受到技术进步的影响，综合技术效率的影响次之，说明我国第三方环境治理企业的综合效率属于技术进步型。

目前，我国第三方环境治理企业整体属于技术进步型企业，技术的研发、创新及优化是关键。企业一方面要引进高素质全能型人才，使其投入环保治理中；另一方面，也要加大对环境治理的研发投入，学习先进的治理技术，对已有的工艺及技术进行不断的升级优化，提高治污效率，同时合理配置人才、资金、提升管理水平。政府还应继续出台对第三方环境治理企业的财政与税收扶持政策，推动第三方环境治理企业更快更好地发展。

参考文献

[1] 陈阳. 第三方治理：开启治污新模式 [J]. 中国经济导报，2014，7 (19)：第 C01 版.

[2] 程书华，卜国清. EVA，企业绩效评价的新指标 [J]. 河北企业，2002 (1)：24 -

25.

[3] 董战峰，董讳，西淑英，程翠云，张欣．我国环境污染第三方治理机制改革路线图［J］．中国环境管理，2016（04）：53.

[4] 方红，祁春节．绿色供应链综合绩效评价：集对分析模型及应用［J］．华中农业大学学报（社会科学版），2013（2）：8－12.

[5] 高绍福，王瑾．EVA评价医药上市公司业绩的有效性研究［J］．会计之友，2018（14）：26－29.

[6] 高爽．低碳经济视角下的航空公司综合绩效评价［J］．时代经贸，2014（11）：102－105.

[7] 葛察忠，程翠云，董战峰．环境污染第三方治理问题及发展思路探析［J］．环境保护，2014（20）：28－30.

[8] 金宏春，曹芳萍．基于DEA方法的环保上市公司财务绩效评价研究［J］．经济论坛，2016（2）：64－71.

[9] 李建，胡海青，张道宏，常伟．环保企业绩效评价体系构建及模糊综合评判［J］．统计与决策，2008（6）：186－188.

[10] 李雪松，吴萍，曹婉吟．环境污染第三方治理的风险分析及制度保障［J］．求索，2016（2）：41－45.

[11] 刘超．管制、互动与环境污染第三方治理［J］．中国人口？资源与环境，2015，25（2）：96－104.

[12] 石敏俊．中国经济绿色发展理论研究的若干问题［J］．环境经济研究，2017，2（4）：1－6，92.

[13] 唐欣．基于BP神经网络模型的企业绿色经营绩效评价方法［J］．统计与决策，2012（2）：87－88.

[14] 王晓丽．企业绩效评价理论与方法［J］．财会学习，2019（9）：180－181.

[15] 温素彬．绩效立方体：基于可持续发展的企业绩效评价模式研究［J］．管理学报，2010，7（3）：354－358.

[16] 温素彬．企业三重绩效的层次变权综合评价模型［J］．会计研究，2010（12）：82－87.

[17] 邬娜，王艳华，吴佳，封强，傅泽强．基于PCA－DEA方法的环保产业绩效评价及实证分析［J］．生态经济，2019，35（11）：143－147，175.

[18] 肖峻，杨超．基于APB因子的开放式基金业绩评价研究［J］．当代财经，2017（8）：46－55.

[19] 谢海燕．环境污染第三方治理实践及建议［J］．宏观经济管理，2014（12）：61－62，68.

[20] 徐秉声，林翎，黄进．支撑环境污染第三方治理的标准体系构建研究［J］．环境工程，2017，35（7）：180－184.

[21] 徐祯彩，孙红梅．上海市环境污染第三方治理研究［J］．环境科学与管理，2017，42（8）：1－5.

[22] 颜莉，万雪景，李婧．两化融合下光纤光缆行业业绩评价研究［J］．财会通讯，2019（26）：62－65.

[23] 叶敏，闫兰玲．杭州市环境污染第三方治理现状及发展对策［J］．环境科学与

管理 2016（7）：47－50.

［24］张德磊．国有企业绩效评价指标研究［J］．中国乡镇企业会计，2018（11）：157－158.

［25］Campbell J P，Mccloy R A，and Oppler S H，et al. A Theory of Performance［M］. PersonnelSelection in Organizations，1993.

［26］Halachmi. Governance and Risk Management：The Challenge of Accountability，Transparency and Social Responsibility［J］. International Review of Public Administration，2003，8（1）.

［27］Jakhar S K，and Barua M K. An Integrated Model of Supply Chain Performance Evaluation and Decision－making Using Structural Equation Modelling and Fuzzy AHP［J］. Production Planning & Control，2014，25（11）：938－957.

［28］Porcher. Efficiency in the Public and Private French Water Utilities：Prospects for Benchmarking［J］. Applied Economics，2014，46（5）：556－572.